中部崛起战略研究丛书

丛书总主编：顾海良

武汉大学人文社会科学研究青年项目成果

欧盟区域政策及其对中国中部崛起的启示

THE REGIONAL POLICY OF THE EU AND ITS INSPIRATION FOR THE DEVELOPMENT OF CENTRAL CHINA AREA

李　明／著

WUHAN UNIVERSITY PRESS
武汉大学出版社

图书在版编目(CIP)数据

欧盟区域政策及其对中国中部崛起的启示/李明著.—武汉:武汉大学出版社,2010.11
中部崛起战略研究丛书/顾海良总主编
ISBN 978-7-307-08195-6

Ⅰ.欧… Ⅱ.李… Ⅲ.①欧洲联盟—经济政策—研究 ②地区经济—经济发展—研究—中国 Ⅳ.①F150.0 ②F127

中国版本图书馆CIP数据核字(2010)第179243号

责任编辑:周 昀　　责任校对:黄添生　　版式设计:马 佳

出版发行:武汉大学出版社 (430072 武昌 珞珈山)
(电子邮件:cbs22@whu.edu.cn 网址:www.wdp.com.cn)
印刷:湖北金海印务有限公司
开本:720×1000 1/16 印张:20.75 字数:303千字 插页:1 插图:4
版次:2010年11月第1版 2010年11月第1次印刷
ISBN 978-7-307-08195-6/F·1406 定价:35.00元

总　　序

我国地域辽阔，区域经济社会发展不平衡是基本国情。新中国成立以来，在社会主义现代化建设的各个历史时期，党中央、国务院都高度重视区域发展问题，始终把区域发展作为国民经济整体战略的重要组成部分，相继制定了一系列促进区域协调发展的政策措施。我国区域发展战略的演进大体可分为三个阶段：从中华人民共和国成立之初到改革开放以前，是我国工业布局由沿海向内地推进的阶段，理论界一般称这一阶段为生产力均衡布局或区域均衡发展阶段；从改革开放之初到20世纪90年代中后期，是沿海地区率先发展的阶段，理论界通常把这一阶段称为梯度推进或区域非均衡发展阶段；从20世纪90年代中后期到现在，随着区域发展总体战略的初步形成，我国进入了区域协调发展的新阶段。

党的十六大以来，党中央、国务院与时俱进、因势利导，作出了促进区域协调发展的一系列重大决策和部署。十六届三中全会明确了统筹区域发展的重大任务，提出要加强对区域发展的协调和指导；十六届五中全会第一次完整地阐述了促进区域协调发展的科学内涵，提出要推进西部大开发、振兴东北地区等老工业基地、促进中部地区崛起、鼓励东部地区率先发展，建立健全市场机制、合作机制、互助机制、扶持机制等区域协调互动机制；党的十七大把“城乡、区域协调互动发展机制和主体功能区布局基本形成”作为全面建设小康社会的一项重大任务，对推动区域协调发展提出了新要求；十七届五中全会通过的《中共中央关于制定国民经济和社会发展第十二个五年规划的建议》中明确指出，实施区域发展总体战略和主体功能区战略，构筑区域经济优势互补、主体功能定位清晰、国土空间高效利用、人与自然和谐相处的区域发展格局，逐步实现不同区域基本公共服务均等化。整体来看，区域经济社会协调发展的战略意图更为明确，总体目标和发展思路更加清晰，政策体系和具体措施更趋完善，这标志着我国区域协调发展步入了一个崭新时期。

在区域发展总体战略的指引下，近年来特别是2008年下半年以来，党中央、国务院在全面实施并不断丰富完善应对国际金融危机冲击的一揽子计划和政策措施过程中，高度重视区域发展问题，加快制定和密集出台了一批重大区域规划和区域性政策文件，使我国区域空间开发格局进一步优化，区域经济发展呈现出增长不断加快、协调性不断增强、布局不断改善、合作不断加强的良好态势，有效扭转了国民经济下滑的态势，经济回升向好势头进一步巩固和发展，为保持经济平稳较快发展发挥了重要作用。

中部地区位于我国内陆腹地，具有承东启西、连南通北的区位优势，在全国区域发展格局中占有重要地位，促进中部地区崛起是事关我国现代化建设全局的重大战略举措。2002年，党的十六大对我国区域发展总体格局作出进一步调整和完善，在原来东、中、西三大经济地带划分的基础上，明确提出了西部、中部、东部和东北四大区域布局的构想；十六届四中全会正式确立实施促进中部地区崛起战略。2006年4月，《中共中央、国务院关于促进中部地区崛起的若干意见》（中发［2006］10号）正式印发，明确了中部地区“三个基地，一个枢纽”的战略定位，即要努力把中部地区建设成为全国重要的粮食生产基地、能源原材料基地、现代装备制造及高新技术产业基地，以及全国重要的综合交通运输枢纽 这标志着促进中部地区崛起战略正式进入实施阶段。2009年9月，国务院以国函［2009］130号正式批复了由国家发展改革委会同有关部门和中部六省共同编制的《促进中部地区崛起规划》，进一步明确了到2015年乃至2020年促进中部地区崛起的总体目标和重大任务。

促进中部地区崛起，是继鼓励东部地区率先发展、实施西部大开发、振兴东北地区等老工业基地之后，党中央、国务院从我国现代化建设全局出发作出的又一重大决策，是我国新阶段区域发展总体战略布局的重要组成部分。自2006年促进中部地区崛起战略实施以来，国家加大政策支持力度，中部六省抢抓机遇加快发展，发展的自主性和积极性明显提高，发展活力竞相迸发，发展速度明显加快，经济结构逐步优化，经济运行质量不断提高，总体经济实力进一步增强；一批重大建设项目陆续开工和投产，粮食生产基地建设扎实推进，能源原材料基地建设得到加强，现代装备制造及高技术产业基地建设迈出重要步伐，综合交通运输枢纽加快建设；城市群和县域经济加快发展，社会事业和民生不断改善，资源节约和环境保护工作力度加大；体制机制创新稳步推进，对内对外开放水平大大提高，促进中部地区崛起工作取得了实质性重大进展。在充分肯定成绩的同时，也必须清醒地看到，目前中部地区发展还相对滞后，发展潜力和优势还没有得到充分发挥，促进中部地区崛起任务仍然十分繁重。大力促进中部地区崛起，进一步完善促进中部地区崛起的政策措施，推动中部地区经济社会又好又快发展，仍然面临着许多需要深入研究的重大理论和实践问题，迫切需要加强经济社会发展重大问题的研究。

武汉大学是教育部直属重点综合性大学，是国家“211工程”和“985工程”重点建设高校。为了更好地服务于国家促进中部地区崛起战略，2007年4月，武汉大学中国中部发展研究院成立，这是一所直属学校管理的跨学科实体性研究机构，是国家有关部委高度重视和关注的战略性研究机构。研究院设立理事会，理事会由国家发展改革委员会、武汉大学与中部六省发展改革委员会、有关高校和研究机构的领导和专家组成。几年来，研究院注意整合各方面的研究力量，特别是充分发挥中部六省有关高校和研究机构的积极性，紧扣国家促进中部地区崛起工作需要，围绕中部崛起的全局性、综合性、战略性重大问题，开展了卓有成效的研究工作，取得了不少有重要影响的研究成果，在国家一些重大决策中发挥了积极作用，研究院已成为国家和地方制定中部崛起相关政策的重要咨询基地。

在促进中部地区崛起战略深入实施的新阶段，武汉大学中国中部发展研究院围绕中部崛起战略理论与政策、中部地区承接产业转移若干重大问题、中部地区“三农”问题、中部崛起进程中的新型工业化道路、中部地区城市群发展、中部地区区域创新体系建设、中部地区金融发展与创新以及中外区域政策的比较研究等热点问题，组织有关学者开展深入研究并形成了一批成果，以“中部崛起战略研究丛书”的形式公开出版。这套丛书兼顾学术性和应用性，比较全面系统地对中部崛起进程中面临的重大理论和实践问题进行研究，提出了不少真知灼见。希望这套丛书的出版，能够对国家有关部门和中部六省制定中部崛起相关政策提供参考并产生积极影响，能够对致力于研究中部地区发展的专家学者共计辞益。

是为序。

2010年11月于北京

（作者系国家发展和改革委员会副主任、武汉大学中国中部发展研究院第一届理事会理事长）

序

李明的专著《欧盟区域政策及其对中国中部崛起的启示》是其在博士论文的基础上经过进一步的修改和充实后完成的。该书对欧盟区域政策体系进行了全面、系统的研究，并在此基础上探讨欧盟区域政策对我国和中部地区的启示。在简要论述欧盟区域政策的发展演变历史的基础上，全面分析欧盟区域政策的政策体系，包括法律基础、目标体系、政策工具、全面管理、评估体系和政策效果等。最后，探讨欧盟区域政策体系的框架和思想在中国和中部地区的运用。因此，书具有重要学术价值实践价值。

欧洲共同体乃至欧洲联盟的组建和发展是20世纪后50年中具有伟大历史意义的政治、经济、文化事件。经过半个世纪的不懈努力，欧盟已经成为当今世界上发展水平最高、规模最大的区域一体化组织。在促进欧洲一体化的进程中，欧盟层次的区域政策在缩小成员国的经济发展差距和实现欧盟各成员国协调发展方面发挥了举足轻重的作用，它使得各成员国及其地区之间能够达到欧洲经济政治一体化发展所需要的经济聚合水平和社会凝聚力。对世界上先进的区域和国家的区域政策体系进行深入地分析、探讨和研究并以此为基础建立起适合我国国情的区域政策体系是我们在实现科学发展、统筹区域发展和统筹城乡发展的背景下提出的时代要求。

该书是国内区域经济政策著作中资料比较丰富、对区域政策实践具有较强指导性而颇具特色的专著，其主要特点如下：

第一，立意新颖，资料丰富。该书的研究视角比较新颖独特，对欧盟区域政策进行研究是最近几年出现的研究热点，该书着重于欧盟区域政策体制框架的研究，力图从横向体系结构和纵向时间维度入手全面展现欧盟区域政策的全貌。同时在对欧盟区域政策进行全面分析的基础上，探讨中国区域政策体系构筑的重点问题和中部地区在实现区域崛起的过程中需要完善的区域政策具体问题。同时，该书资料丰富，作者通过长期追踪欧盟官方网站，搜集了大量与欧盟区域政策有关的资料，包括丰富的数据和图表。2007 年 7 月至 10 月，作者又远赴欧盟总部所在地比利时布鲁塞尔进行访问研究，期间通过与欧盟官员和学者的交流获得了许多第一手的资料。这就使得本书的写作是建立在丰富的第一手资料的基础上的，丰富的各类资料不仅使得该书具有较强的可读性，而且更有力地说明了作者的观点和结论。

第二，视野开阔，勇于创新。由于欧盟是一个超国家机构，因此对欧盟进行研究不仅涉及到经济学、政治学、社会学等多个学科领域，而且牵涉到超国家、国家和区域等多个层次之间的关系，是一个研究难度较大的领域。作者通过大量阅读第一手资料和学术研究成果以及与了解欧盟区域政策运作情况的欧盟官员和专家进行沟通和交流，掌握了欧盟区域政策的运作特点和规律，在结合欧盟这一超国家机构的政治特征的基础上，主要从经济学的角度并结合政治学的一些观点对多层治理格局下的欧盟区域政策进行深入分析，得到了一些有价值的观点和结论。作者在对欧盟区域政策进行系统化研究的基础上得到了许多富有创新性的结论和观点，这些观点和结论不仅具有较强的创新性，而且试图采取图文并茂的形式来表现，这些结论和观点集中分布在该书的最后两章之中。

第三，结构缜密，论述流畅。全书章节安排合理，起承转合自然合理，思路清晰。欧盟区域政策的政策研究体系包括发展历程、法律基础、目标体系、政策工具、全面管理、评估体系和政策效果等多个方面的内容。书中分章节对这些内容进行了深入的分析和论述。作为全书结论性的最后两章，作者在前文研究的基础上进一步进行分析，得到了许多具有原创性的结论。同时，作者具有较强的写作能力，全书行文既保持了逻辑推理的严密性，又注重了文字的流畅易懂，从而在注重学术价值的同时还增强了可读性。

综上所述，该书不仅深化了对欧盟区域政策体系研究深度，而且丰富了区域经济学的内容，弥补了当前研究中存在的不足，同时还为解决中国区域政策体系的重点问题以及中部地区区域政策的具体问题提供了一些有价值的设想和对策，是一部颇有特色的学术著作。

2010 年 11 月于中国人民大学

（作者系中国人民大学区域与城市经济研究所教授、博士生导师）

目　录

第1章　导　论

对世界上先进的区域和国家的区域政策体系进行深入的分析、探讨和研究并以此为基础建立起适合我国国情的区域政策体系是我们在实现科学发展、统筹区域发展和统筹城乡发展的背景下提出的时代要求。在这一章将主要围绕欧盟区域政策体系的研究意义、国内外现有的研究成果和具体的研究方案进行总结和说明。

1.1　研究意义

第二次世界大战之后，经济全球化和区域一体化成为世界政治经济发展的趋势和潮流。无论是在欧洲、亚洲、美洲还是非洲，区域性的经济和政治合作机构和组织不断涌现并发挥着越来越大的作用，而欧洲共同体乃至欧洲联盟的组建和发展是其中最为成功的代表，它成为20世纪后50年中具有伟大历史意义的政治、经济、文化事件。经过半个世纪的不懈努力，欧盟已经成为当今世界上发展水平最高、规模最大的区域一体化组织。在促进欧洲一体化的进程中，欧盟层次的区域政策在缩小成员国的经济发展差距和实现欧盟各成员国协调发展方面发挥了举足轻重的作用，它使得各成员国及其地区之间能够达到欧洲经济政治一体化发展所需要的经济聚合水平和社会凝聚力。21世纪初，欧盟实现了东扩。随着中东欧国家的加入，欧盟27个成员国内部的经济差距进一步扩大，如何在原有的基础上进一步强化欧盟区域政策并使之发挥更大的作用，成为欧盟及其各成员国在新世纪面临的重大机遇和挑战。

1.1.1 理论意义

区域经济学是一门新兴的应用科学，它涵盖了经济学、地理学、管理学等多个学科领域，具有广阔的理论研究前景和实践运用价值。区域经济学是在改革开放之后，尤其是从20世纪80年代开始在我国兴起，并逐渐发展完善，开始形成包括区域经济理论、区域经济政策、区域经济规划、区域研究方法以及各种区域经济问题在内的区域经济学体系。党的十六届三中全会提出了科学发展观和“五个统筹”的要求，其中统筹区域发展占有十分重要的地位，成为落实科学发展观、促进区域协调发展、构建社会主义和谐社会和加强党的执政能力建设的必然要求和重要内容。这在客观上使我国区域经济学迎来了蓬勃发展的春天。

第一，本书的研究是我国区域政策研究的重要组成部分。在区域经济学的学科体系中，区域经济政策是地位非常重要、操作性非常强、对实际工作影响非常深远的分支之一。从当前国内外的研究来看，区域政策的研究主要涵盖了区域政策目标、区域政策对象、区域政策工具、区域管理机构、区域政策评估、地方政策协调、不同经济区域的发展战略和未来区域政策的发展方向等多个方面的内容，已经形成了相对完善的区域政策研究体系，这已经成为国外区域政策研究的主流方向。但是在我国，对区域政策的研究是在最近几年才开始兴起的。相对于国外的研究，尤其是在实际操作中比较成功的欧盟区域政策研究，我国对区域政策的研究还非常的不成熟和不完善，这主要表现在国内研究的热点主要是以分区域、分领域的分散化战略研究为主，例如环渤海区域发展战略研究、中部六省城市圈研究、珠三角和长三角的区域战略研究等。从理论的角度来看，这些研究都属于区域政策的研究范畴，但是没有从宏观层面上、从体制和机制的角度对欧盟区域政策及其对中部崛起的启示进行深入的分析，而这正是本书研究的重点。

第二，本书的研究是从宏观层面上对欧盟区域政策进行的整体研究，是对欧盟区域政策体系进行的深入剖析，同时研究欧盟区域政策对中国特别是中国中部地区的启示，这进一步丰富和拓展了我国区域政策的研究内涵。目前在中国区域政策的研究学界，区域化研究比较丰富，整体性研究比较缺乏。针对不同区域和板块的区域政策研究层出不穷，但是从系统论的角度对我国区域政策进行的整体性研究和比较研究则比较缺乏。对一般意义上的区域政策的研究比较丰富，对中国这个最重要的发展中国家的区域政策的研究（尤其是中国区域政策体系和制度创新研究）比较缺乏。而这也正是本书重点关注的内容。

第三，本书的研究是基于欧盟区域政策的成功经验，对中欧区域政策所进行的横向比较研究，这对于中国区域政策研究是一种很好的丰富和拓展。我国目前对区域政策的研究比较缺乏对世界上先进区域和国家的区域政策所进行的深入剖析，以及在此基础上进行的中外区域政策比较分析和研究。由于欧盟在实践区域政策方面是比较成功的范例，因此对欧盟区域政策进行深入剖析，总结其成功经验和做法，探讨其局限性和存在的主要问题是非常有必要的。同时，在中欧区域政策的比较研究的基础上探讨中国区域政策和中部地区区域政策的体制创新问题是一种崭新的理论研究角度和视野，体现了对区域政策研究领域的创新。

1.1.2 实践意义

20世纪70年代末，我国开始进行改革开放，这是十一届三中全会之后中央政府确定的重大战略。随着东部沿海开放城市和沿海开放地区成为国家优先发展的区域，大量的资金、资源和劳动力涌入，优越的区位条件极大地促进了东部沿海地区经济的快速发展。经过近三十年的发展，东部沿海地区和中西部地区之间的经济发展差距不断扩大，区域经济发展的不平衡成为我国在新世纪有待解决的重大问题。

基于改革开放之后出现的中国区域经济发展不平衡的现状以及由此产生的经济问题和社会问题，中央政府在1991年制定的《中华人民共和国国民经济和社会发展十年规划和第八个五年计划纲要》（以下简称《“八五”计划纲要》）中首次提出了区域经济协调发展。《“八五”计划纲要》认为，生产力的合理布局和地区经济的协调发展是我国经济建设和社会发展中一个极为重要的问题，并提出要着力解决三个方面的问题，即发挥地区优势与全国统筹规划的关系、资源密集地区与加工工业集中地区的关系以及发达地区与不发达地区的关系。

由于造成我国区域经济发展不平衡的体制和政策原因没有消除，“八五”期间这一问题呈现出进一步加剧的趋势。因此，中央政府在《中华人民共和国国民经济和社会发展“九五”计划和2010年远景目标纲要》中再一次提出了区域经济协调发展，并进一步突出了实现区域经济协调发展在中国经济和社会发展中的地位。但是，它并未突破《“八五”计划纲要》的框架，缩小区域经济发展差距、促进区域分工和合作依然是其核心内容。①

党的十六届三中全会提出了科学发展观和“五个统筹”的要求，其中统筹区域发展占有十分重要的地位，成为落实科学发展观、促进区域协调发展、构建社会主义和谐社会和加强党的执政能力建设的必然要求和重要内容。从区域发展战略的历史演进角度来看，统筹区域发展是区域协调发展战略的延续和发展，是新时期制定区域政策的指导方针。

2006年3月14日第十届全国人民代表大会第四次会议批准了《中华人民共和国国民经济和社会发展第十一个五年规划纲要》（后文简称为“纲要”）。在“纲要”中有专门的一篇论述了促进区域协调发展，并具体确定了国家实施区域发展的总体战略，即推进西部大开发，振兴东北地区等老工业基地，促进中部地区崛起，鼓励东部地区率先发展，支持革命老区、民族地区和边疆地区发展，健全区域协调互动机制。同时提出推进形成优化开发、重点开发、限制开发和禁止开发四类主体功能区。② 这是在新时期首次以规划的形式具体明确了我国区域发展战略的总体方向。在这一背景

---

① 陈宣庆、张可云：《统筹区域发展的战略问题与政策研究》，中国市场出版社，2007年版，第2页。

② 《中华人民共和国国民经济和社会发展第十一个五年规划纲要》，人民出版社，2006年版，第34页。

下，中国的许多区域都在中央政府的指导下完成了本区域内部城市群或城市圈的发展规划，例如武汉“8+1”城市圈和湖南长株潭城市圈“资源节约型和环境友好型”两型社会建设规划等。

在我国经济快速发展、区域差距不断扩大的过程中中央政府开始重视区域之间的协调发展，多次强调要统筹区域发展并制定了不同区域的具体发展战略。但是，这些都只是从宏观的方面明确了我国区域政策的发展方向，并不是真正意义上的、具有操作性的区域政策。如果说“纲要”中确定的区域发展的指导方针是区域政策的大脑和骨架的话，那么具体的可操作的区域政策就是血与肉。因此，只有区域政策的指导方针和宏观思想是远远不够的，在实际工作中需要的是政策目标明确、政策工具健全、政策评估完善的区域政策。这种具有可操作性的区域政策需要按照客观科学的标准来选择援助项目，需要对资金进行科学合理的管理，还需要对政策效果进行定期的评估，这样才能便于实际工作者进行具体的实施，也才能将区域协调发展的指导思想落到实处。而我国目前并不存在真正意义上的独立完整的区域政策，没有专门对区域政策进行管理的机构，没有相应的政策工具和评估机制。区域政策的职能在多个平行的政府部门交叉重叠地进行分配。我国所谓的区域政策是零星的、分散在不同部门的，也就不可能形成真正意义上的区域政策体系。在我国建立起具有可操作性的区域政策体系是时代的呼唤，也是解决当前我国存在的各种区域问题的客观要求。

在区域政策的具体实践方面，欧盟是非常成功的典范。它不仅以条约的形式确定了在欧盟层次上采取区域政策的必要性和重要性，而且非常重视通过采取各种具体的措施来实施和管理区域政策，实现区域政策目标，还定期对项目实施和区域政策的政策效果进行评估和总结，并结合欧盟的最新发展变化不断对区域政策进行调整。几十年的发展历程表明，欧盟的区域政策在缩小成员国的经济发展差距和实现欧盟各成员国的协调发展方面发挥了举足轻重的作用并取得了显著的政策效果。

尽管我国和欧盟在法律主体上存在着差异，欧盟是一个超国家机构，而中国是一个在宪法意义上拥有独立主权的国家，但是，欧盟区域政策的许多具体做法对我们国家真正意义上的区域政策体系的建立以及区域政策的运作、实施和管理具有非常重要的借鉴意义。对欧盟区域政策的系统研究将会为我国区域政策的未来发展指明方向并对我国当前区域政策的实际工作产生重要而深远的影响。

本书研究的实际应用价值主要体现在如下两个方面：第一，本书的研究是针对我国当前建设和谐社会、全面贯彻落实科学发展观和实现区域协调可持续发展过程中存在的区域问题而开展的研究，具有重大的实际应用价值。改革开放三十多年来，我国经济发展取得了举世瞩目的成果。但是，在宏观经济发展的同时，区域问题成为中国有待解决的重大问题之一。这主要表现在，中国东部沿海地区出现了一批经济发达的区域（例如环渤海地区、长三角和珠三角地区等）。但是，中国的东部、中部和西部地区之间的区域发展差距日益明显，并有进一步扩大的趋势。在这种背景下，在全国宏观层面上解决区域问题的过程中，除了需要不同区域和板块积极探讨自身的发展战略之外，更需要吸收欧盟的成功经验、在国家层面和中部地区区域层面上探讨中国区域政策的体制创新问题。

第二，本书通过学习欧盟区域政策的成功经验来研究我国区域政策的体制创新，并探讨实现中部崛起的区域政策路径，这对于构筑我国区域政策体系、解决我国区域政策中存在的主要问题具有重要的实践意义。我国当前区域问题存在的根源在于我国区域政策管理体制的不成熟和不完善，这直接导致发达地区和落后地区之间的两极分化现象日趋扩大化。如何在宏观层面上实现区域政策管理体制质的飞跃和突破是解决我国当前区域问题的关键。在区域管理体制方面，欧盟是运作得比较成功的典范。欧盟区域政策是超国家层面上的区域政策，它形成了一个完善的区域政策体系，这在缩小欧盟内部不同成员国及相关区域之间的经济发展差距等方面发挥了比较显著的作用，取得了不俗的政策效果。欧盟区域政策的许多做法非常值得中国学习和借鉴，它对于中国区域政策的体制创新非常有借鉴意义。通过学习欧盟区域政策的成功经验，我们就可以在体制创新的基础上进一步完善国家层面和区域层面上，包括政策目标、政策实施对象、政策工具、区域管理机构和政策评估等多方面内容在内的中国区域政策体系。

1.2 相关研究成果综述

目前国内外的许多区域经济领域的专家、学者对欧盟的区域政策进行了深入的研究。国外的研究主要是结合当前欧盟的最新发展和具体情况进行的分析，注重的是微观层面；而国内的研究多是从宏观的角度分析欧盟的区域政策，注重的是欧盟区域政策对解决中国当前的区域问题的启示和借鉴。下面分别从国外和国内两个方面进行总结。

1.2.1 国外研究成果综述

国外对欧盟区域政策所进行的研究主要集中在政策体系的构建、结构基金的管理和实施、空间发展规划、政策评估、东扩对欧盟区域政策的影响、发展趋势和最新领域以及针对欧盟内部特定区域的案例研究等几个方面。

(1) 对欧盟区域政策的政策框架所进行的研究

对欧盟区域政策进行了相对全面和系统研究的国外专家学者主要有 Norbert Vanhove、John Bachtler、Ivan Turok、Kenneth Button、Eric Pentecost、Z. Hajdu 和 G. Horvath 等。

Norbert Vanhove 在其专著“*Regional Policy: A European Approach*”（third edition，1999）中结合欧盟的情况全面地论述了欧盟的区域政策，这是目前能够找到的为数不多的对欧盟区域政策进行了较为全面论述的论著。这本专著首先从国家层次区域经济政策的必要性和欧盟的区域差距现状入手，结合区位理论和欧盟的都市发展及规划，深入论述了一般意义上的区域经济政策的目标、政策工具和评估，并详细论述了欧盟层次的区域经济政策的法律框架、发展历程、目标、政策工具以及2000年之后可能面临的主要问题和挑战。

John Bachtler 和 Ivan Turok 在专著"*The Coherence of EU Regional Policy, Constructing Perspective on the Structural Funds*"（1997）中就欧盟区域政策对区域发展结构和体制的影响进行了专门的论述。在简单介绍了欧盟区域问题和区域政策的基础上，重点探讨欧盟的区域发展战略，并对不同成员国的成功经验和面临的问题进行了总结。但是，作者主要关注的是由于传统工业的衰退而需要进行的结构重组和开发的区域（即欧盟区域政策的目标2区域），对经济落后区域（即欧盟区域政策的目标1区域）以及农业和乡村区域（即欧盟区域政策的目标5b区域）则不太关注。

Kenneth Button 和 Eric Pentecost 的专著"*Regional Economic Performance within the European Union*"（1999）的主要贡献在于论述了欧盟在国民收入和失业方面的区域集聚过程以及欧盟区域政策的历史发展，并对其主要政策工具和基础设施投资对增长的影响进行了深度分析。

R. H. Williams 在著作"*European Union Spatial Policy and Planning*"（1996）中深入论述了欧盟委员会如何在欧盟内实施规划和发展，特别是在欧盟层次上而不是在成员国层次上。在介绍了欧盟的结构和机构之后，作者分几个章节分别论述了不同的政策领域，包括区域融合和结构基金、跨边界规划、交通和环境领域等。作者提出的重要观点是世界对可持续发展和环境问题的关注以及欧盟东扩使得欧盟委员会更直接地影响空间规划的各种事务。

Z. Hajdu 和 G. Horvath 在著作"*European Challenges and Hungarian Responses in Regional Policy*"（1994）中则着重关注欧盟区域政策的过去、现在和未来。作者主要论述了欧盟区域政策的经典模式、面临的挑战以及未来的新模式，同时还论述了中欧地区的困境以及匈牙利的反应。作者的研究不是常规意义上的对匈牙利的回顾，而是把丰富的内容作为对欧盟区域政策进行深入分析的起点，既从大陆层次上也从不同的欧盟成员国内部进行分析。

另外，在一些由国外区域经济学专家、学者主编的关于区域经济学和欧洲一体化的研究文献中，Stephen George①、E. T. Nevin②和 W. Molle③ 也分别对欧盟区域政策进行了专门章节的论述，但是由于成文时间比较早，在主要内容上没有超越上述著作。

(2) 对结构基金的管理和实施所进行的研究

由于结构基金是欧盟区域政策最为重要的政策工具，国外对结构基金的研究是欧盟区域政策研究的核心和重点，在这一方面论著颇丰。

Harrop Jeffrey 的著作"*Structural Funding and Employment in the European Union-Financing the Path to Integration*"（1996）对四个结构基金进行了全面的回顾和介绍。作者的主要观点是，在自由市场经济的条件下，经济一体化会导致区域不平衡，因此政府指导下的经济开支是必要的。但是，这类基金必须资助那些能够对这种一体化的过程和路径进行调整和矫正的项目。

Alan Matthews 的著作"*Managing the Structural Funds*"（1993）对结构基金的资金分配及其占欧盟转移支付总额的比重进行了详细的分析，在结构基金管理的机会—成本分析的基础上探讨了如何改进欧盟转移支付的使用战略。同时就结构基金是否是唯一的、最佳的推动欧洲融合的机制展开了讨论，作者的观点是鼓励推动一种财政联合的欧洲从而为成员国的稳定和再分配建立起一种更为正式的超国家机制和结构。

Olsson Jan 则是从民主的角度考察了欧盟结构基金体系，并

① Juliet Lodge. *Institutions and Policies of the European Community*. London: Frances Pinter (Publishers), 1983: 85-96.

② A. M. Ei-Agraa. *The Economics of the European Community*. Philip Allan/St Martin's Press, 1985: 338-361.

③ Peter Coffer. *Main Economic Policy Areas of the EEC-Towards 1992*. Kluwer Academic Publishers, 1988: 67-98.

在一些基本民主问题的性质方面进行了理论化的分析。① 这种分析是在议会及其兼职模式和精英民主模式的指导下进行的。但是这类模式并不能很好地适应结构基金体系的实际运转，也就是以技术统治论和实现不同行政管理层次之间自上而下的垂直协调为基础和重要特征的社会实际，在客观上是对民主制度发挥作用的一种排斥。

Moss Timothy 和 Fichter Heidi 主要关注结构基金项目的可持续原则的实施方法。② 他们深入探讨了 12 个试验区如何将可持续发展这一概念转化为与结构基金资助过程相一致、与项目区域的需要相关联、并能够被项目执行方所采纳的实际操作。尽管从法国、德国、英国、瑞典和荷兰挑选出来的区域在尺寸大小和结构特征上存在较大的差异，但是这种差异对于将可持续发展的原则融入结构基金项目的管理和实施过程之中具有重要的意义。同时，他们提出在重新设计项目目标、调整管理工具以及开拓出一种更为广泛的参与和对话机制的基础上、在结构基金的框架下，在其他区域推动可持续发展。

Ederveen Sjef、L. F. Groot Henri 和 Nahuis Rechard Kyklos 采取经验主义的方法对欧盟 13 个成员国的数据进行分析以探讨结构基金的有效性。③ 研究表明，结构基金对于那些制度框架合适的国家而言是有效的，而衡量制度框架合适与否的标准主要有公开性、制度的性质、腐败程度和政府衡量管理质量的指标等。

---

① Olsson Jan. Democracy Paradoxes in Multi-level Governance: Theorizing on the Structural Fund System Research. *Journal of European Public Policy*, 2003, 10 (2): 283-301.

② Moss Timothy, Fichter Heidi. Promoting Sustainable Development in EU Structural Fund Programmes (Lesson from Regional Case Studies), *Innovation: the European Journal of Social Sciences*, 2004, 17 (1): 11-23.

③ Ederveen Sjef, L. F. Groot Henri, Nahuis Richard Kyklos. Fertile Soil for Structural Funds? Apanel Data: Analysis for the Conditional Effectiveness of European Cohesion Policy, *Journal of European Integration*, 2006, 59 (1): 17-42.

Gil Carlos、Pascual Pedro 和 Rapun Manuel 提出了一种经验主义的程序来执行和评估 1989—1993 年和 1994—1999 年两个规划期内结构基金不同的资金分配状况。① 首先对扩张的生产能力进行评估以计算出预期的人均 GDP；然后采取非线性的方法依据平等发展和平等机会这两个原则模拟结构基金在目标 1 区域的分配，计算出从高效率到高平等性的各种可能性，从而得到最佳资金分配方式的分布边界情况；最后，对这些结论进行评估并与现实的分配情况进行比较。

Shutt John、Colwell Adrian 和 Koutsoukos Stratis 全面总结了结构基金在 1994—1999 年规划期的经验教训，② 探讨了 2000—2006 年规划期内英国结构基金项目的执行情况，并提出了一些英国政府在新的政策议程方面存在的会对经济发展产生影响的问题，最后提出并分析了英国在未来结构基金实施过程中需要事先关注的一些问题。

对于结构基金的各项基金（包括欧洲区域发展基金、欧洲社会基金、欧洲农业指导与保证基金的指导部分、欧洲渔业指导金融工具），国外许多专家、学者进行了分别的研究。Salvador Maluquer Amoros 专门研究了欧洲区域发展基金在 Catalonia 地区的目标 2 项目的行政程序和实施效果，③ 研究表明 1989—1993 年每年 1 亿埃居资金的流入尽管对该地区的 GDP 影响较小，但却帮助它解决了一些经济瓶颈问题。Jacky Brine 以英国为基础研究了欧洲社会基金

① Gil Carlos, Pascual Pedro, Rapun Mannuel. Regional Allocation of Structural Funds in the European Union. *Environment & Planning C: Government & Policy*, 2002, 20 (5): 655-678.

② Shutt John, Colwell Adrian, Koutsoukos Stratis. Structural Funds and Their Impact: Signed and Sealed, But Can We Deliver. *European Planning Studies*, 2002, 10 (1): 113-130.

③ Salvador Maluquer I. Amoros. Application of European Regional Development Fund for Objective 2 in Catalonia: Planning Monitoring and Evaluation, *European Planning Studies*, 1996, 4 (4).

对失业妇女的职业培训方面的影响。① 同时，他还探讨了欧洲社会基金的培训政策的机会均等问题，试图通过机会均等来影响欧洲社会基金针对失业妇女的职业培训政策的结构和程序。②

由于结构基金在发展的过程中经历了对其发展历程有重大影响的好几次改革，国外专家学者对结构基金所经历的几次改革也进行了深入的研究。Gerald Berger 和 Michael Narodoslawsky 认为欧盟在实现东扩之后，如果结构基金希望成为欧盟实现可持续发展的主要工具就必须进行改革。如果可持续发展在未来的发展过程中被纳入现实的政治议程，区域实体就必须发挥关键性的作用以便将这一理念变为现实。而结构基金不仅要成为确保欧洲融合的选择工具，而且要成为实现欧盟可持续发展的中心。③ John Bachtler 认为结构基金的改革是为了提高欧盟区域政策的效率并通过集中开支、简化机构和行政管理分散化来适应欧盟扩大后的变化。④ 他还分析了欧盟结构基金改革所面临的一些有争议的问题，例如结构基金的预算决策、划定目标 1 区域和目标 2 区域的指标、不同层次区域政策的一致性以及更为严格的项目管理等。Iain Begg 也回顾了结构基金的原则以及在实际中遇到的问题，论述了未来欧盟的义务和结构基金的改革以及对不同区域和新成员国的影响。⑤ 他认为结构基金在推动欧盟的融合方面是一个重要的工具。

国外很多专家、学者都肯定结构基金的作用和意义，也有少数

---

① Jacky Brine. the European Social Fund and the Vocational Training of Unemployed Woman: Questions of Gendering and Re-gendering. *Gender & Education*, 1992, 4 (1, 2): 149-163.

② Jacky Brine. Equal Opportunities and the European Social Fund: Discourse and Practice. *Gender & Education*, March 1995.

③ Gerald Berger, Michael Narodoslawsky. Editorial: Regional Sustainable Development-the Role of Structural Funds, *Innovation*, 2004, 17 (1).

④ John Bachtler. Reforming the Structural Funds: Challenges for EU Regional Policy. *European Planning Studies*, July 1998.

⑤ Iain Begg. Reform of the Structural Funds after 1999. *European Planning Studies*, Oct. 1997.

人对此提出了质疑。例如 De Rynck Stefaan 和 McAleavey Paul 就认为欧盟的结构基金在提高经济和社会融合这一特定目标方面是一种生硬的政策工具。① 他们认为欧盟的融合政策根植于成员国政府之间关于预算分配的讨价还价，这就使得基金的目标复杂化。在实施过程中，基金更偏爱区域内有组织和有优势的集团，同时在欧盟层次上出现的越来越多的不平等现象也使人们更加关注"谁能从融合政策中真正受益"这一问题。

（3）对欧盟空间发展规划所进行的研究

欧盟的空间发展规划是欧盟区域政策的基础和前提，而 ESDP（the European Spatial Development Perspective，即欧洲空间发展展望）作为欧盟区域政策的纲领性文件在欧盟区域政策中发挥了非常重要的作用。国外有许多专家、学者针对欧盟的空间发展规划和 ESDP 进行了深入的研究。

Georgia Giannakourou 深入研究了欧盟层次空间规划的出现、目前的结构和未来的前景。② 他论述了欧洲关于空间问题的观点如何发展成为欧盟的融合、团结目标和自由市场约束的共同结果，并对市场一体化过程中的空间公正进行了重新定位。他的结论是：欧洲空间规划在概念和体制上的创新是对欧洲公共政策的合法化基础进行重新整理而形成的有机组成部分。这种创新和转变既可以看成超国家层次上新的治理方式，也可以看成在变化的年代重新思索传统的社会理论的一次机会。Kunzmann Klaus R. 研究了欧洲的空间公正问题，他认为地方、区域和成员国国家的空间规划对于实现空间公正是至关重要的，同时还评估了现存的欧洲基础设施以及生产、信息和权力网络在实现欧洲空间公正方面的作用。③ Dühr Stefanie

---

① De Rynck Stefaan, McAleavey Paul. the Cohesio Deficit in Structural Fund Policy. *Journal of European Public Policy*, 2001, 8 (4): 541-557.

② Georgia Giannakourou. Towards A European Spatial Planning Policy: Theoretical Dilemma and Industrial Implications. *European Planning Studies*, Oct. 1996.

③ R. Kunzmann Klaus. Planning for Spatial Equity in Europe. *International Planning Studies*, Feb. 1998.

认为利用地图和图表来说明空间规划和政策的选择对于说明规划过程和实现规划战略信息的交流是非常有力量的。他还进一步探讨了政策地图在空间政策沟通以及说明欧洲空间政策的进展方面的潜在作用，并分析了欧盟和跨国层次上的规划政策在形式和内容上难以达成一致的可能原因。①

Faludi Andreas 认为欧洲化是具有不同动机的参与者之间相互作用的产物，而制定欧洲空间发展展望正是欧洲化的一个实例。②他详细介绍了 ESDP，认为它是针对结构基金分配和支付的一种共同体空间战略，他分析了几个主要参与者法国、荷兰、德国和欧盟委员会的动机以及在空间规划传统和体制构建中的行为，最后还讨论了欧盟扩大后欧洲空间发展展望的发展前景。同时，他还认为欧洲空间规划必须被看做多层治理的应急体系中的一个部分，权力在政府的多个层次都要能够得以运用，因此否定共同体在空间规划中的作用是不现实的。③ 在此基础上，他深入研究了 ESDP 在西北欧大都市区应用的过程中西北欧（特别是德国、英国、荷兰和比利时）自身所发挥的作用以及欧盟东扩之后西北欧空间规划的未来。④ Dasí Joaquín Farinós，González Juan Romero 和 Madariage Inés Sanchez 则深入研究了西班牙准备和实施 ESDP 的过程和遇到的各种问题。⑤ 他们一方面从水平的角度探究西班牙管理框架下的空间规划的演变过程和现状并试图找到结构基金在这一方面对西班牙的

① Dühr Stefanie. Illustrating Spatial Policies in Europe. *European Planning Studies*, 2003, 11 (8): 929-948.

② Faludi Andreas. Spatial Planning in Europe: Their Role in the ESDP Process. *International Planning Studies*, 2004, 9 (2, 3): 155-172.

③ Faludi Andreas. Positioning European Spatial Planning. *European Planning Studies*, 2002, 10 (7): 897-909.

④ Faludi Andreas. the European Spatial Development Perspective and North-West Europe: Application and the Future. *European Planning Studies*, 2004, 12 (3): 381-408.

⑤ Dasí Joaquín Farinós, González Juan Romero, Madariage Inés Sanchez. Structural Problems for the Renewal of Planning Styles: the Spanish Case. *European Planning Studies*, 2005, 13 (2): 217-235.

影响；另一方面从垂直的、政府的和多层的角度以及从国家和区域的观点出发来探讨新的规划习惯是否已经在城镇以及区域规划中被采纳。

（4）对欧盟区域政策的政策评估所进行的研究

欧盟区域政策非常关注政策评估，并将政策评估作为区域政策体系的重要组成部分。国外的专家学者针对欧盟区域政策的评估也进行了专门的研究。

Sosvilla-Rivero Simón，Bajo-Ribio Oscar 和 Díaz-Roldán Carmmen 推荐使用 HERMIN 宏观经济模型来评估欧盟区域政策。① 这种方法的主要特点是能够对使用和未使用欧盟基金的经济发展演变状况进行比较分析，这样就可以找到一种更为准确的方法来评估欧盟援助的有效性。由于西班牙的 Castilla-La Marcha 地区原先比较落后，但最近几年拥有特殊活力，他们还把这个地区作为案例来说明这种模型的使用方法和具体特征。

Diez Maria-Angeles 认为尽管 1990 年以来欧盟越来越关注区域政策的评估，但是从这些评估中只能吸取有限的经验教训。② 他回顾了相关问题以及在评估实践中出现的各种批评，并总结了当前评估欧盟区域政策的方式的局限性。在深度探讨欧盟区域政策的最新评估理论和实践方面的研究项目的基础上，他简要提出了一种以评估理论为基础的评估模式来对区域政策进行评估，从而找到它的潜在优势。他认为以评估理论为基础的方法能够为我们评估复杂、独特的可持续发展政策提供一个框架，从而帮助我们理解这种政策怎样、何时以及为什么能够导致观察到的政策效果。

尽管最近几年评估欧盟区域和城市政策的方法越来越高深，但是 H. W. Armstrong 和 P. Wells 却认为对结构基金项目的评估并没

① Sosvilla-Rivero Simón，Bajo-Ribio Oscar，Díaz-Roldán Carmmen. Assessing the Effectiveness of the EU' s Regional Policies on Real Convergence：An analysis Based on the HERMIN Model. *European Planning Studies*，2006，14（3）：383-396.

② Diez Maria-Angeles. New Approaches to Evaluating Regional Policy. *Greener Management International*，2002（36）：37-50.

有充分展示出关于项目设计和实施方面的治理效果。① 他们使用南约克郡作为案例来说明，在欧盟结构基金的项目框架下，民间非官方组织和共同体部门在推动共同体经济发展方面的作用。他们认为可以使用多层治理这一发展变化的理论来扩展评估方法，特别是以理论为基础的评估方法，其评估者需要综合考虑正式的合作关系、管理制度的安排、传统关注的焦点、更为广泛的治理结构和非官方的政策网络的重要性等因素，同时还要考虑到诸如资源的现代化和权力等因素。

Jacques Toulemonde 对从事区域政策评估的人员组成和机构设立进行了研究。② 他认为，欧洲评估协会的设立依赖于存在一个欧洲专业评估共同体的假定或至少是一个临时的共同体。他进一步提出四种不同的评估者，即专业人员、专家、技术人员和业余爱好者。根据欧盟委员会进行的三次调查，他总结出欧洲共经历了从业余爱好者到专业人员、从专业人员到专家的两次转变，但是大型的专业共同体（协会）的设立只能期待未来。

另外，George A. Georgiou 从希腊中东部地区的地中海一体化项目的具体评估案例出发，③ 总结出在实施项目过程中的主要障碍包括广泛缺乏应采用的一体化规划技术、传统的中立的管理机制、监管不力以及委托人的无限权力对项目目标实现的负面影响等。而这种经验教训能够改善当前和未来的欧盟区域项目的实施质量。

（5）关于东扩对欧盟区域政策的影响方面的研究

2004 年欧盟实现了东扩，经济发展水平相对较低的中东欧国家的加入使欧盟的区域政策面临重大的挑战。欧盟区域政策应该如何适应欧盟东扩后的现实情况成为国外许多专家、学者关注的

---

① H. W. Armstrong and P. Wells. Evaluating the Governance of Structural Funds Programme: the Case of Community Economic Development in South Yorkshire. *European Planning Studies*, 2006, 14 (6): 855-876.

② Jacques Toulemonde. the Emergence of an Evaluation Profession in European Countries: the Case of Structural Policies. *Knowledge & Policy*, Fall 1995.

③ George A. Georgiou. the Implementation of EC Regional Programmes in Greece: A Critical Review. *European Planning Studies*, Feb. 1994.

焦点。

Bachtler John 和 Downes Ruth 认为中东欧国家的转型和改革创造了一种新的空间格局。① 这种格局是以东西之间、中心和外围之间、乡村和城市之间以及工业问题区域内部的经济和社会差距为基础的。这种情况的出现要求有一种区域政策在特定地区指明领土和管理结构、完成区域政策的相关立法并采取以空间为目标的激励措施。他们认为，在未来的发展过程中，公平和效率目标之间以及对欧盟进行有效管理等方面的优先问题将是欧盟的主要挑战。

Bailey David 和 Propris Lisa De 认为中东欧新成员国与原欧盟成员国的区域 GDP 差异以及发展结构和发展过程的差异在最近才出现。② 欧盟扩大后的区域融合和一体化现状与 1988 年欧盟区域政策最初形成的时候相比面临更大的挑战。构建真正意义上的区域制度能力需要时间和耐心，需要监控和支持以及入盟后促进融合的各项资助。同时，他还认为在候选国入盟前，欧盟委员会应发挥支配性的作用，对它们施压以促使其采纳欧盟认可的区域结构和发展步骤，并及时启动多层治理格局。同时，中东欧国家政府应发挥"看门人"的作用，对次国家层次的参与者进行监督并仅允许其部分参与其中。

Cerald Bcrgcr 和 Michael Narodoslawsky 深入分析了结构基金在扩大后的欧盟所发挥的作用。③ 他们认为，如果结构基金希望成为欧盟实现可持续发展的重要工具就必须进行改革。欧盟的东扩在很多方面是欧盟的分水岭，它将明确欧洲在未来几代的时间内在经济和政治领域的全球作用。但同时欧盟的东扩也为欧洲发展模式的选择打开了一扇窗。如果可持续发展能够在这一发展过程中被纳入现

① Bachtler John, Downes Ruth. Regioanl Policy in the Transition Countries: A Comparative Assessment. *European Planning Studies*, 1999, 7 (6): 793-819.

② Bailey David, Propris Lisa De. EU Structural Funds, Regional Capabilities and Enlargement: Towards Multi-level Governance? *Journal of European Integration*, 2002, 24 (4): 303-324.

③ Gerald Berger, Michael Narodoslawsky. Regional Sustainable Development-the Role of Structural Funds. *Innovation*, 2004, 17 (1).

实的政治议程，区域实体就必须发挥关键性的作用使这一理念变为现实。结构基金不仅要成为确保欧洲融合的选择工具，而且要成为实现欧盟可持续发展的中心。

Heather Grabbe 和 Kirsty Hughes 认为在现存的结构基金分配标准下，新的中东欧成员国有资格获得的资助金额是欧盟原 15 国难以接受的。① 但是结构基金的政策目标与中东欧国家高度相关，这主要是基于申请国内部以及申请国之间收入和就业的区域不平衡现状以及在入盟后需要多年的努力才能达到欧盟平均收入水平的客观情况。在《议程 2000》(即 "Agenda 2000") 中，欧盟委员会在欧盟的净贡献国、目前的净收入国和中东欧国家的实际需要等竞争性利益之间达成了妥协，这在一定程度上牺牲了团结和融合的原则。同时，由于先入盟国家有资格获得比新成员国更高的欧盟资助，这样成员国之间的差距会进一步扩大。

Baun Michael 认为由于经济相对落后，中东欧的这批候选国在加入欧盟后将成为结构基金的主要接收者，这样区域政策对这些国家的领土政策所产生的影响就成为重大的课题。② 这其中最重要的就是欧盟区域政策是否能推动中东欧国家向区域化和政治分权的方向发展，就像它过去推动当时的欧盟成员国那样。他深入比较了捷克和波兰的入盟准备情况，发现它们对区域政策所作的准备成为推动新的民主政治和行政管理分权的主要推动力，但是欧盟区域政策对这些国家领土政策的长期影响以及在其他候选国的应用仍然很难评估。

另外，Pallagst Karina 认为欧盟东扩还会给欧盟的空间规划带来巨大的困难和挑战。③ 在欧盟区域政策和空间规划的相关讨论

① Heather Grabbe, Kirsty Hughes. Reform of the Structural Funds: Central and East European Perspectives. *European Planning Studies*, Jan. 1998.

② Baun Michael. EU Regional Policy and Candidate States: Poland and the Czech Republic. *Journal of European Integration*, 2002, 24 (3): 261-280.

③ Pallagst Karina. European Spatial Planning Reroaded: Considering EU Enlargement in Theory and Practice. *European Planning Studies*, 2006, 14 (2): 253-272.

和理论背景的基础上，他提出了一种欧洲空间规划概念化的新方法和新理念，将中东欧空间规划作为一种新的共同体来加以考虑。

（6）有关欧盟区域政策的发展趋势和最新领域方面的研究

进入到新世纪，欧盟区域政策也呈现出一些新的发展趋势和最新的研究领域，例如区域创新、可持续发展、跨边界治理和社会学习等。国外有不少的专家、学者对这些领域进行了深入的研究。

在区域创新领域，Kaufmann Alexander 和 Wagner Petra 认为，许多区域发展战略是支持区域创新体系和公司的创新集群的主要推动力。① 提高技术水平、附加价值和区域经济的竞争力在很大程度上依赖于区域公司和区域集群的创新能力。他们着重分析了欧洲区域发展基金（即 ERDF）对奥地利的目标 1 区域 Burgenland 的创新活动所产生的影响。在案例分析中，他们使用欧盟在中期评估阶段进行创新调查所搜集的数据来评定 ERDF 的创新效应，结果发现 ERDF 并不是以区域公司和区域集群的问题和需要为目标，这阻碍了区域经济的结构重组。Guth Michael 则重点关注区域差异、创新差距和创新的极化效应。② 他认为过去通过创新政策来管理区域政策的过程中采纳的自上而下的方式所产生的问题值得探讨。他主张系统地看待创新、学习以及它们之间的相互作用，这包括在领土层次上以及在面临创新和极化的两难选择的情况下对学习、信任和社会资产的综合考虑。同时，他描绘了与欧盟区域政策密切相关的新型钻石型创新模式的基本结构（特别是针对新入盟国家），并采用德国的 Nordrhein Westfalen

① Kaufmann Alexander, Wagner Petra. EU Regional Policy and the Stimulation of Innovation: the Role of the European Regional Development Fund in the Objective 1 Region Burgenland. *European Planning Studies*, 2005, 13 (4): 581-599.

② Guth Michael. Innovation, Social Inclusion and Coherent Regional Development: A New Diamond for a Socially Inclusive Innovation Policy. *European Planning Studies*, 2005, 13 (2): 333-349.

地区的案例来分析说明这种新模式。

对于可持续发展的问题，上文中提到的 Moss Timothy 和 Fichter Heidi 对欧盟结构基金项目实施可持续发展原则的方法进行了总结。① 他们深入研究了欧盟 12 个试验区如何将可持续发展的理念转化为与结构资助过程相一致、与项目区域相关联并且能够被项目执行方所采纳的实际操作。同时，他们还在开发新的方法、重新设计项目目标、调整管理工具以及开拓出一种更广泛的参与和对话机制的基础上，总结出其他区域如何在结构基金的框架下推动可持续发展。这就实现了可持续发展的政策目标与结构基金这一具体的政策工具的有机结合。

20 世纪 90 年代是欧洲跨边界地区风起云涌的时期，跨边界治理成为欧盟区域政策新的研究领域。Marina Van Geenhuizen 和 Rernigio Ratti 在他们的著作"*Gaining Advantage from Open Borders: An Active Space Approach to Regional Development*"（2001）中认为，许多国家的边境向交通、贸易、投资和信息开放为相关国家（特别是边境地区）带来了新的机遇和挑战，而交通量增加、合作扩大、各种保护措施的减少以及市场的扩大都是其结果。他们从三个方面考察了这些变化以及欧盟不同区域对这些变化的反应，第一是内部因素（例如创造性和开放度）在区域发展方面发挥的至关重要的作用，第二是对七个案例的开放情况进行分析研究，第三是边境区域治理以及以行为空间为导向的跨边界区域的区域政策。Perkmann Markus 则是首先分析了欧洲跨边界区域的历史背景和起支撑作用的相关的欧盟政策。② 然后对跨边界地区进行了定义并明确了它的不同类型及其在跨国网络中的地位。最后，分析了关于欧盟跨边界区域的经验主义的观点，包括它们的频率、地理分布以及

---

① Moss Timothy, Fichter Heidi. Promoting Sustainable Development in EU Structural Fund Programmes (Lesson from Regional Case Studies). *Innovation: the European Journal of Social Sciences*, 2004, 17 (1): 11-23.

② Perkmann Markus. Cross-Border Regions in Europe. *European Urban & Regional Studies*, 2003, 10 (2): 157-172.

时间发展。他将跨边界区域与特定国家的制度条件下的不同形式以及欧盟区域政策的政策效果联系在一起，指出小规模的跨边界区域之所以活跃是因为它们在多层治理格局下、在欧盟区域政策中发挥了实施主体的作用。

另外，Paraskevopoulos Christos J. 以希腊为例，说明了社会学习对于欧盟公共政策制定（尤其是欧盟区域政策）的重要意义。①

（7）针对欧盟的成员国和特定区域所进行的案例研究

国外不少专家、学者从欧盟内部特定的区域出发来研究欧盟的共同政策（尤其是欧盟层次的区域政策），他们为区域政策的研究提供了丰富的案例支撑。

Jeremy Alden 和 Philip Boland 在他们的专著"*Regional Development Strategies: A European Perspective*"（1996）中先后对英格兰和威尔士、包括东欧在内的欧洲特定地区和日本（作为亚太地区的参考案例）的区域发展和区域政策进行了分析和总结。然后，他们对2000年之后欧盟的区域发展战略的特征、欧洲区域发展的连续性和动力机制进行了深入研究和预测，他们认为，区域发展是欧盟成员国之间实现区域联合的永恒特征。而 Maura Adshead 在他的专著"*Developing European Regions? Comparative Governance, Policy Networks and European Integration*"（2002）中运用了德国的 Thuringen、爱尔兰的 Limerick 和英国的 Merseyside 这三个不同的欧盟区域作为案例进行分析，研究在特定的欧盟范围内公共政策的运用情况。研究表明，在不同的欧洲区域，欧盟区域政策已经被有效地欧洲化了。也就是说，它已经真正上升成为被成员国所认可和接受的欧盟层次的共同政策了。

德国和丹麦是欧盟中经济比较发达、人民比较富裕的成员国。

---

① J. Paraskevopoulos Christos. Social Capital, Learning and EU Regional Policy Networks: Evidence from Greece. *Government & Opposition*, 2001, 36 (2): 253-278.

Sturm Roland 对德国实施欧盟区域政策进行了深入的研究,① 他认为欧盟层次区域政策决策者的重要性会依据区域发展战略的类型而发生变化。它在区域援助和工业重组领域最为重要，在研究和技术政策、对 SME 的支持以及跨边界和国际范围的区域合作领域较为重要。他认为，在德国联邦制度的基础上，欧盟、成员国和区域政府三个层次政府的多层治理格局和联合决策过程将会长期存在。Halkier Henrik 对丹麦进行了深入的研究,② 他提出了一个概念化的框架来说明不同形式的区域政策以及它们之间的相互作用，并将它运用在丹麦的案例中。他对机构之间的关系、对战略和资源的依赖性的分析表明丹麦的区域政策类似于工业政策的分散化形式，在这种工业政策中，区域主体通过它们的机构和所拥有的信息资源发挥作用，中央政府作为多层治理格局中其他参与主体的管理者发挥主要作用。

意大利、希腊和威尔士是欧盟中经济比较落后的国家和地区。Baudner Joerg 和 Bull Martin 深入研究了欧盟政策对意大利公共政策的影响以及结构基金对意大利在实施欧盟政策时的自治程度方面的影响。③ M. Christooloulakis Nicos 和 C. Kalyvitis Sarantis 对经济不发达的希腊进行了深入的研究。④ 他认为在欧盟内实现融合的基本政策工具是旨在增加每个成员国物质资本和人力资本的结构基金。在希腊的案例中，结构基金的目的是将经济发展纳入可持续发展的轨

① Sturm Roland. Multi-level Politics of Regional Development in Germany. *European Planning Studies*, Jan. 1998.

② Halkier Henrik. Regional Policy in Transition—A Multi-level Governance Perspective on the Case of Denmark. *European Planning Studies*, 2001, 9 (3): 323-338.

③ Baudner Joerg, Bull Martin. European Policies and Domestic Reform: A Case Study of Structural Fund Management in Italy. *Journal of Southern Europe & the Balkans*, 2005, 7 (3): 299-314.

④ M. Christooloulakis Nicos, C. Kalyvitis Sarantis. Achieving Convergence within the European Union: the Role of Structural Funds in the Case of Greece. *European Planning Studies*, 1998, 6 (6): 695-708.

道，这样就能真正提高与其他成员国之间的经济集中程度。通过深入研究结构基金的流入对希腊产生的影响，他们认为结构基金对于欧盟成员国实现经济的真正集中至关重要，而影响的程度取决于不同国家和区域所假定的外在效应的程度。Kyrgiafini Lina 和 Seferzi Elena 则是以希腊的 3 个目标 1 区域实施欧盟区域创新项目的情况为基础，探讨它们创新体系的变化和发展轨迹。研究表明，通过创新计划，欧盟区域政策对加强参与区域创新体系的建设作出了显著的贡献。① Boland Philip，J. Brooksbank David，C. Clifton Nicholas，Jones-Evans Dylan 和 G. Pickernell David 对欧盟结构基金传统的目标 1 区域威尔士西部地区和河谷地区进行了深入的研究，探讨其在实施欧盟区域政策、管理结构基金项目和实现资金分配方面面临的主要问题和困难。②③

另外，国外的专家和学者对欧盟东扩后的新成员国和相关区域也进行了案例研究。Lajh Damjan 关注的是斯洛文尼亚在加入欧盟后由于并不存在官方认可的区域划分，这就使得其在实施欧盟区域政策时存在一定的障碍。④ 他认为建立一个有效的参与网络和体制网络来协调和管理欧盟的结构政策并建立起一个满足 NUTS 分类安排的区域结构对斯洛文尼亚来说极其重要。Churski Pawe 研究的是在欧盟区域政策所设定的标准的基础上确定波兰的问题区域，这使得对问题区域的空间分布进行比较分析和实时评估成为可能，同时

---

① Kyrgiafini Lina，Seferzi Elena. Changing Regional Systems of Innovation in Greece：the Impact of Regional Innovation Strategy Initiative in Peripheral Areas of Europe. *European Planning Studies*，2003（11）：885-910.

② Boland Philip. Wales and Objective 1 Status：Learning the Lessons or Emulating the Errors. *European Planning Studies*，2004，12（2）：249-270.

③ J. Brooksbank David，C. Clifton Nicholas，Jones-Evans Dylan，G. Pickernell David. the End of the Beginning? Walsh Regional Policy and Objective One. *European Planning Studies*，2001，9（2）：255-274.

④ Lajh Damjan. Responses to the Process of Europeanisation and Regionalisation：Demestic Changes in Slovenia. *Perspective：Central European Review of International Affairs*，2004/2005，23：36-60.

还探讨了波兰加入欧盟后实施区域政策的新模式。①

1.2.2 国内研究成果综述

我国的区域经济政策研究主要是从区域经济政策的理论框架和体系的角度纵向地进行展开和分析，尽管涉及其他区域和国家的区域经济政策，但往往也只是作为辅助性的内容加以简要的介绍。目前比较缺乏的是横向研究，即专门针对不同区域和国家的区域经济政策所进行的系统研究。迄今为止，涉及这一领域的只有金钟范针对韩国的《韩国区域发展政策》、张季风针对日本的《日本国土综合开发论》以及祝宝良和张峰针对欧盟的《欧盟地区政策》等，张可云在其专著《区域经济政策——理论基础与欧盟国家实践》和《区域经济政策》的专门章节中对欧盟区域政策也进行了专门的论述。

欧盟是当今世界区域一体化程度最高的区域组织，欧盟层次的区域政策经历了不断完善的发展过程。在欧盟的每一个规划期都有大量的资金（目前约占欧盟预算支出的三分之一）用于欧盟区域政策，这也使它成为继欧盟共同农业政策之后的最重要的欧盟政策之一。同时，欧盟区域政策在缩小成员国的经济发展差距和实现欧盟各成员国协调发展方面发挥了举足轻重的作用并取得了显著的成效，它致力于使各成员国及其地区之间能够达到欧洲经济政治一体化发展所需要的经济聚合水平和社会凝聚力。由于欧盟在实践区域政策方面是比较成功的范例，因此，系统地研究欧盟层次的区域政策、总结其成功的经验和做法、探讨其局限性和存在的问题是研究不同区域和国家的区域经济政策的重要内容，也是区域经济学的有机组成部分，因而具有较高的理论意义和价值。

目前国内对欧盟区域政策的研究成果尽管数量不少，但是比

① Churski Pawe. Problem Areas in Poland in Terms of the Objectives of the European Union's Regional Policy. *European Planning Studies*, 2005, 13 (1): 45-72.

较缺乏的是对欧盟区域政策全面、系统的研究，尤其缺乏将欧盟区域政策的成功经验运用于中国及中国特定区域（特别是中国的中部地区）的区域发展方面的系统研究。目前专家学者们的研究主要集中在欧盟区域政策的特定方面及其对中国的启示和借鉴。

吉林大学欧洲问题研究中心的欧盟区域政策系列专著（2007）是针对欧盟区域政策进行研究的最新成果。杜莉主编的《欧盟区域经济政策》、王倩和许梦博编著的《欧盟区域政策及其对中国东北老工业基地振兴的启示》、王倩主编的《欧盟区域政策——从资金支持视角的分析》等是比较有代表性的成果。这表明有越来越多的专家和学者开始关注欧盟区域政策的研究，并将欧盟的成功经验与中国东北地区的实际情况和区域发展战略相结合，从中找出对中国东北的老工业基地振兴战略有益的政策经验。

祝宝良和张峰的《欧盟地区政策》(2005）是对欧盟区域政策进行研究的最新成果。全书在对里斯本战略和欧盟的各项经济政策进行探讨的基础上，用五分之三的篇幅深入剖析了欧盟地区政策。在对欧盟地区政策的历史演进过程、政策工具、政策指导原则和取得的政策效果进行简要论述的基础上，重点探讨的是成员国政策对欧盟地区政策的影响、欧盟共同政策对竞争力、就业和社会和谐的影响以及地区政策的作用和面临的争议，这也是全书的精华部分。全书主要从成员国的国家开支、税收和外国直接投资三个方面来论述成员国层次的区域政策以及对欧盟层次的区域政策的补充作用。欧盟共同政策对竞争力、就业和社会和谐的影响则是通过关于欧盟各项共同战略和援助计划的翔实的资料来说明。在地区政策的作用和面临的争议部分，主要是从欧盟区域政策的几大目标和涉及的基金和倡议计划出发来研究地区政策的作用以及欧盟东扩后欧盟区域政策面临的挑战。这本书的优点是成书时间比较晚，因此运用了许多最新的资料和数据。但是对欧盟层次区域政策（尤其是政策体系）的研究比较简要，没有进行全面的、系统化的研究。

张健雄的《欧盟经济政策概论》(2006）全面研究了欧盟共同经济政策的各个方面，其中就包括了有关地区政策的一章。他从地区政策的目标、援助的优先领域、地区政策的两大政策工具（即结构基金和团结基金）以及区域政策的效果分析等几个方面对欧盟地区政策进行了论述。该书的优点是思路明确、条理清晰，缺点是尽管已经形成了一定的体系，但是由于受到篇幅的限制，关于欧盟区域政策的内容仍比较简单、不够完整。

冯兴元的《欧盟与德国——解决区域不平衡问题的方法和思路》(2002）从欧盟（超国家层次）和德国（成员国层次）两个方面出发研究了解决区域不平衡的方法和思路。在深入论述区域趋同理论和区域趋异理论的基础上，他对欧盟区域政策的基本框架条件、实际构想和总体运作情况进行了剖析，然后对欧盟区域政策的整体运作结果和未来的发展进行了评述和展望，最后论述了欧盟区域政策的相关政策机制对欧盟区域发展的影响。

张可云的《区域经济政策》(2005）是一本主要对区域经济政策进行深入研究的专著。欧盟区域政策作为一个成功案例多次在文中得以运用。作者主要从欧盟区域政策的机构和组织、政策程序、NUTS 标准区域的划分等几个重点领域对欧盟区域政策进行了剖析。这些领域是欧盟区域政策的核心和重点，同时也是能够对中国起到启示和借鉴作用的有益方面。总体来说，作者的论述主要是在中国的国情基础上、从中国的实际需要出发对欧盟区域政策进行研究。

张可云的《区域经济政策——理论基础与欧盟国家实践》(2001）是一本早期对欧盟及成员国的区域政策进行研究的专著。它不仅涉及欧盟层次的区域政策，而且还探讨了欧盟各成员国的区域政策，也就是说涉及超国家层次和成员国国家层次两个层次的区域政策。从欧盟成员国层次的区域政策的角度来看，论述了欧盟各主要国家区域政策的兴起、欧盟成员国区域问题的表现和性质、区域政策的体系设置和立法基础、主要的政策措施和经验教训等方面的内容。从欧盟层次的区域政策来看，探讨了有关欧盟区域政策的兴起、欧盟区域问题的表现和性质、欧盟区域政策的政策方向、机构设置和制度基础、政策目标、政策工具、政策评估和未来的发展趋势等方面的问题。它是早期对欧盟及其成员国的区域政策进行深入系统研究的专著。

另外国内还有不少的学者（例如范军、马颖、王雅梅等）从不同的角度出发撰写了与欧盟区域政策有关的文章。

在欧盟区域政策的发展沿革方面的研究主要集中在欧盟区域政策的几次重大改革以及东扩对欧盟区域政策产生的影响。邹峻对欧盟地区政策的发展沿革进行了研究，他认为欧盟地区政策的指导思想从最初的追求公平（促进落后地区的发展）逐渐转向追求公平和效率并重（促进落后地区发展的同时注重整个欧盟竞争力的提高），但是这种转变也给未来的欧盟地区政策带来了不确定的前景。范军则是对欧盟地区政策历史上的几次改革进行了深入的分析，他认为欧盟不是一个同质的经济空间，而欧盟地区政策就是试图通过适度的经济干预来克服市场一体化对落后地区带来的负面影响。① 在他的另一篇文章中，他专门对欧盟东扩后结构基金的再分配进行了研究。他认为，如果欧盟把筹措资金的现行水平和现行体制简单地扩大到中东欧申请国，那么结构基金的筹措问题将会成为东扩的主要障碍。而这种高水平的转移支付也会给中东欧的新成员国造成难以解决的问题。因此，他认为较为现实的解决办法是用 5 到 10 年的时间、分阶段地将结构基金与中东欧申请国结合起来。② 马颖在简要回顾了历史上欧盟区域政策几次重大改革的基础上，重点探讨了中东欧的地区发展现状，并对东扩背景下的欧盟地区经济发展前景进行了展望。③ 在另一篇文章中，他着重研究了欧盟结构

① 范军：《论欧盟地区政策的改革》，载《学术月刊》，2002 年第 3 期。

② 范军：《欧盟东扩与结构基金地再分配》，载《华东师范大学学报（哲学社会科学版）》，2001 年 5 月，第 31 ~ 37 页。

③ 马颖：《欧盟地区政策改革与欧盟东扩》，载《武汉大学学报（社会科学版）》，Jan. 2001，Vol. 54，No. 1，第 53 ~ 58 页。

基金的第三次改革的主要内容以及与之相关的各种争论，并从这一改革的角度来探讨欧盟未来的经济前景。① 王雅梅也专门撰文对欧盟区域政策改革进行了深入的分析，在简要回顾了欧盟区域政策历史上的三次改革的基础上，重点分析了欧盟区域政策改革的动因和趋势，并对历次改革进行了评析。② 她认为欧盟区域政策的改革是经济全球化和欧洲一体化发展的客观要求，而欧盟区域政策的干预力度逐渐加强和资金使用逐步集中的同时，干预方式也从直接的财政援助向创造公平竞争的环境转变。在另外一篇文章中，她认为东扩是欧盟一体化战略的重要组成部分，但是它也极大地加剧了欧盟内部的经济发展差距，使成员国之间的利益协调和平衡变得更加困难，这给欧盟区域政策带来了新的挑战。在此基础上她提出了欧盟区域政策未来调整和改革的具体思路。③

国内学者在欧盟区域政策的政策框架方面的研究主要集中在政策目标、政策工具和政策作用等方面，并且比较注重它对当前中国的启示和借鉴意义。王雅梅认为减少失业和促进就业是欧盟区域政策的主要目标。④ 近年来欧盟在减少失业、促进就业方面取得的显著进步主要得益于充分利用欧盟区域政策来创造各种有利条件，其中结构基金和团结基金的运用发挥了重要的作用。她认为，我国的西部大开发应该借鉴欧盟区域政策的有益经验和做法，将西部大开发政策的实施与减少失业和创造就业机会结合起来，充分发挥区域政策在这方面的作用。王继平则撰文阐述了欧盟结构政策的目的和工具，讨论了现行结构政策的特点和效果，

---

① 马颖：《从欧盟结构基金第三次改革看欧盟的经济前景》，载《世界经济与政治》，2000 年第 10 期，第 53 ~ 57 页。

② 王雅梅、谭晓钟：《欧盟区域政策改革趋势探析》，载《经济体制改革》，2005 年第 6 期，第 142 ~ 145 页。

③ 王雅梅：《东扩对欧盟区域政策的挑战》，载《天府新论》，2003 年第 3 期。

④ 王雅梅：《减少失业、促进就业：欧盟区域政策的主要目标》，载《经济体制改革》，2003 年第 2 期，第 146 ~ 149 页。

并在此基础上结合欧盟东扩的现实探讨了结构政策目前存在的和将要面临的几大问题，最后对欧盟委员会针对上述问题的政策建议进行了评价和分析。① 范军认为，从一体化和地区问题的关系来看，一体化要获得成功就要使所有的成员国及其地区从中受益。② 而欧盟地区政策正是共同体为维护自身的统一和完整所采取的一种策略，也是克服市场一体化对落后地区带来的负面影响所进行的必要的适度经济干预。欧盟的东扩会使得欧盟内部的区域问题进一步激化，为此，他从结构基金再分配的角度提出了东扩进程中可供选择的几种战略。针对欧盟区域政策对欧洲一体化的特殊作用，王雅梅和谭晓钟认为区域政策是欧盟缩小区域差距、实现成员国经济聚合的主要手段；是欧盟增强其社会凝聚力、促进政治一体化进程的重要工具；也是成员国之间重要的利益协调机制。③ 李颖和陈林生总结了欧盟区域政策的三大特点，即有坚实的法律基础、政策工具主要是财政转移支付以及政策会随着新成员国的加入而不断演变。④ 在此基础上，她们认为中国应该以欧盟为借鉴，尽快制定区域经济协调发展的法律法规、加大中央财政转移支付力度并建立起科学的区域经济政策评价体系。李朝晖和邓翔对欧盟区域政策形成和发展的重要发展阶段进行了论述，主要包括欧共体共同区域政策阶段、欧洲区域发展基金运行阶段、结构基金运行及共同区域政策重大改革阶段和东扩

---

① 王继平：《欧盟结构政策的作用和面临的问题》，载《德国研究》，2001 年第 2 期，第 9～13 页。

② 范军：《一体化与地区问题：欧盟地区政策分析》，载《欧洲》，2001 年第 2 期，第 58～66 页。

③ 王雅梅、谭晓钟：《论欧盟区域政策对欧洲一体化的特殊作用》，载《德国研究》，2005 年第 2 期，第 25～29 页。

④ 李颖、陈林生：《欧盟的区域政策特点及对我国的启示》，载《经济体制改革》，2003 年第 5 期，第 148～150 页。

阶段等。① 杨逢珉则对欧盟区域政策的实施效果进行了分析和研究。②

此外，任佳、张健雄、帕而温、郭健中、胡树植等学者在深入研究欧盟区域政策的特点、工具和政策效果的基础上，将欧盟经验与我国当前正在进行的西部大开发和泛珠三角区域合作相结合，为我国的区域政策提出了一些有益的建议。而廖信林、曾鸣和邓利方则将欧盟结构基金的基本经验和我国的具体国情结合在一起，探讨对我国区域政策的有益启示。

在中国区域政策研究领域，魏后凯研究员和王青云研究员分别对我国“十一五”和“十二五”时期的区域政策的调整进行了研究。王一鸣研究员对我国区域协调发展要求下的区域经济政策进行了研究。张崇康教授和李德龙教授从中央和地方政府两个层次上对区域政策的取向进行了研究。姜丽丽博士和王士君教授认为国家区域政策应该包括空间组织体系构建、区域发展规划、区域政策组织管理体制和立法规范区域开发等几个方面，地方区域政策应该包括国家区域政策支持与落实、区域政策实效反馈和地区发展规划三个方面。刘建国教授和徐晓红在对我国区域差距进行研究的基础上探讨了区域发展政策的选择问题。陈建华高级规划师和王国恩高级规划师则从区域和城市规划的角度探索区域协调发展的政策途径。

1.2.3 国内外研究成果评述

目前国内的研究主要集中在一般意义上的区域经济政策研究、中国区域政策现状以及作为成功案例的欧盟区域政策研究这几个方面。国外注重微观问题和跨学科研究，国内关注宏观问题和实际运

---

① 李朝辉、邓翔：《欧盟共同区域政策的历史演进与经验》，载《学习与探索》，2010 年第 2 期，第 152 ~ 154 页。

② 杨逢珉：《欧盟区域政策实施效果研究》，载《世界经济研究》，2009 年第 8 期，第 74 ~ 79 页。

用，国内外的研究视角和关注重点存在明显的差异。如果将这两个方面结合在一起就能够找到欧盟区域政策成功的制度条件、体系基础和客观原因，并从中总结出中国特别是中国中部地区在制定和实施区域政策时可以借鉴的有益经验和教训。这也将成为未来中国和欧盟区域政策研究的新方向和新趋势。本书的研究正是顺应了这一研究方向，侧重于吸收欧盟区域政策的成功经验和做法，在此基础上结合中国改革开放以来的具体国情，深入分析中国特别是中国中部地区区域政策的关键问题，并就如何构筑和完善我国的区域政策体系进行深入的剖析。而这正是改革开放以来，我国区域问题日益突出、有待解决的关键之所在。

国外专家、学者对欧盟区域政策的研究比较深入，研究成果也比较丰富。而目前我国对这一领域的研究比较缺乏，主要是缺少全面的、系统化的研究。总体来看，国内外专家对欧盟区域政策的研究主要有下列特点：

第一，国内外的总体研究水平存在着较大的差距。由于欧盟区域政策是欧盟最为重要的共同政策之一，同时它又是与欧盟这一特定的地域空间紧密联系在一起的，因此国外（特别是欧洲）对这一领域的研究比较深入、涵盖面比较广、成果也比较丰富，这是客观的现实。而我国由于长期以来对区域问题和区域政策重视不够，只是在最近一二十年的时间里才开始关注这一领域，因此在国外区域政策这一特定的研究领域（特别是欧盟区域政策研究）起步较晚，还有待进一步的发展完善。值得特别注意的是，欧盟区域政策是欧洲一体化的关键工具，国内欧洲问题研究者没有充分认识到这一点。

第二，国内外研究的侧重点也存在着较大的差别。国外对欧盟区域政策的研究主要关注的是微观层面的具体问题，通过不同的角度、不同的领域、不同的区域和不同的案例来研究欧盟区域政策的制定、实施、管理和评估，注重将欧盟区域政策这一区域经济学研究的问题与政治学、社会学、管理学所关注和研究的一些问题紧密联系在一起，在欧盟整个共同政策的框架下来看待欧盟区域政策。

而国内对欧盟区域政策的关注重在宏观层面的问题，主要注重的是欧盟区域政策的政策架构，其原因是中国本身就缺乏真正意义上完整的区域政策，因此学者们希望实现西学东渐，从欧盟的成功经验中发现对中国有益的启示。同时，他们非常注重将欧盟区域政策的成功经验与中国的具体国情和当前国内关注的热点问题结合在一起，在实践中运用欧盟区域政策的思想。

第三，由于研究视角和关注重点的不同，无论是国外注重微观问题还是国内关注宏观问题和实际运用，都没有能够站在学科体系的层次上对这一问题进行深入系统的研究，并找到真正可以为中国这样的发展中大国所吸取的经验和教训，而这正是本书的出发点。通过这样的研究就能够真正找到欧盟区域政策成功的制度条件、体系基础和客观原因，才能够发现中国乃至其他国家在构筑区域政策框架和体系的过程中真正需要的有益启示。

1.3 研究方案

1.3.1 研究思路和全书框架结构

鉴于上述的理论和实践意义，本书将对欧盟区域政策体系进行全面、系统的研究，并在此基础上探讨欧盟区域政策对中国特别是中国中部地区的启示。这种研究是围绕欧盟区域政策展开的，在简要论述欧盟区域政策的发展演变历史的基础上，全面分析欧盟区域政策的政策体系，包括法律基础、目标体系、政策工具、全面管理、评估体系和政策效果等。最后，探讨欧盟区域政策体系的框架和思想在中国特别是中国中部地区的运用。全书具体的框架结构如下：

第一章　导论

第一节　欧盟区域政策研究的理论意义和实践意义

第二节　国内外专家、学者针对欧盟区域政策所进行的研究综述

第三节　全书的研究思路、研究方法、研究框架

第二章　欧盟区域政策的法律基础

第一节　对欧盟区域政策的思想和具体实施进行规定和说明的法律文件

第二节　欧洲一体化空间发展纲领——欧洲空间发展展望

第三章　欧盟区域政策的历史演变过程和机构设置

第一节　欧盟区域政策产生的理论基础

第二节　欧盟区域政策的产生和发展演变过程

第三节　欧盟区域政策的管理机构和决策程序

第四章　欧盟区域政策的目标体系、原则和实施对象

第一节　欧盟区域政策目标体系

第二节　当前欧盟区域政策的原则

第三节　当前欧盟区域政策的实施对象

第五章　欧盟区域政策的政策工具

第一节　2000—2006年规划期

第二节　2007—2013年规划期

第三节　共同体倡议计划

第四节　对欧盟区域政策的政策工具的小结

第六章　欧盟区域政策的全面管理

第一节　财政和预算管理

第二节　结构政策管理

第三节　统计数据管理

第四节　区域和地方当局

第五节　成员国的区域援助和区域政策

第六节　欧盟东扩背景下的区域团结

第七章　欧盟区域政策的评估体系和政策效果

第一节　欧盟区域政策的政策评估

第二节　欧盟区域政策的政策效果

1.3.2　研究方法

（1）定性与定量相结合的分析方法

定性分析和定量分析是研究社会经济问题的重要分析方法。在对欧盟区域政策体系进行研究的过程中将主要采取定性分析的方法，但同时会通过翔实的数据和大量的图表对欧盟区域政策的政策体系的各个方面进行有力的说明。这样就能够全面展现欧盟区域政策的政策体系的全貌。

（2）系统的分析方法

现代系统论产生于20世纪20年代初，由奥地利理论生物学家和哲学家路德维格·贝塔朗菲提出。他们用机体论生物学批判并取代了当时的机械论和活力论生物学，建立了有机体系统的概念，提出了系统理论的思想。这一理论研究的是系统中整体和部分、结构和功能、系统和环境等之间的相互联系、相互作用问题。目前它的方法已被应用于各种科学理论研究与现实社会实践中。本书的研究将始终贯穿系统研究的思想，希望通过系统、深入的研究构筑起欧盟区域政策的政策体系。

（3）演绎和归纳相结合的分析方法

本书将采用演绎的分析方法对欧盟区域政策的政策体系的各相

关组成部分进行研究，实现由点到面的演绎研究，同时在此基础上归纳出欧盟区域政策的基本特点、优势和局限性，从而为最后针对中国的政策结论作好充分的准备。这种研究方法能够实现对欧盟区域政策多角度、多层次的分析研究。

（4）文献分析法和国际比较研究法相结合

由于欧盟远离中国的客观现实决定了对欧盟区域政策的研究是以大量的欧盟资料、文献为基础进行的，因此文献分析法具有非常重要的地位。同时，对欧盟区域政策所进行的研究主要是为了从中吸取有益的经验教训从而为中国区域政策体系的构筑打下坚实的基础。但是由于欧盟区域政策有独特的特点、优势和局限性，这样就需要我们运用比较研究的眼光和视角来对待欧盟区域政策。

（5）多学科的综合分析法

由于欧盟区域政策是一个相对比较复杂的问题，涉及政治学、历史学和管理学等多个学科领域，因此在研究过程中将会采取以区域经济学为主、多学科的综合分析法，特别是在研究欧盟区域政策的发展演变历史的时候会涉及欧盟历史学，同时在研究欧盟区域政策的理论基础的时候除了涉及经济学理论外，还会涉及一些特定的国际政治学的理论。当然，这些研究都是在区域经济学的理论框架下对特定问题的具体研究。

1.3.3　研究重点

全书研究的重点主要在下列几个方面：

第一，欧盟区域政策的政策工具；

第二，欧盟区域政策的全面管理；

第三，欧盟区域政策的综合分析；

第四，欧盟区域政策对中国和中国中部地区的启示。

1.3.4　创新之处

本书的特色和创新之处主要表现在以下一些方面：

第一，构筑欧盟区域政策的政策研究体系，包括发展历程、法律基础、目标体系、政策工具、全面管理、评估体系和政策效果等多个方面的内容。

第二，对欧盟区域政策的特点、优势和局限性的分析以及欧盟超国家层次的区域政策与国家层次、区域层次、地方层次区域政策异同的比较。

第三，在欧盟区域政策的成功经验的基础上，结合中国的国情，对未来中国区域政策的政策体系的构想。

第四，结合欧盟区域政策的成功经验和中国中部地区的实际情况，深入研究中国中部地区区域政策在未来进一步完善的重点领域。

第2章 欧盟区域政策的法律基础

从法学的角度来看，区域规划和区域政策相关法律属于经济法中宏观调控法的内容，它调整的是在国家协调本国经济运行过程中发生的特定经济关系，具体来看，也就是国家与地方、发达地区与落后地区之间的特定经济关系。由于这种经济关系不可能由各个行政主体自行协调，这就需要国家站在全局和总体利益的高度上协调不同行政主体之间的利益关系，以弥补落后地区在经济发展过程中存在的天然的弱势地位，从而营造和谐的经济发展图景。但是，由于国家的这种行为以及相关的财政转移支付措施往往会对利益相关者产生显著的影响，同时也由于中央政府在制定和实施区域政策和区域规划时往往会受到政府换届、院外游说和政治利益等多种因素的影响，从而直接影响到区域政策和区域规划制定和执行的连贯性。这样，在客观上就需要有特定的法律作为基础来保障区域政策和区域规划能够排除人为因素的影响，使之真正成为解决区域问题、实现和谐发展的有效途径和手段。

区域规划和区域政策需要有法律作为基础，依靠法律来保障规划的编制和执行。欧盟区域政策是建立在坚实的法律基础之上的，这其中既包括欧盟的各种条约和法律文件，也包括与欧盟区域政策相关的空间规划文件。

2.1 对欧盟区域政策的思想和具体实施进行规定和说明的法律文件

欧盟的区域政策是建立在欧盟主要成员国国内的区域规划和区域政策法律体系以及欧共体和欧盟的一系列法律条约的基础之上

的。欧盟各成员国国内具有区域性质的法律与欧盟的相关条约一起构建起了欧盟区域政策的法律基础，成为欧盟区域政策得以制定和实施的法律保障。

2.1.1 欧盟主要成员国区域规划和区域政策立法的演变过程

由于区域规划与区域政策有着紧密的联系，在没有形成真正意义上的区域政策之前，区域政策的目标更多是通过区域规划来实现的。1898 年英国现代城市规划创始人之一的霍华德（Ebenezer Howard）在其著作《明日的花园城市》中提出“城市应与乡村相结合”的思想，标志着区域规划思想的萌芽。19 世纪末至 20 世纪初，在霍华德创立区域规划思想之后的 1915 年，另一位先驱者盖迪斯（Patrick Geddes）在其出版的《演变中的城市》中强调城市发展要同周围地区联系起来进行规划，首次对区域规划明确了大致的地域范围和目的要求。但是真正意义上的区域规划实践和理论探索是从 20 世纪 20 年代才开始的，它主要起源于欧洲的城市规划和工矿区规划。由于区域规划时时刻刻都与特定国家、特定时期的政治经济体制、社会制度、基本国情、社会和经济发展程度等多种因素有着紧密的联系，而这些因素在国与国之间又存在着很大的差异。因此，欧洲各个国家开展区域规划的时间和内容也存在着很大的差别，区域规划立法的时间也存在先后之别，但是按其总体趋势和特点，欧洲区域规划及区域政策的立法实践大致可以分为三个阶段，即早期、中期和近期阶段。①

1. 早期阶段

从 20 世纪 20 年代到 1945 年第二次世界大战结束的近 25 年时间是欧洲区域规划的早期阶段，在这一时期还并未形成自成体系的区域规划法，区域规划的主要内容包括区域性质的城市规划和工矿区规划两大部分。在这其中比较典型的有英国的当卡斯特煤矿规划

① 沈玉芳：《论国外区域发展与规划的实践》，载《世界地理研究》，第 8 卷第 1 期，1999 年 6 月。

(1922—1923 年)、联邦德国 1923 年编制的鲁尔地区区域总体规划以及 1934 年英国制定的《特别区法案》将南威尔士、英格兰东北部、西北部和苏格兰中部定为援助区的规划等。另外，在这一时期具有城市性质的区域规划中，英国城市规划学创始人霍华德提出的"田园城市"的概念以及把城市置于区域之中的规划思想，对以城市为中心进行的区域规划具有很大的影响。1940 年之后根据巴洛报告编制的大伦敦区域规划强调在较大范围内进行人口与工业的合理分布就是在这一思想指导下完成的。

在区域规划的立法实践中，英国走在了前面。早在 1929—1937 年，英国广大边远地区老工业部门出现严重衰落，因而其区域规划的重点在于振兴边远地区，尽可能地缓解人口和就业的大量南移，逐步缩小它们与中央地区的差距。在 1934 年，英国政府颁布了针对落后地区的《特别区法案》，这成为最早具有区域性质的法律文件。

2. 中期阶段

从第二次世界大战结束到 20 世纪 70 年代初是欧洲区域规划开始全面实施并逐步走向完善的活跃时期。第二次世界大战结束以后，为了尽快医治战争创伤、恢复经济并着手解决随后出现的日益突出的区域问题，在凯恩斯国家干预主义思潮的影响下，欧洲各主要资本主义国家普遍开展了各种类型的区域规划工作，设立了相应的区域规划管理机构，并制定了相关的区域规划法律，使区域规划真正做到有法可依。英国 1945 年颁布的《工业布局法》和 1947 年颁布的《城乡规划法》是制定最早的区域规划法律，具有划时代的意义。它们不仅涉及工业布局的各个方面，而且在全国范围内推行了工业开发证书制度，允许贸易委员会依法获得建厂、贷款、补助和援建基础设施的权力，这预示着区域经济政策雏形的形成。这些都标志着欧洲区域规划已经从过去局部、孤立和小范围的政府行为进入全面、系统和法制化的时代，并逐渐成为一种社会制度，成为政府工作的必要组成部分。

在 20 世纪 50 年代的恢复和重建阶段，欧洲区域规划和区域政策的重点在于促进基础工业区的建设。不少国家结合国内经济的恢复和发展在大城市区和矿区开展了大量的区域规划工作，例如瑞典的斯德哥尔摩等地的大城市规划以及法国将全国划分为22个计划区的全国性区域规划等。到了20世纪六七十年代，欧洲区域规划的重点主要在于缩小地区之间的差距、缓和区域之间的不平衡，并为缓解社会矛盾和促进经济的持续增长创造条件。这也成为欧洲区域规划和区域政策的主流。而现代制造业的发展促使大城市急剧膨胀，“膨胀病”日益显现，所以在欧洲区域规划中平衡大城市发展也成为一个主要内容，比较突出的例子是巴黎和大伦敦的城市区域规划。为了控制大城市特别是伦敦的过度膨胀，英国在1945年制定了《大伦敦规划》，决定在外围地区建设8座新城以分散人口。1964年又制定了《东南区规划》，依据反磁力体系理论在第一批卫星城市外围又新建了9座卫星城市。在1970年制定的《东南区战略规划》中，则从平衡区际生产力布局的角度出发，在大伦敦以外的地区规划了众多的大中小等级的发展中心，以分散大伦敦的凝聚力。法国对巴黎地区的整治情况也基本类似。

第二次世界大战后欧洲区域规划和区域政策的一大特色就是法制和体制的建立和完善，欧洲各国在区域规划和区域政策的实践中加强了立法工作，与之相关的法律如雨后春笋般涌现。但是不同的国家由于国情的不同，相关法律的名称和具体内容以及形成的法律体系也各不相同。

（1）英国的区域规划和区域政策法律

英国是欧洲区域规划法制建设最早和最健全的国家。1945年的《工业布局法》是战后第一部重要的区域规划法律。它把巴洛报告关于按人口结构分布工业以便在落后地区重建就业的合理建议形成立法，把以前的特别地区改称为“开发地区”并扩大了它的范围，例如增加了默西河畔和北威尔士的产煤区。《工业布局法》最重要的规定是：新建工厂必须取得工业开发许可证，如果所建工厂不符合工业布局政策就会被拒发开发许可证。1947年的《城乡规划法》的基本内容包括两个方面：第一，建立地方城乡规划的职能机构体系，同时规定了地方规划局的工作职责范围和权限，如编制本地区的开发规划、签发规划许可证、自行处理违法开发项目等。第二，对土地开发中有关补偿和赔偿的条件和具体标准作了法律规定。以外，1958 年颁布了《工业分布（工业资助）法》，1960 年又颁布了《地方就业法》取而代之。这两部法律主要规定将原来的“开发地区”改为约 165 个小开发区，并向一些失业率较高的地区提供资金援助；而当失业率降到 4% 以下时便立即取消开发区待遇不再援助。1966 年又通过了《工业发展法》，这部法律大幅度地增加了援助的数量，将制造业的投资补贴增为 40%，对购买土地的制造商给予 35% 的补贴，建筑补贴仍为 25%，但如果企业能雇佣较多的男劳动力则可以将建筑补贴增至 35%。此外，还大大扩充了受援地区的范围，包括了苏格兰、北英格兰和威尔士等大部分比较贫困的地区，从而形成了相当广阔的开发地区。①

（2）联邦德国的区域规划和区域政策法律

联邦德国的区域规划被称为“空间发展规划”。第二次世界大战后，联邦德国政府为了有秩序地进行恢复建设，沿用了战前的一部分有关建设的法律文件，例如《征地法》、《建筑红线法》、《国家自然保护法》等。1949 年至 1950 年，在《联邦基本法》原则的指导下，各州陆续制定了《重建法案》，作为编制战后重建规划的法律依据。从 20 世纪 50 年代初起，州一级的规划法和建设法以及规划法典也开始建立。1960 年，联邦政府颁布了全国性的《联邦建设法》，各州的建设法规都以不违背联邦法律为准则，迅速进行了相应的调整。这部法律是一部统管城乡规划建设的国家大法，根据《联邦建设法》，所有社区一级的政府，上至百万人口的大城市、下至仅仅数百人的小村庄，都有权根据需要制定各自的空间发展规划。根据《联邦建设法》，联邦政府于 1962 年又颁布了《建设用地分类规范》，1965 年又颁布了《规划图例规范》。这两个具体的技术规定使空间规划的编制和管理体系得到进一步完善。由于《联邦建设法》没有涉及有关旧城改造和新区开发的内容，因此一部《城市建设促进法》自《联邦建设法》颁布之日起就开始积极

① 张蕴岭、顾俊礼：《西欧的区域发展》，中国展望出版社，1988 年版，第 52 页。

筹备，并于1971年7月获得议会通过。《城市建设促进法》是《联邦建设法》的特别附属法，它的主要内容包括独立新区和新城的开发、旧城区的向外扩展、建成区内部更新改造的具体措施和方法、各级政府给予财政资助的方式以及对土地投机、房地产买卖的控制等。①

3. 近期阶段

从20世纪70年代到90年代初为区域规划的近期阶段，在这一阶段区域规划进一步发展和完善，也表现出许多新的特点，同时各国的区域规划法律体系也进一步完善和健全。

进入20世纪70年代，两次石油危机对世界经济造成了巨大的冲击，欧洲各国纷纷陷入“结构性危机”，区域规划的重点也随之发生了变化，在社会救济方面的努力有所减少，而以经济为驱动力的国家干预有所加强。在区域经济政策方面，政府的直接干预行为有所减少，而以培育自主性产业成长环境为主的间接干预有所增强。这一时期欧洲各国的区域规划具有以下几个特点：

第一，区域经济政策更多地集中在解决部门结构的危机、推动经济的回升，在区域规划方面则更注重区域产业结构的调整。这主要是由于，一方面，因为石油危机的冲击，生产和工资成本大大提高，使发达国家的传统制造业丧失了优势，而以传统工业为基础的老工业区面临产业结构调整的外部压力；另一方面，由于微电子技术革命的到来，各国经济结构出现了根本性调整的内在动力，以传统工业为核心的地区出现了严重困难，不少地区面临彻底改造调整的痛苦局面。这也预示着以传统基础工业为核心的发达地区的区域经济格局的终结和构筑以新技术产业为基础的新型发达地区的开始。

第二，工业区（或企业区）建设成为区域发展战略的主要内容之一。这一方面是由于不少欧洲国家为了摆脱石油危机引发的结构性危机的困扰将工业区（或工业孵化器）的建设作为新的区域

① 毛其智：《联邦德国的‘空间规划’制度——旅德札记》，载《国外城市规划》，1990年第4期。

经济增长点和走出困境的主要途径之一。另一方面，由于受到“后福特主义”和集中化工业生产的影响，不少中小企业在地区集聚形成产业集群成为一个新的趋势和潮流。其中英国的企业区规划和意大利的工业小区规划具有一定的代表性。

第三，区域规划中增加了关于环境和社会的内容，这更好地体现了经济、社会、人口、资源、环境协调发展的要求。法国在 20 世纪 70 年代的全国国土整治规划反映了这方面的变化。荷兰在 70 年代中期编制的第三次国土规划中也在确定城市区域概念的基础上加强了城市综合体的建设和城市生活环境的改造，在 80 年代中期开始的第四次全国规划中则把可持续发展作为规划的基本出发点之一，特别强调生活环境质量的提高和空间结构的改善。

这一阶段的区域规划和区域政策立法也呈现日益成熟和完善的态势，主要表现在英国和德国的区域规划法律不断健全和完善。1971 年英国颁布了新的城乡规划法，1972 年又颁布新的工业法，并形成了相当复杂的区域规划法律体系；而联邦德国在 1985 年则颁布了专门的区域规划法，1986 年颁布了全新的“建设法典”。这些都标志着欧洲区域规划和区域政策立法的成熟和完善。

（1）英国的区域规划和区域政策法律体系

在 1972 年英国政府颁布了新的工业法案，在此项法案的基础上创立了全国性的“工业发展执行委员会”和六个地区性的“工业发展局”，负责对受援地区的主要项目进行评议、协商和监督。另外，根据该法创立的国家企业局的地区办公机构在较小规模上负责促进英格兰受援地区的工业。1975 年的工业法规定，政府能与企业缔结“计划协议”，以商定投资规划，并依法增设了苏格兰发展局和威尔士发展局，负责带动这两个落后地区的发展。①

自 1947 年的城乡规划法之后，工党在 1968 年又颁布了新的城乡规划法，而 1971 年保守党执政后，废止了 1968 年的城乡规划

① 张蕴岭、顾俊礼：《西欧的区域发展》，中国展望出版社，1988 年版，第 55 页。

法，并重新颁布了新的具有历史意义的城乡规划法。① 这部 1971 年城乡规划法涉及城乡规划工作的方方面面，根据该法律的规定，郡级规划局负责编制区域性的战略规划，即结构规划；区域规划局负责编制相关的详细规划，即地区规划；中央环境部负责审阅批复各郡的结构规划。从土地开发控制方面而言，区域规划局负责签发本地区的开发项目的规划许可证；中央环境部负责签发大型的、跨地区的开发项目的规划许可证。法律规定任何一项开发项目必须持有相应的规划许可证才能合法地进行开发。规划许可证有效期为三年，开发者不得超越规划许可证允许开发的内容范围。对违法开发的项目，地方规划局有权自行处理。

中央环境部在城市开发控制方面拥有合法的立法权、管理权和司法权。立法权是指中央环境部可以合法地制定城乡规划规则、城乡规划条例和城乡规划指令（但要经过两院讨论通过方能颁布实施）。管理权是指审核批准各地的开发规划、监督地方规划局的工作，以确保地方规划管理工作与中央的规划政策一致，指导地方规划局正确恰当地运用其规划权力，对地方规划局提出具体的规划指导方针。法律同时规定中央环境部部长有权随时就规划内容的某一方面提出异议并要求规划局进行修改。司法权就是指中央环境部有权处理规划起诉案件并作出最终判决，英国的司法机关仅有权对城乡规划起诉案件作出法律性的解释，而不负责对该类案件作出最终判决。

该部法律还规定开发者有权向中央政府直接提出规划起诉，以反对地方当局不公正的规划决定。按照法律规定，城乡规划方面的提起诉讼分为两类，即规划诉讼和强制执行诉讼。规划诉讼包括三个方面的内容：一是反对地方规划当局拒绝签发规划许可证；二是不能接受地方规划当局签发规划许可证时所附带的限制条件；三是对地方规划当局不能在八周内作出决策而引起的贻误所作的起诉。强制执行起诉包括八个方面的内容，主要集中在开发者反对地方规

---

① 郝娟：《英国城市规划法规体系》，载《城市规划汇刊》，1994 年第 4 期。

划当局发布的不合理的强制执行通告（指地方规划当局发布的中止非法开发工程的政府文件，具有法律效力）。凡是开发者认为强制执行通告内提到的违法开发行为事实上并不构成破坏开发控制行为的时候，法律保证其有合法的权利向中央政府提出诉讼。1971 年的城乡规划法还具体规定了起诉的法律程序。

1971 年之后，英国政府又陆续颁布了一系列的规划修订法，进一步补充和完善了 1971 年的立法。由于法律经过多次修改、补充，英国政府 1989 年决定要求中央立法委员会合并、修订全部的法律，最后构成了 1990 年的城乡规划法的内容。颁布这部法律的主要目的是理顺 1968 年以后、1990 年之前所有的城乡规划法律文件。英国的城乡规划法规体系相当复杂。除了由议会颁布的城乡规划法以外，还不定期地颁布有关城乡规划的规则、通告、条例、指令和有关的规则指导书。①

（2）联邦德国的区域规划和区域政策法律体系

早在 20 世纪 50 年代，联邦的大多数州就已经制定了州规划法，从而为制定全国的区域规划法、编制一个较大规模的空间发展规划打下了基础。根据州规划法，州一级规划的程序多是先制定一个州发展大纲，然后通过议会立法，使发展规划和具体措施能够在整个州的范围内得到落实。从 60 年代中期开始，在政府主持的区域规划中就已经将全国划分为四种类型的地区，即人口集聚区、经济发展迟缓区、农业区和边境区，以便在法律的指导下谋求各自的发展。在推动各地的区域规划工作的过程中，联邦和州的区域规划部长联席会议于 1968 年和 1972 年先后两次制定了《地区发展中心建设大纲》。这一文件要求在全国建立高、中、低三级地区发展中心，组成中心城镇网络，并确定不同中心的城镇规模、职能、分工以及各自的吸引范围，以点带面地促进经济发展。1970 年的区域规划部长联席会议提出了进一步制定区域规划大纲的要求。1975 年议会通过了联邦区域规划大纲，大纲将全国划分为 38 个规划区，

① 郝娟：《英国城市规划法规体系》，载《城市规划汇刊》，1994 年第 4 期。

其目的在于对全国的空间结构现状进行整体分析、为改善空间结构进行有关投资分配的规划研究、对全国性的主要空间发展趋势进行分析。规划区的划分原则在相当大的程度上考虑了基础设施结构和就业结构的现状发展水平。对基础设施的分析包括了教育、卫生、社会服务、体育和休闲、住房、交通运输、市政设施共 7 大类 20 小项，这在当时被认为是区域规划中的新创造。经过分析，大纲指出在这 38 个规划区中，有 9 个区需要在就业和基础设施结构两方面同时进行改善；有 10 个区需要改善就业结构；有 4 个区需要改善基础设施结构。此外，大纲还指出有 8 个规划区的城镇体系发育不健全，需要进行调整改善。① 进入 80 年代后，联邦区域规划的框架又有了新的调整，例如规划区从 38 个调整为 88 个，并尽可能与各州划定的规划区域一致；投资的重点从全国性的基础设施改善转移到追求各地区更为平衡的发展；地区的环境保护和污染防治得到进一步重视，等等。

根据联邦基本法的规定，全国的空间规划主管部门是联邦政府的区域规划、建筑和城市发展部，它除了主管规划的立法和制定政策外，还掌握一部分资金，以便对各州的发展进行协调和引导。绝大部分具体的规划编制工作由州以及地方社区政府自行完成，经统计议会批准后生效执行。各级政府主要的资金来源是税收，但税收的分配十分复杂，比例也经常调整，但总的趋势是联邦政府所得的部分日益增大。据 20 世纪 80 年代初的一份资料，联邦、州和乡镇三级政府所得的税收比例分别是 48.7%、34.7% 和 13.6%，其余的 3% 归欧共体。这个基本的财源就是德国空间规划（即区域规划）制定和实施的可靠保证。同时，联邦政府还通过各州之间的“横向财政平衡”来缩小相互的财力差别，通过州和乡镇之间的“垂直财政平衡”来扶持贫困地区的公共事业。

到了 1985 年 4 月，联邦议会终于通过了酝酿已久的《联邦区域规划法》，也称为《联邦空间发展法》。根据这部法律的规定，

① 毛其智：《联邦德国的“空间规划”制度——旅德札记》，载《国外城市规划》，1990 年第 4 期。

联邦德国编制区域规划的基本任务和目标是：在重视自然条件的现状及特别重视区域之间的相互关系的前提下，改善经济、社会和文化条件，为个人在社会中的自由发展提供良好的空间结构。具体来说，国家应使住宅、工作场所、休疗养地、文化和社会设施等尽可能分布合理，并以高效率的交通和通信网络将它们联结起来。联邦《区域规划法》的理念是：通过综合的州规划促进全国和各地区的开发、建设和保护；协调社会经济目标和生态功能目标，在大范围内保证地区的均衡和可持续发展；在全国提供同等的生活环境。该法律规定规划政策的重点应放在：改善人口稠密地区的生活和工作条件；加速发展经济落后地区；加强东部边境地带的经济和社会文化建设；保障农业和林业发展的需要；保持农业地区有足够的人口密度、就业场所和相应的经济实力；保护自然生态和景观。这部法律为联邦德国从联邦、州、地区到乡镇的区域规划活动提供了法律依据，也为协调不同地区之间的区域经济活动提供了法律基础，成为联邦德国整个区域规划法律体系的主要支柱。①

从 20 世纪 60 年代到 80 年代，《联邦建设法》和《城市建设促进法》在实施过程中也进行了多次修订以求相互协调。然而，尽管《城市建设促进法》只是一个附属性法规，仅仅涉及城市上部的空间发展，并且只是在建设的过程中暂时性生效，但是两个法规并立所产生的矛盾还是难以圆满解决。鉴于此种情况，联邦政府在 1985 年 12 月提出两法合并的建议，联邦议会于 1986 年 12 月正式颁布了全新的《联邦建设法典》，并于 1987 年 7 月正式开始实施。制定这部《联邦建设法典》的主要目的是：将城市发展的主要原则纳入一个统一的法律文件之中；用一个全新的、关于城市发展的法规来取代已经多次部分修订的两个旧法；以新的城市发展法规来实现今后的发展任务；简化法律条文，删去那些已不必要的规定；简化各项程序，从而有利于加快土地利用规划的编制过程；新的《联邦建设法典》将能更好地适应联邦基本法的要求；简化建

① 毛其智：《联邦德国的“空间规划”制度——旅德札记》，载《国外城市规划》，1990 年第 4 期。

设的过程；增加地方社区在规划方面的自主权；减少城市发展在获得财政资助渠道方面所引起的不必要的混淆；使各州能更方便地制定州一级的法规体系。在这部《联邦建设法典》中，空间规划又增添了一个新层次，即城市发展的框架规划。框架规划的工作范围介于土地利用规划和建造规划之间，目标和任务比较灵活，不纳入法定的规划程序，这是空间规划多层次和多阶段思想的新发展。在实践中，令人耳目一新的是西柏林和汉堡等大都市开展的城市分区发展规划。①《联邦区域规划法》和《联邦建设法典》、《自然保护及景观保护法》、《农田建设法》等部门法共同构成一个完整的区域规划法律体系。

4. 欧洲区域规划及区域政策立法实践的新动向

20 世纪 90 年代以来，为了解决日益突出的全球性人口、资源、环境与经济社会发展问题，联合国环境与发展会议于 1992 年颁布了《21 世纪议程》，其中将可持续发展作为核心内容，这使得全球范围的区域规划和区域政策在内容、范围、理论研究、技术方法等方面均发生了巨大变化。从内容上看，许多国家开始由物质建设规划转向社会发展规划，规划中的社会因素和生态因素越来越受到重视，追求生态目标成了未来区域规划的新方向。从范围上看，区域规划更加重视以整个国家为对象的区域发展规划，如荷兰、英国、德国的区域发展规划。而欧洲各国的区域规划和区域政策立法也呈现一些新的动向，下面分别加以论述。

（1）英国的区域规划及区域政策立法实践的新动向

在区域规划和区域政策方面，英国历史最悠久、资格最老，有着丰富的专业经验。为了解决失业问题、北部工业区的衰退问题和伦敦区的膨胀问题，英国不是仅仅依靠一部基本法，而是从 1920 年就开始制定多部法律来规定区域规划和区域政策，主要有《工业布局法》、《城乡规划法》以及其他一些相关法案。其区域规划体系包括国家规划和地方规划。国家规划由国家规划政策（包括

① 毛其智：《联邦德国的“空间规划”制度——旅德札记》，载《国外城市规划》，1990 年第 4 期。

25 个领域)、地方圈规划（包括 9 个地方圈）和地区发展战略组成。地方规划仅包括地方自治体发展规划。中央与地方的关系是：中央政府按部门制定全国统一的国家规划政策，中央驻地方的各部门的分支机构拟定地方圈规划，而各地区的开发厅制定地区开发战略。其中，地方圈规划应与各地区的城市规划和公共基础设施投资计划相互联系和协调。地方自治体发展规划与地区开发战略应保持相互补充的关系，地方自治体在制订发展规划时应尊重国家规划的方针。区域规划的实施方式主要是运用金融、财政和税收等经济政策向欠发达地区诱资、通过增长点开发方式建设新城市和扶持地方城市。在 1997 年，国家规划政策的基本理念经过调整变为：第一，根据可持续发展的原则提供住宅和建筑、促进投资和创造更多的就业机会；第二，在追求保护环境和地方特色的同时积极促进地方竞争；第三，促进可持续发展，强化中心城市的功能。地方圈规划的改革则把区域的综合交通战略放入地方圈规划，与地方政府共同制定草案，强调重要经济开发项目的布局，在强化地方竞争力方面，国家在各个地方圈成立了地区开发厅。①

（2）德国的区域规划及区域政策立法实践的新动向

1989 年统一后的德国区域规划的特点是在联邦政府的基本法（即《联邦区域规划法》）的指导下，主要由各州制定和实施州规划法和州区域规划，这是一种很典型的高度地方自治型的联邦制的区域规划。根据《联邦区域规划法》的规定，联邦政府确定全国空间规划的理念、原则和手续。各州有绝对的自治权和立法权，在充分考虑《联邦区域规划法》的理念和原则的情况下制定州规划法和州规划。联邦政府也会与州政府合作，共同制定涉及联邦整体的区域政策和基本方针。德国的区域规划体系主要由在联邦政府层次的法定的联邦空间发展理念和原则、联邦空间发展政策大纲和基本方针、州层次的州发展规划、地区层次的区域规划以及市镇村规划等组成。其中市镇村规划包括有市镇村发展规划、土地利用规划

① 顾林生：《国外国土规划的特点和新动向》，载《世界地理研究》，第 12 卷第 1 期，2003 年 3 月。

（也称为F规划）和地区详细规划（也称为B规划）。1997年，联邦政府对“区域规划法”进行了修订，对区域规划的理念增加了如下三条：第一，对下一代负责的可持续发展；第二，为促进地区经济发展，改善地区的区位条件；第三，鼓励各地区具有多样性，同时明确各州规划的具体性。①

（3）法国的区域规划及区域政策立法实践的新动向

在法国，区域规划是与国土整治（又称为领土整治）联系在一起的。与高度地方自治的德国相比，法国的国土整治具有传统的中央集权的特色。法国在长期的经济社会发展中造成了东西部地区之间以及巴黎和外省市之间发展的不平衡。早在1947年，法国学者让·弗·格拉维埃在《巴黎与法兰西荒漠》一书中，用繁荣的巴黎和荒凉的外省的对比第一次揭示了法国经济发展在地区上的不平衡，使当时法国社会为之震动。法国政府对此非常重视，从而引发了对领土整治的研究与探索。在20世纪60年代，为了实现区域的平衡发展，法国政府相继成立了“国土整治全国委员会”、“国土整治与区域行动评议会”、“区域经济发展委员会”以及其他机构，并在行政体制上实行“权力下放政策”。

“领土整治”一词正式出现于20世纪50年代，其范围包括地区均衡发展、整治河流、山体和海岸以及保护和改善生态环境等广泛内容。其主要目标是实现地区的均衡发展，而领土整治工作的实体就是区域规划。为了进行领土整治，各级政府编制了大城市区域整治规划、老工业基地改造规划、流域综合开发规划、落后地区的开发与整治规划、重点旅游区的开发规划等。到了60年代，法国政府还有计划地制定了一系列的国土整治“指导方案”和区域经济发展“远景规划”，并在全国范围内执行，先后确定了法国西部、西南部、中央高原以及东北老工业区“优先”整治方案以及《布列塔尼公路网建设规划》、《中央高原开发计划》、《南方滨海旅

① 顾林生：《国外国土规划的特点和新动向》，载《世界地理研究》，第12卷第1期，2003年3月。

游区开发和生态保护计划》等。[①] 在 1965 年又制定了巴黎区整治和城市规划指导方案，其指导思想是从发展巴黎区的观点出发，积极地整治和改造巴黎。1979 年和 1980 年又对此方案作过两次修订，但指导方针不变。此外，1966 年开始制定马赛大城市区域 2000 年整治规划以及里昂大城市区域整治规划，1970 年提出规划方案，经当时的领土整治部际委员会批准实施。[②]

在区域规划立法实践方面，1995 年 2 月，法国议会通过了《国土整治与开发指导法》，共有 80 条法律条文，这成为法国区域规划方面的基本法。该法的主要内容包括制定全国性的国土整治和开发纲要、创立全国国土整治与开发委员会、设立新的行政区划试点、建立新的行业发展基金、加大国家的财政补贴力度以及对重点地区采取倾斜政策，其中最重要的是创立全国地区间调整基金，以改变各地区收入差别较大的状况，并争取在 2000 年实现地区间收入差距小于 20% 的目标。法国区域规划法律体系还包括 1999 年制定的配套法《地区协作法》和 2000 年制定的规定了国土可持续开发和建设的理念和战略的《协作和城市再生法》。在 1999 年，法国议会对基本法《国土整治与开发指导法》进行了修订，其最新理念是：第一，协调社会发展、经济效率和环境保护，实现国土整体上的均衡发展；第二，建设和改善能创造更多雇佣机会和增强国家富裕程度的条件和环境；第三，为了下一代，把自然环境的质量和多样性保存下去，同时缩小地区差距；第四，保证国民就近获得知识和各种公共服务的机会均等。1999 年基本法的修改要点是：第一，把可持续发展的概念纳入基本法中；第二，开始制定国家综合服务规划，有效地为所有国民提供就近获得公共服务的机会；第三，鼓励几个州共同制订规划以提高区域合作；第四，促使几个地方行政单位联合，形成特别地区和都市圈。在规划实施上，改变了

① 沈玉芳：《论国外区域发展与规划的实践》，载《世界地理研究》，第 8 卷第 1 期，1999 年 6 月。

② 刘源、宋富田：《国外国土规划概况及对我国的启示》，载《国土经济》，1996 年第 4 期。

过去国家主要通过基础设施等硬件方面的建设来实现国土均衡发展的方法，以中央与州签订《国家综合服务合同》的形式为国民提供优质的公共服务等软件方面的服务。中央在高等教育与研究、文化、卫生保健、通信、旅客运输、货物运输、能源、自然与农村空间、体育等9大领域制定综合服务规划。各州在制定州发展规划时，要考虑国家综合服务规划。中央与各州要签订五年的公共投资项目规划和费用分摊合同，共同对社会的公共设施进行投资。中央制定特定地区的发展方针，地方政府的土地利用规划必须适合该方针。目前，法国的区域规划体系包括国家层次的国土整治理念和战略以及国家综合公共服务规划、州层次的发展规划和特定地区建设方针以及地方层次的土地利用规划（包括地区综合规划和地方城市规划）。①

在附表2-1中，对欧洲各主要国家的区域规划和区域政策立法进行了归纳和总结。

2.1.2 欧盟的区域规划及区域政策立法实践②

第二次世界大战后的欧洲满目疮痍、百废待兴。1951年，在法国经济学家和外交家让·莫内的建议下，欧洲煤钢联营成立，联邦德国、法国、比利时、荷兰、卢森堡和意大利六国同时加入该组织，这标志着欧洲共同体雏形的形成。1957年，这六国签署《罗马条约》，欧洲经济共同体成立，欧洲经济共同体宪章出台，并且建立了作为执行机构的欧共体委员会和初期的欧洲议会。随着新成员国的加入，到1986年欧共体共有成员国12个。1986年，欧共体签署《单一欧洲文件》，计划在1992年开始创建单一市场。1991年，根据《马斯特里赫特条约》，欧盟成立。该条约是对《罗马条约》的重大修改，勾画出经济和货币联盟的前景。1995年，欧盟成员国的数量增加到15个。1997年，欧盟的15个成员国的

① 顾林生：《国外国土规划的特点和新动向》，载《世界地理研究》第12卷第1期，2003年3月。

② 若无特殊说明，文中的委员会指的都是欧盟委员会。

外交部长或外交大臣在荷兰的阿姆斯特丹正式签署了旨在修改《马斯特里赫特条约》和修改建立欧洲共同体诸条约及有关共同体的基础法律文件的《阿姆斯特丹条约》。2002 年，欧元的纸钞和硬币正式开始流通，各成员国的货币停止使用。随着中东欧和地中海沿岸国家的加入，欧盟继续扩大，其成员国的数量达到当前的 27 个。

在欧共体以及欧盟的形成过程中，《罗马条约》、《单一欧洲法令》、《马斯特里赫特条约》和《阿姆斯特丹条约》这四个法律文件发挥了举足轻重的作用，它们成为欧盟这个超国家机构的法律基石。而区域规划和区域政策的内容在这些法律文件中都有所涉猎，下面分别加以论述。

1. 《罗马条约》

1957 年 3 月 25 日签署的《罗马条约》对经济与社会融合以及地区委员会都作出了明确的规定。① 条约具体规定了欧共体区域政策的目标、政策工具和评估机制，并对结构基金和地区委员会的职能、性质、管理制度和运行规则也作出了明确而细致的规定。这为欧共体区域政策的实施奠定了坚实的法律基础。

条约规定，为了促进全面协调的发展，欧共体应发展和执行能增进其经济与社会融合的行动；共同体尤其应以缩小各地区间发展水平的差距和降低最贫困地区（包括农村地区）的落后程度为目标。各成员国应实施并协调其经济政策以实现上述目标。共同体应通过利用结构基金（欧洲农业指导和保证基金的指导部分、欧洲社会基金、欧洲地区开发基金）、欧洲投资银行（在非营利的基础上开展业务、发放贷款和提供担保，并为开发不发达地区的项目的集资活动提供方便）和其他现有的财政手段支持上述目标的实现。欧盟委员会应每三年就实现经济和社会发展融合的进度情况以及就本条约所规定的各种手段和方式对实现目标的贡献和作用，向欧洲议会、理事会、经济社会委员会和地区委员会提出报告。如有必

① 戴炳然译：《欧洲共同体条约集》，复旦大学出版社，1993 年版，第 153、190 页。

要，还应该附有适当的建议。当有必要在各项基金以外采取特别行动时，在不影响共同体在其他政策框架内所采取的措施的情况下，欧盟理事会应根据欧盟委员会的提议并同欧洲议会、经济社会委员会和地区委员会磋商后，以全体一致同意通过此项特别行动。欧洲地区开发基金的目的是通过参加发展落后地区的开发和结构调整以及参加工业衰退地区的变革，帮助消除共同体的重大地区不平衡。欧盟理事会可以根据欧盟委员会的提议并征得欧洲议会的同意以及同欧盟经济社会委员会和地区委员会磋商后，以全体一致同意确定结构基金的任务、优先目标和组织形式（组织形式可以为基金集团）。欧盟理事会还可以按照同样的程序制定结构基金的一般实施细则，并制定必要的规定以保证结构基金的效率和各项基金之间以及结构基金同其他财政手段之间的协调。欧盟理事会应依照同样的程序，于1993年12月31日之前设立团结基金，为环境保护方面的项目与运输基础设施方面的横跨欧洲的交通基础设施网络提供资金援助。

此外，条约还就对区域规划和区域政策有重要影响的欧盟地区委员会作出了规定。根据该条约，地区委员会是具有咨询顾问性质的、由地区和地方机构的代表所组成的委员会，其成员的名额被确定为：比利时12、丹麦9、德国24、希腊12、西班牙21、法国24、爱尔兰9、意大利24、卢森堡6、荷兰12、葡萄牙12、英国24。地区委员会的成员和同等人数的候补委员由欧盟理事会根据各成员国代表的提议，以全体一致同意予以任命，任期四年，可连任。地区委员会成员为了共同体的整体利益完全独立地行使职能，不受任何强制委托的约束。地区委员会的主席和该委员会的领导机构应在该委员会的成员中选定，任期为两年。地区委员会制定其内部规则，并由欧盟理事会以全体一致同意予以批准。地区委员会由其主席根据欧盟理事会或委员会的请求召集会议，还可根据其自己的倡议召集会议。欧盟理事会或委员会每当遇到按规定应当咨询的情况时，必须向地区委员会进行咨询。另外，欧盟理事会或委员会可在其认为合适的其他一切情况下向地区委员会进行咨询。欧盟理事会或委员会在认为必要时，应给予地区委员会至少一个月的期限，以便后者提出意见，此项期限应自地区委员会主席收到与咨询有关的通知之日算起。期限届满时如无意见，欧盟理事会或委员会可以在没有咨询意见的情况下采取行动。当欧盟理事会或委员会向欧盟经济社会委员会进行咨询时，应通知地区委员会以征求意见。当地区委员会认为事关地区特殊利益时，地区委员会应就此发表意见。地区委员会还可根据自己的倡议提出其认为适合有关情况的意见。地区委员会的意见和会议讨论记录应送交欧盟理事会和委员会。

2. 《单一欧洲法令》（又称为《欧洲共同体条约》）

《单一欧洲法令》是 1986 年 2 月 17 日和 2 月 28 日由欧共体各成员国在卢森堡和海牙签署的重要的法律条约。它主要是对《罗马条约》的有关部分进行了修改，① 其中涉及欧共体区域政策的部分（主要是经济与社会融合部分的内容）主要有以下一些内容：第一，主要是提出对现有的结构基金（欧洲农业指导与保证基金的指导部分、欧洲社会基金、欧洲区域发展基金）的结构和运行规则作出必要的修改，明确它们的任务，提高它们的效率，使之合理化，并协调它们之间以及它们与其他财政手段的活动；第二，与欧洲区域发展基金有关的实施决定由理事会根据委员会的提议并与欧洲议会协商决议，决议由一致同意原则改为特定多数机制，这就使得对落后地区的援助项目能够更加容易地被通过、采纳和实施，从而有利于缩小欧共体内部不同地区之间的经济发展差距。

3. 《马斯特里赫特条约》（又称为《欧洲联盟条约》）

1992 年 2 月 7 日在马斯特里赫特签订的《马斯特里赫特条约》标志着欧盟的建立。在欧盟的区域政策方面，它并没有对《单一欧洲法令》作出太多的修改，只是在它的最后文件中有一份《关于共同体边远地区的声明》。② 声明中说：共同体边远地区（法国

① 戴炳然译：《欧洲共同体条约集》，复旦大学出版社，1993 年版，第 367 页。

② 苏明忠译（欧共体官方出版局编）：《欧洲联盟条约》，国际文化出版社，1999 年版。

海外省、亚速尔群岛和加那利群岛）的结构落后状况由于各种现象（地理位置偏僻、岛屿特征、面积狭小、地形和气候恶劣以及少数产品的经济依赖性）而愈加严重，上述各种现象的同时发生和长期存在，非常严重地阻碍了共同体边远地区的经济和社会发展。因此，除了建立欧洲共同体条约的各项条款以及二级立法自动适用于共同体边远地区外，还应制定有利于上述边远地区的专门措施，以满足该边远地区的经济和社会发展的客观需要。此类专门措施不仅应考虑到完善内部市场的要求，而且还应顾及地区的实际情况，其目的是帮助它们尽快赶上共同体经济与社会发展的平均水平。

4. 《阿姆斯特丹条约》

《阿姆斯特丹条约》签订于1997年的10月2日，它是继《单一欧洲法令》和《马斯特里赫特条约》之后为修订欧洲共同体各条约而进行的第三次一揽子改革。① 在欧盟区域政策方面，它主要对《马斯特里赫特条约》作了如下修改：第一，在经济和社会融合方面，《阿姆斯特丹条约》指出，共同体尤其要为缩小各地区间的发展水平差距和改变包括乡村在内的最贫困地区或岛屿地区的落后状况而努力，突出了岛屿地区在区域政策中的地位；第二，在地区委员会方面，《阿姆斯特丹条约》指出，地区委员会的成员不得同时兼任欧洲议会议员，而地区委员会可以自行制定其内部规则，此项内部规则不需由欧盟理事会以全体一致同意予以批准。这些修改使得欧盟区域政策的作用范围进一步扩大和明确，同时也加强了地区委员会的地位和作用。

5. 《里斯本条约》

2007年12月17日签署的《里斯本条约》是具有伟大历史意义的欧盟条约，它打破了停顿数年的《欧盟宪法条约》的僵局，标志着欧盟进入到了一个新的历史发展阶段。针对中东欧12个新

① 苏明忠译（欧共体官方出版局编）：《欧洲联盟条约》，国际文化出版社，1999年版。

成员国的加入，条约明确将领土融合纳入欧盟区域政策之中，经济、社会和领土融合成为欧盟区域政策三大目标。同时，条约还给予了跨边境区域特别的关注。

2.2　欧洲一体化空间发展纲领——欧洲空间发展展望（ESDP）

由于欧盟各成员国之间以及成员国内部发展水平差别较大，迫切需要协调空间发展，因此在 1999 年，欧盟委员会和各成员国通过了以《马斯特里赫特条约》和《阿姆斯特丹条约》为基础的欧洲空间发展展望（简称为 ESDP），旨在引导各成员国的空间发展政策和部门政策，并以此作为各成员国对未来空间发展共同目标和方向的共识，它也成为改善共同体部门之间的合作并对空间问题产生显著影响的政策指导框架文件。ESDP 是一个政府间的文件，而不是捆绑文件，因此仅仅发挥指导作用。由于遵循辅助性原则，它只在合适的场合和层次上才发挥作用。ESDP 作为促进欧洲一体化的跨区域空间发展纲领，其主要目标是加强欧盟社会经济的凝聚力，实现均衡和可持续的发展。ESDP 的主要内容是发展平衡的多中心城市体系，加强城乡合作；实现基础设施和信息的共享；合理管理自然和文化遗产。

在实施上，一方面，ESDP 不具有法律强制性，并不要求各成员国一定实施；另一方面，ESDP 又是一个指导性的方针，希望在各项政策的实施过程中得以体现。因此，ESDP 实施的核心是合作，对跨国、国家、地方三个层次采取了不同的实施措施，鼓励三个层次之间进行合作，也重视各层次内部的合作。ESDP 的实施首先是建立在自愿基础上的跨国、跨区域和跨地方的执行者之间的垂直合作，首要的是各层面的政策制定者和执行者达成一致意见。各层面的政府和管理机构在实施 ESDP 的过程中要尽早考虑到部门间的冲突和空间冲突，并及时协调问题，作好安排。根据当地形势，在发展多中心城市网络、提高地区通达性、建设欧洲交通走廊、加快欧盟外围边界城市和区域发展、保护发展自然和文化遗产等若干领域进行合作。从不同层面内部的实施情况来看，跨国层面的合作对欧盟具有核心重要性，要优先处理需要多个成员国合作才能解决的问题。鼓励欧盟和各成员国负责空间发展的机构与跨国组织和机构开展合作，在 Interreg Ⅲ框架（即促进跨边境地区协作的援助项目）中继续推行以项目为导向的跨国合作。各成员国以 ESDP 为基础，定期准备国家空间发展政策和国家空间发展报告实施情况的标准化信息，比较各成员国空间的相关趋势。在国家层次上，ESDP 在成员国内部的实施体现在各国的国家空间发展规划体系之中。各成员国以实现“国家、区域和城市规划的欧盟化”这一目标来调整国家空间发展政策、规划和报告。许多成员国已就空间发展问题实施了制度化的协商机制，并将进一步交流经验。在地方层次上，区域和地方的管理部门是 ESDP 的具体实施者，它们一般会定期微调与空间相关的跨边界规划和政策措施，并制定边境区域规划和土地利用规划。尽管没有法律的强制约束力，但是，ESDP 在欧盟的主导框架下，通过结构基金资助、欧洲交通网络规划、促进跨国境地区协作的援助项目、环境政策等专项领域得到实施。①

ESDP 是激烈讨论的结果。关于空间发展的第一个建议可以追溯到 20 世纪 60 年代欧洲议会的欧洲区域规划方案。委员会的文件《欧洲 2000》(编号 COM（90）544，没有在官方杂志上发表）和《欧洲 2000+》(编号 COM（94）354，没有在官方杂志上发表）为共同政策的准备作出了关键性的推动。1993 年的 Liège 理事会标志着欧洲空间发展展望准备的开始。从那以后，在由委员会和成员国代表所组成的空间发展委员会的帮助下，轮值国制定了一系列的草案，在 1999 年 5 月召开的主要针对空间规划的波茨坦非正式的部长理事会上 ESDP 最终被采纳。ESDP 包括两部分：第一是空间发展政策作为一项新的欧盟政策的贡献；第二是东扩后欧盟领土所面

① 李艳、陈雯:《欧洲空间发展展望的简介与借鉴》，载《国外城市规划》，2004 年第 3 期。

临的趋势、机遇和挑战。

2.2.1　欧洲层次的空间方法

ESDP 的根本想法是经济增长以及特定经济指标的改善并不足以达到经济和社会融合的目标，这样就需要协调空间发展行动来纠正可能存在的各种差距。这必须包括经济一体化的持续进展（EMU 和内部共同市场的完成）、区域和地方当局发挥更大的作用、欧盟向中东欧地区的扩大以及欧盟 15 国与周边国家关系的发展等。在 1996 年，欧盟人口 3.7 亿、面积 320 万平方公里、GDP 达到 6.8 万亿欧元，成为世界上最为强大的经济区域之一。然而，严重的经济发展不平衡阻碍了均衡和可持续的空间发展的实现。以伦敦、巴黎、米兰、慕尼黑和汉堡为中心的欧洲核心区面积和人口仅占到共同体的 20% 和 40%，但是却提供了 50% 的 GDP。此外，尽管繁荣地区和贫穷地区的经济发展差距已有小幅的缩小，但是在绝大多数国家这种差距仍在扩大。在 1998 年底，失业人口的比重达到了劳动力的 10%（其中一半是长期失业，20% 是年轻人），而不同的国家和成员国情况也很不一样。

ESDP 选择了会对欧盟的空间发展产生重要影响并可能相互发生作用的四个主要方面内容：第一，城市地区的发展。目前欧盟有 80% 的人口生活在城镇，城市中心正在被重建、城镇网络正在形成。一种新的城乡关系需要应对欧盟领土扩张的挑战。第二，乡村地区的发展。欧盟的乡村地区由于一系列条件的约束（例如与主要城镇的距离、恶劣的气候条件、人口稀疏、基础设施薄弱以及由于农业占主体地位而缺乏经济的多样性等），经常受到边缘化的威胁。环境既会带来问题、也会带来机遇，这就需要对自然资源和生态环境进行保护，并在采取不同方式开发经济潜能（如绿色和文化旅游以及农业多样性等）的过程中充分利用各种机遇。第三，交通。由于内部共同市场已经完成，道路和航空运输的持续增长给环境造成了压力并形成了瓶颈。欧盟是世界上二氧化碳的主要产生地之一，领土内基础设施的不均匀分布会导致现实的经济投资的地区不平衡，从而引发对领土融合原则的置疑。第四，自然和文化遗产。多样化的自然和文化遗产是欧洲巨大的财富，但是它在一些方面也受到了经济和社会现代化的威胁。动物、植物、水、土地和传统地貌被迫要应对由于对环境的过度开发而造成的失调。考虑到可持续发展，欧洲的空间规划政策探求的正是如何减少这样的行为并鼓励合理地开发利用资源。

2.2.2 共同体政策对欧盟领土的影响

尽管在《阿姆斯特丹条约》中有一个特殊的经济和社会融合的标题，而且欧盟的部门政策能对共同体领土能否作为接受援助的地理区域产生现实的影响，但是却并没有明确定义空间目标。它们对领土产生的影响取决于援助的性质是财政的（共同农业政策、通过结构基金的区域政策以及对研究和创新的特别援助）、法律的（竞争政策或环境政策），还是规划的（能源和交通政策）。从财政角度来看，在1997年，共同农业政策和结构基金就已经占到了共同体预算的83%。一般而言，下列一些部门政策会对领土产生影响：

第一，结构基金。不同的融合报告表明成员国之间的差距正在消失，但是地区之间的差距却正在扩大。结构基金寻求的是促进经济和社会融合。它们主要为符合条件的地区（目标1针对的是经济发展落后的地区，目标2针对的是经济结构转型地区）提供援助，同时在较小的范围内，针对不同的空间类型实施共同体倡议计划（Interreg III针对边境地区、Urban II针对城镇地区、Leader+针对乡村地区）。结构基金以项目为基础的体系为设计一体化之后的发展规划提供了可能性。

第二，共同农业政策。共同农业政策最初关心的是生产力，但是后续的改革集中在农业和乡村地区的紧密联系上。现在，包括食品安全和保护环境在内的其他目标变得越来越重要。不同乡村发展政策之间的协调变得越来越必要，因为欧盟的扩大和世界贸易的变化正在给乡村地区带来新的挑战，包括农业部门的结构重组（特别是申请加入欧盟的国家）、一些地区经济的多样性以及城乡新型关系的发展等。

第三，竞争政策。竞争政策主要是通过阻止不同公司之间结成垄断组织、防止对垄断地位的滥用、对兼并和公司所得进行监控以及提供国家援助的框架来鼓励成员国的国内市场融入单一欧洲市场之中。这些措施会对经济活动的地理分布产生重要影响。委员会也认识到为了确保竞争和具体的利益目标之间的平衡并在领土范围内保证一种基本统一的服务，有必要进行适当的干预。尽管一般将成员国国家的区域援助看做是违反共同市场原则的行为，但是在一些合适的场合和条件下对此却予以接受，例如对那些经济落后、结构转型和遭遇自然灾害的地区所进行的特殊援助。

第四，横跨欧洲的网络（TENs）。共同体出资在交通、通信和能源供应等领域建立横跨欧洲的网络。由于这些在空间使用上有直接影响，它们也有助于建立起内部市场并通过改善中心地区与岛屿和外围地区的联系来加强经济和社会的融合。交通网络的建设占到了共同体 TENs 总预算的 80%，其目的是建立起高效率、可持续和环境友好的体系，即通过修建高速公路、鼓励水路交通以及扩展城镇的公共交通和自行车交通来缓解道路系统的压力。此外，主要通过远程办公和培训以及通信网络来克服地理空间上的障碍。在能源部门（大然气和电），其对领土产生的影响主要集中在土地的使用和消费模式的改变上。

第五，环境政策。《阿姆斯特丹条约》将环境方面的要求融入所有的共同体政策的执行过程中，从而进一步强调了环境问题的重要性。在所有的投资项目实施之前需要进行环境影响研究。环境政策对领土产生的影响也非常关注动物和植物保护区的定义、监控废物处理、限制大气和噪音污染并促进可再生资源（例如风能）的利用等方面的内容。

第六，研究和技术开发（RTD）。共同体在 RTD 方面的政策促进的是公司、研究中心和大学之间的合作。对项目的选择没有区域的标准。由于采取了地区宣传和营销手段并充分利用地区的特殊资源，最不繁荣的区域也能够吸引到 RTD 投资。而多年期的框架项目支持一些特定领域的空间发展方面的研究，例如明日城市和文化遗产、农业和渔业的可持续管理、水的质量和可持续管理等。

另外，来自欧洲投资银行的财政支持并不是共同体预算组成部分，但是在推动欧盟的结构措施方面也发挥了重要的作用。它所提供的贷款成为落后地区发展的重要推动力。它为基础设施建设的长期项目提供的资金支持与欧盟的进一步扩大有着紧密的联系。

2.2.3 政策目标以及针对欧盟领土的多种选择

ESDP 的政策目标和多种选择已经向与欧盟、成员国、区域和地方层次的空间发展有关的所有机构都作出了正式的说明，这其中包括：多中心和均衡的城市体系的建立、在欧盟范围内为获得基础设施和知识的配套而推广一体化交通和通信观念、自然和文化遗产的发展和保护等。

1. 多中心的空间发展和一种新型的城乡关系

目前，在整个世界经济中欧洲核心区是唯一的一体化活跃和推动地区。在欧盟内部，目前的领土发展表现为高度发达的全球功能在核心区和特定的大城市的持续集中。随着欧盟扩大和国家经济不断融入共同市场和世界经济之中，欧盟推荐的多中心发展模式将允许人口的过度集中，但要避免经济、政治和财政力量聚集在一个单一的动力区域内。相对分散的城市结构的出现将使得欧洲所有区域的潜力得到发挥，从而缩小地区的差距。过去通常是鼓励中心和外围区域通过新的基础设施加强联系，而现在的多中心空间发展模式建议创建多个全球经济一体化区域、强化都市区和城市集群的均衡系统、在包括周边乡村地区在内的成员国推行一体化的城市发展战略、通过连接北部和东部欧洲以及地中海地区的跨国和跨边界的网络来加强一些特定议题方面的合作（包括地方交通、大学和研究中心之间的联系、文化遗产的管理、新移民的一体化）。

为了实现可持续发展，城镇地区的一体化发展战略将主要面临下列几大挑战：第一，扩展都市区和处于欧盟通路地区（大型港口、空港、贸易洽谈和展览城市、世界级别的文化中心）的城市的战略地位和作用，对其外围区域给予特别关注。第二，检查在短距离范围内的城市密集分布和相关的都市扩张，特别是在沿海地区。第三，通过开发领土的特殊潜力和开展创新、多样化和创造就业机会等经济活动来完善经济基础。第四，推动功能和社会组织的混合，特别是在大都市区，这样就能与社会的排外现象作斗争并实现危机地区和废弃的工业区的结构重组和重新使用。第五，合理管理废弃物和资源（例如水、土地和能源），保护自然和文化遗产并拓展自然保护区。第六，采取高效和无污染的交通工具实现有关地区的便捷通达。

以乡村为基础的活动本身并不会对经济发展和就业增长造成障碍。乡村地区以其独特的方式完成了或者至少是已经开始解决其自身的结构性弱点并全身心地投入到自身的发展之中。为了改变人口稀疏以及主要以农业用地为主的格局，乡村地区必须要将战略支点放在自身的特点和需要的基础上，这样才能显示其独特性。开发以质量为目标的复合农业（食品安全、本地产品、乡村旅游、遗产和景观的开发、可再生能源的开发利用等）、拓展与新型信息技术有关的活动并开展选题经验交流等活动将会有助于最大限度地开发乡村地区的潜能。此外，考虑到新型的城乡合作旨在推动区域层次一体化进程并逐个解决难以克服的困难。这种合作将有助于作出发展的最初选择，以及确保公共服务和交通的基本供给并有效地改善土地的规划。它将通过建立地方当局与城市和乡村的公司企业的合作网络来积极鼓励经验的交流。

2. 基础设施和知识的获得

仅仅是交通和通信基础设施不能够实现经济和社会融合的目标，但是它们是在地区之间（尤其是中心和外围地区、城市中心和外围乡村地区）建立联系的重要工具。横跨欧洲网络的未来扩展将以多中心发展模式为基础，优先考虑全球重要的经济区，高度关注在地理上存在通达障碍的区域以及区域内部的次等级交通联系。此外，所有的区域都要能够享受到区际中心（港口和空港）的服务。目前旅客和货物交通的增长对环境和交通系统的效率造成了威胁，一种适当的空间发展政策（城镇公共交通和共享的基础设施）才能解决由于更大的流动性、交通堵塞和土地使用给环境造成的压力。能够获得知识和基础设施对知识社会而言是至关重要的。劳动力市场和公司需要动态的创新体系、高效的信息传输、一流的教育和培训。对获取知识和创新的能力在欧盟内部的空间分布仍是不均匀的，主要集中在经济最具活力的地区。提高困难地区的教育和培训水平，特别是新型信息技术的扩散（基本服务、适当的交通政策、提高培训水平）将有助于解决这种不平衡。

3. 对自然和文化遗产的合理管理

在区域和地方层次上，空间发展是保护和可持续开发生物多样性的引擎。尽管有时严格的保护措施是正当的，但是在将有灭绝危险地区的管理融入更大地区的规划策略中的时候情况就会比较敏感。当它们被注重、被开发的时候，自然和文化就成为区域开发重要的经济因素。欧洲丰富的文化和景观遗产是相当重要的，表现了它与众不同之处。对任何一种可能对遗产产生不利影响的过程进行逆转并将这些遗产以最好的状态移交给后代需要一种具有创新性的方法，这种方法将涉及对具体的一体化战略的定义，即对景观和遗产进行保护和恢复并使公众了解空间规划政策对保护后代遗产所作的贡献。欧盟自然资源的开发也取决于推广和介绍与环境因素（空气、水、土壤）的可持续管理以及其他特殊地区的对象保护等方面有关的一体化战略，包括：第一，《京都议定书》要求减少二氧化碳的排放以避免温室效应，这将主要通过推广减少能源使用、减少交通、更多地使用可再生能源等的居住结构来实现。第二，水是重要的资源，但是过度开采和污染使得未来要想保持现在的水资源供应的数量和质量将会变得越来越难。对水面、地面和海水进行管理的政策是不可缺少的，同时还需要作好预防、实现合理的土地开发、采取危机管理（洪水和干旱）、提高公众的关注度并实施跨边界合作。第三，建立起保护地区的“Natura 2000”网络是实现可持续发展的有用途径，其他的敏感地区（山区、湿地和岛屿）提供了丰富的生物多样性，如果采取合适的一体化战略就可能获得发展。一体化的海岸带管理（ICZM）将应对大约 9 万公里的海岸线所引发的各种挑战。

2.2.4 ESDP 的应用

在具体应用上，一方面，ESDP 不是一个捆绑的文件而不具有法律强制性，并不要求各成员国一定实施；另一方面，ESDP 又是一个指导性的方针，成员国还是希望在各项政策的实施过程中使其得以体现并长期发挥作用。由于在不同层次上参与空间规划的各方之间的合作将有助于避免矛盾和避免采取相互排斥的措施，因此，ESDP 实施的核心是合作，对跨国、国家、地方三个层次采取了不同的实施措施，鼓励三个层次之间进行合作，也重视各层次内部的合作。为此，成员国提出了一些相关的建议：

第一，在共同体层次，建议委员会定期系统地对共同体政策的空间效应进行检查，确保政策的连贯实施以及与国际性机构和组织（例如欧洲理事会和 OECD）的合作，尽早建立欧洲空间规划观察网络（即 ESPON），成员国空间专家的研究机构要通过开展关于空间发展方面的合作研究来支持政治合作。此外还要鼓励信息集中和交流的措施，包括建立具有可比性的指标（地理位置、经济实力、社会和空间一体化、自然和文化遗产等）、对欧洲一些主要的空间发展趋势（人口统计、活动的布局、经济全球化、技术革新、欧盟扩大以及与世界上其他国家的关系等）进行研究以及在空间规划领域内促进创新经验的交流。

第二，跨国合作。建议成员国和委员会继续在共同体倡议计划 Interreg III 的框架下以项目为中心开展针对空间发展的跨国合作。一些适当的合作领域应该保留，另外尽管存在法律方面的障碍，但还是要鼓励建立起共同的行政管理结构，地方当局之间应该有更多的深度合作，同时要鼓励与非成员国之间的合作，特别是要使用现存的政策工具（包括 Interreg III、Phare、Tacis、Meda 和 Cards 项目）为欧盟的东扩作准备。

第三，在成员国层次，建议欧盟原来的 15 个成员国能够在它们自己的国家政策中更多地考虑到空间规划的欧盟因素并将有关空间发展的欧盟合作告知公众。

第四，跨边界和跨区域合作。建议成员国、区域和地区当局进一步实施跨边界合作项目，一些相关的实例包括：跨边界规划战略和土地利用规划的准备、完善区域交通系统与国家和国际中心的联系、在乡村地区实施可持续发展战略、进行一些开发利用自然和文化遗产的项目、建立起有利于都市发展的城镇网络等。

ESDP 的实施首先是建立在自愿基础上的跨国、跨区域和跨地方的执行者之间的垂直合作，首要的是各层面的政策制定者和执行者达成一致意见。各层面的政府和管理机构在实施 ESDP 的过程中要尽早考虑到部门间的冲突和空间冲突，并及时协调问题，作好安排。根据当地形势，在发展多中心城市网络、提高地区通达性、建设欧洲交通走廊、加快欧盟外围边界城市和区域发展、保护发展自然和文化遗产等若干领域进行合作。从不同层面内部的实施情况来看，跨国层面的合作对欧盟具有核心重要性，要优先处理需要多个成员国合作才能解决的问题。鼓励欧盟和各成员国负责空间发展的机构与跨国组织和机构开展合作，在 Interreg III 框架（即促进跨国境地区协作的援助项目）中继续推行以项目为导向的跨国合作。各成员国以 ESDP 为基础，定期准备国家空间发展政策和国家空间发展报告实施情况的标准化信息，比较各成员国空间的相关趋势。在国家层次上，ESDP 在成员国内部的实施体现在各国的国家空间发展规划体系之中。各成员国以实现“国家、区域和城市规划的欧盟化”这一目标来调整国家空间发展政策、规划和报告。许多成员国已就空间发展问题实施了制度化的协商机制，并将进一步交流经验。在地方层次上，区域和地方的管理部门是 ESDP 的具体实施者，它们一般会定期微调与空间相关的跨边界规划和政策措施，并制定边境区域规划和土地利用规划。尽管没有法律的强制约束力，但是，ESDP 在欧盟的主导框架下，通过结构基金资助、欧洲交通网络规划、促进跨国境地区协作的援助项目、环境政策等专项领域得到实施。①

2.2.5 欧盟的东扩和欧洲的空间发展政策

欧盟的扩大是欧盟真正的挑战，它会对社会经济和领土产生空前的影响。欧盟 10 个中东欧新成员国加上马耳他和塞浦路斯会使

---

① 李艳、陈雯：《欧洲空间发展展望的简介与借鉴》，载《国外城市规划》，2004 年第 3 期。

得欧盟的人口增加 1/3，而 GDP 仅增长 5%。东扩给 ESDP 的相关领域产生的影响主要体现在以下几个方面：第一是人口，波罗的海沿岸国家、斯洛文尼亚和塞浦路斯这些国家的人口均不超过 400 万，只有波兰和罗马尼亚在人口和面积上是大国。欧盟新成员国的城市化状况一般比老成员国要集中，大约有 60% 的人口生活在边境地区。因此，跨边界的合作成为欧洲一体化的主要工具之一。第二是经济，根据 1995 年的数据，新成员国的经济繁荣程度要低于老成员国，同时也存在着国别差异。新成员国中最富的斯洛文尼亚仅仅相当于希腊的水平，而后者是老成员国中最贫穷的。而波罗的海沿岸国家、保加利亚和罗马尼亚是最不繁荣的国家。在国家内部，首都和边界地区是最具活力的。对于区域之间的差距，新成员国主要是与正在逐步一体化的老成员国进行比较，但区域差距有进一步扩大的风险。而持续扩大的区域差距意味着就业格局和模式还需要进行相当大的重组变革，这种变革目前正在工业和农业领域内进行。第三是交通，这些新成员国在交通上已经有了可观的变化，即交通建设的发展方向主要是向西而不是向东，更偏向于公路而不是铁路，主要是由私人部门而不是公共部门进行运作。尽管缺少资源，均衡的和可持续的交通发展以及基础设施的现代化是未来的主要挑战。第四是环境，环境情况主要包括两个方面。绝大多数的新成员国拥有广大的土地和生态系统尚未开发，但是绝大多数的工业区却存在着严重的空气和水污染。

在新成员国中，如何面对经济变化过程所带来的挑战仍然被认为是国家的要务。它们的区域和空间规划政策缺乏一贯的传统，结果是缺乏基础设施和相关的结构组织以及在行政管理体系中具有自治性的区域管理层次的频繁缺位。波兰、斯洛文尼亚和匈牙利按照当前的共同体模式（区域战略、规划、合作、实施、监控和评估）进行的区域政策改革已经取得了最大的进展。欧盟的扩大还需要对当前的区域政策和农业政策进行改革。委员会在这一点上提出的建议作为《议题 2000》（“Agenda 2000”）的一部分。同时，关于 2006 年之后区域政策的未来的讨论也已经开始。但是欧盟以前的几次扩大表明欧盟中不发达国家数目的增加将会缩小区域政策策略选择的空间，从而引发未来融合政策优先性的问题。此外，还需要对扩大给领土造成的影响进行深入的研究，并尽可能早地在管理共同体基金的时候考虑到新成员国和它们的地方当局。区域政策和外部联系的财政工具（前者包括 Interreg III，后者包括 Phare、Tacis、Meda 和 Cards 项目）正在为培训新成员国的国家和地方官员提供支持，同时在跨国合作地区支持建立以议题为基础的网络。

第3章 欧盟区域政策的历史演变过程和机构设置

本章将首先简要论述欧盟区域政策的理论基础并辨析一些容易混淆的名词，然后论述欧盟区域政策的发展和演变过程，特别是欧盟区域政策在发展过程中经历的几次重大的改革，最后论述欧盟区域政策的机构设置和管理程序。

3.1 欧盟区域政策的理论基础

3.1.1 与欧盟区域政策相关的理论

在全世界，不同区域和国家之间存在经济和社会发展方面的差距是非常普遍的现象。而这种差距主要通过人口和经济活动的聚集程度、人均收入、劳动生产率、环境友好型商品的可获得性、文化基础设施、休闲活动等方面的指标来衡量。区域发展和区域差距的理论表明，这种差异不是由偶然的因素引发，而是由一系列关联因素导致的结果，而这些因素在过去的很长一段时间曾经决定了经济活动和人口聚集的区位。这些因素包括地理因素、决定不同地方生产活动的成本关系的经济技术因素、影响人口的总量和增长的人口统计学因素等。这些因素会经常发生改变，但是很多时候它们会朝着更加显著的区域不平衡的方向发展，而不绝对是向着均衡发展的方向发展。

按照区域发展的经典理论的分析，存在着包括自由竞争和市场准入、充分就业、劳动力和资本的自由流动以及相同的技术水平这四个方面的假设（Paelinck 和 Nijkamp，1976）。如果所有的这些假设条件都得到满足，经济系统将趋向于实现工资和地租的空间均衡状态。但是，由于在现实情况下，理论条件不可能得到完全的满足，这样区域发展的不平衡就不可能避免。另外，由于历史和地理的因素造成的不均衡状态使不同的区域拥有了实现未来发展的不同的初始地位和条件，这样所有的区域就不可能都站在同样的起跑线上开始区域经济和社会的发展。

国际贸易理论也可以用来分析区域发展的不均衡问题。按照国际贸易理论，一个区域往往专门生产和出口特定种类的商品，因为它能够提供生产这些商品所需要的各种丰富的生产要素。同时，它也会进口本区域无法生产或者生产成本非常高的商品。但是，由于假设条件在现实情况下得不到满足，例如交通成本不可能为零、不同区域的生产能力的差异、规模经济和规模不经济的存在以及不完全竞争等，因此现实情况和理论情况就不可能是统一的。而现实的情况是区域专业化和国际贸易只可能使一些区域受益而同时损害其他区域的利益。这样一来，不同区域之间的经济发展差距就出现了。

工业和空间集聚理论分析了这种普遍存在的经济现象的原因，这主要包括有规模经济、集聚效应和城市效应这三个方面的因素和原因。规模经济是与企业布局有关的因素。聚集效应是由于具有关联性的生产活动实现联合布局所带来的优势。城市效应是由于联合使用中心地区提供的各种服务所获得的优势。但是，在落后区域则不具备这些优势。而增长极理论就是用来为那些发展不充分的地区制定区域政策的重要理论之一。

上述所有的理论都是与国家范围内的发展紧密相连的。而当国家让渡一部分主权形成了经济联盟来实现经济一体化的时候，区域发展的地位就变得非常的重要。Giersch 早在 1949 年就考察了聚集经济和一体化市场区中的区域发展之间的相互关系。在他的理论中，如果欧洲内部的贸易取消了关税和配额的限制，所有的经济要素在整个欧洲范围内都实现了完全自由的流动，这样经济一体化使高度发达的工业中心对劳动力和资本具有更大的吸引力，从而形成了国际和欧洲内部的高度集聚。另一方面，外围区域与以前相比则处于更加不利的地位，欧盟的外围地区由于面对新的超中心的形成而处于更加不利的地位因而受到的损失最大。在欧洲经济一体化的过程中，不同区域和成员国之间的经济差距将会进一步扩大，而这也是经济一体化发展的必然结果。

通过上述的理论分析，我们可以发现区域经济差距是无法避免的，而且由于现实的经济条件，这种区域经济差距在区域经济一体化的过程中还会进一步恶化。因此，要解决区域问题、控制和缩小区域经济发展的差距，就需要政府制定并实施区域政策。对于具有普遍意义上的国家是如此，而对于具有超国家性质的欧盟更是如此。

3.1.2　欧盟区域政策、结构政策、团结政策和融合政策的辨析

在欧盟，区域政策、结构政策、团结政策和融合政策是几个比较容易混淆的政策领域。欧盟的这四种政策都是主要针对区域问题、具有区域含义的政策领域。但是，它们之间又存在着一些差异。欧盟区域政策是指用于解决欧盟内部不同成员国和不同区域之间的经济发展差距的各项具体经济政策的总称，在一般层面上它主要指的是特定的经济政策领域。欧盟结构政策主要指的是欧盟运用结构基金来实现特定的区域目标的具体政策，它是与结构基金紧密联系在一起的。欧盟团结政策是欧盟为了实现经济发达的成员国及其相关区域与经济落后的成员国及其相关区域之间的团结目标而制定的具体政策，在实际操作中，它主要是依靠欧盟团结基金来具体运作。欧盟融合政策则是一个涉及面比较宽泛的政策领域，它是指欧盟为了实现欧盟内部的社会和经济融合而采取的各种具体政策的总称，这其中既包括经济政策，也包括社会政策、移民政策、文化政策等多个方面的内容。

3.2 欧盟区域政策的发展和演变过程

3.2.1 欧盟的发展演变以及历史上的六次扩大

1951年4月《巴黎条约》签署，次年8月欧洲煤钢共同体在卢森堡正式成立，比利时、法国、德国、意大利、卢森堡和荷兰6国成为首批成员国。这标志着欧洲一体化进程的开始。1957年3月《建立欧洲经济共同体条约》和《欧洲原子能条约》（统称为《罗马条约》）签署，次年1月欧洲经济共同体和欧洲原子能共同体同时成立。这也成为后来欧盟发展的雏形。1965年4月，《合并条约》签署，将原来各自独立的煤钢共同体、经济共同体和原子能共同体进行了合并，统称为欧洲共同体，并建立了单一的部长理事会和委员会。1992年《马斯特里赫特条约》（也称为《欧洲联盟条约》）签署，1993年欧洲联盟正式成立。欧洲一体化完成了组织机构上的全面发展，走向了成熟和完善。在欧洲一体化的进程中，共同体发展总共经历了六次扩大。

1. 第一次扩大

经过长期的努力，1973年1月1日共同体实现了第一次扩大，英国、爱尔兰和丹麦加入共同体，其成员国总数从6个增加到9个。英国的加入使得共同体在世界和欧洲的地位大大提高，这次扩大推动了共同体经济的发展，增强了欧洲与美国和苏联竞争中的实力。而这三个国家的加入，使它们能够进入到一个更大的市场空间，这对于它们未来的发展也是非常有益的。

2. 第二次扩大

1981年1月1日，希腊成为共同体的第10个成员国。由于希腊位于巴尔干半岛的南部，也是东欧国家最近的邻居，第二次扩大加强了共同体对东欧国家的影响，也改善了共同体与这些国家的关系。同时，希腊的加入有助于它有效地回避苏联的政治和军事影响。

3. 第三次扩大

1986 年 1 月 1 日，西班牙和葡萄牙成为共同体的新成员国，共同体的成员国数量从 10 个上升到 12 个。这两个新成员国在经济发展水平上比较落后，但是发展速度比较快。另一方面，共同体吸收这两个成员国加入的主要目的是为了与苏联的政治和军事威胁相对抗，从而使得自己更加强大进而摆脱美国的控制。虽然第三次扩大增加了共同体不同成员国之间的经济发展差距，但是这也有助于为所有的成员国带来长期的经济收益。

4. 第四次扩大

1995 年 1 月 1 日，奥地利、芬兰和瑞典成为欧盟的新成员国。这是欧洲一体化历史上的第四次扩大，也是欧盟 1993 年成立后的第一次扩大，其成员国的数量从 12 个增加到 15 个。这三个新成员国是经济发达国家，它们的加入有助于提高欧盟的国际地位和国际竞争力。第四次扩大还有助于加强与欧洲其他国家的联系，并扩大欧盟对欧洲非欧盟成员国的影响。这次扩大决定了正是欧盟而不是其他的欧洲机构成为欧洲一体化的核心力量。

5. 第五次扩大

2004 年 5 月 1 日，欧盟实现了它有史以来最大的也是最重要的扩大，包括捷克、波兰、匈牙利、爱沙尼亚、斯洛文尼亚、拉脱维亚、立陶宛、斯洛伐克、塞浦路斯和马耳他在内的 10 个中东欧国家成为欧盟的新成员国。欧盟这次东扩的原因是非常复杂的，主要的原因在于这些中东欧国家在苏联解体后遭受到政治、经济和社会动荡而渴望加入欧盟。另一方面，欧盟也将这次东扩看做加快一体化进程、将一体化推向深入的一次绝佳的机会。欧盟的这一行动也得到了美国的支持，而俄罗斯由于无暇顾及中东欧的经济和社会发展对此也采取了默许的态度。

6. 第六次扩大

2005 年 1 月 1 日，罗马尼亚和保加利亚加入欧盟，成为它的新成员国。有很多学者认为，这一次扩大是欧盟第五次扩大的延续。

7. 小结

在欧盟发展的六次扩大过程中，它的成员国的数量从最开始的6个增加到现在的27个。欧盟发展的不同阶段有它不同的核心目标。欧盟扩大的过程也反映了这些不同的目标。第一次扩大确立了欧洲共同体在西欧联盟中的领导地位并强化了共同体的经济和政治力量。第二次和第三次扩大稳定了欧洲在地中海沿岸地区的战略利益，而且非常有助于整个西欧的安全和稳定。第四次扩大是在欧盟成立之后完成的，新成员国的加入扩展了欧盟的地域范围，也改善了欧盟在欧洲的地位。第五次和第六次扩大也被称为欧盟的东扩，它采取和平的方式将众多的主权国家融入一个经济和社会联盟框架之中，这是人类历史上第一次以和平的方式实现如此大规模的经济和政治融合，因而具有深远的政治影响。

3.2.2 欧盟区域政策的三次重大改革

欧盟层次上的区域政策的诞生可以追溯到1957年《罗马条约》的签署。按照这一条约，欧洲经济共同体正式成立。同时，欧共体委员会、欧共体理事会、欧洲议会、欧共体法院以及欧共体经济与社会委员会也正式成立，这些成为未来欧盟机构的主体。《罗马条约》在导言中就明确提出要加强经济的一体化并通过缩小不同区域以及与落后区域之间现存的差距来确保成员国的协调发展。但是，条约中并没有明确提到设立统一的区域政策。在《罗马条约》签署后的1958年和1962年，欧洲社会基金和欧洲农业指导和保证基金正式成立，它们也成为未来结构基金的一部分，而结构基金是欧盟层次共同区域政策的主要政策工具。1975年，欧洲区域发展基金正式成立，它使用共同体预算的部分资源对最贫穷的地区进行转移支付。这一基金成为结构基金的主体，并成为欧盟层次区域政策最重要的基金工具。1986年，《单一欧洲法令》签署，它为共同区域政策的设立奠定了坚实的基础。按照法令的意图，统一的区域政策设计用来减少共同市场对南欧国家和其他欠发达区域的负面影响。根据条约的条款，团结基金正式设立，欧盟理事会为它分配了680亿埃居的资金（按照1997年的价格水平）。1992年签署的《马斯特里赫特条约》（也称为《欧洲联盟条约》）在1993年正式付诸实施，它将区域融合、经济货币联盟和单一市场作为欧盟的主要目标。1993年12月，爱丁堡欧盟理事会将共同体预算的三分之一，也就是2 000亿埃居（按照1997年的价格水平），分配给了1994—1999年规划期的区域政策。同时，渔业指导金融工具也正式成立，它也成为结构基金的一部分。在1999年3月召开的柏林欧盟理事会提出对结构基金进行进一步的改革，结构基金在2000—2006年规划期将会获得2 130亿欧元的资金。同时，为了帮助相对比较贫穷的中东欧国家尽快加入欧盟，欧盟为这些国家创立了入盟准备基金的Phare、ISPA和Sapard这三个政策工具。2005年，欧盟理事会对欧盟2007—2013年规划期的财政预算达成了妥协。2006年5月17日，欧盟理事会、欧洲议会和欧盟委员会就2007—2013年的预算达成了协议，欧盟区域政策总共获得了3 474亿欧元（按照当前价格计算）的资金。在2006年8月1日，对结构基金进行管理的规章经过修订后正式付诸实施。

欧洲共同体的政策当局认为，欧洲一体化的进程在很大程度上促成了欧洲共同体内部经济发达的中心区域经济活动日益集中的趋势。在这一过程中，如果共同体当局忽视经济欠发达的外围区域，最终将会因为贫富悬殊太大而危及共同体的存在。因此，区域政策的实施实质上正是在抵消欧洲一体化进程所产生的负面影响。在欧洲一体化的进程中，伴随着欧盟六次重要的扩大，从区域政策的诞生到它发展成熟完善总共经历了三次重大的改革，这些改革都是与欧盟（或欧洲共同体）的扩大有关，它们主要是以区域政策最重要的载体——结构基金为依托进行的。①

区域政策的真正起步是在20世纪70年代中期，也就是欧洲共同体在1975年设立欧洲区域发展基金。这与欧洲共同体的第一次扩大（也就是英国、爱尔兰和丹麦三国的加入）有着密切的联系。由于与欧洲共同体原6个成员国相比，甚至是与同期加入的爱尔兰

① 祝宝良、张峰：《欧盟地区政策》，中国经济出版社，2005年版，第88页。

和丹麦相比，英国的区域问题更为严重，并且呈现出工业衰退的态势。为了解决扩大后共同体内部存在的区域问题，1975 年创立了欧洲区域发展基金并将它作为区域政策重要的政策工具，用以矫正“共同体内部主要的区域不平衡，特别是因农业比重过大、工业变动和结构性就业不足引起的区域不平衡”，并且“创造新的就业岗位或保护已有的就业岗位”。

1. 第一次改革

在 1975 年成立之初，欧洲区域发展基金专门为各成员国的区域政策提供部分融资，按照理事会上确定的不同成员国之间的资金分配配额，以配额资金的方式流向成员国政府指定的区域性项目，但是欧共体委员会对资金如何使用没有发言权。1979 年，欧洲地区开发基金被分解为配额和非配额部分，前者仍以对项目提供资助的方式执行，后者约占区域政策预算资金的 5%，它主要由欧共体委员会决定，以持续数年的地区开发计划方式操作，并且可以用在成员国指定的区域之外。

1984 年，欧共体公布了加强区域政策合作的新指导方针，以统一的区域规划方法代替对项目提供配额资金的方法。到 20 世纪 80 年代后期，欧洲社会基金以及欧洲农业指导和保证基金也被纳入区域政策的框架之中，随着欧共体的扩大，希腊、葡萄牙和西班牙相继加入，同时《单一欧洲法令》的签署使欧共体开始着力打造欧洲单一市场。由于新成员国的加入扩大了欧共体内部区域发展差距，这势必会形成对单一市场的威胁，这样欧共体经济和社会的融合问题就被提上了议事日程。所谓的欧共体的经济和社会融合是指通过较高的 GDP 增长在基本收入、竞争力和就业方面实现趋同，并通过消除就业机会上的不平等、淡化社会阶层之间的隔阂和减少贫困现象来实现欧共体内部的团结。

区域政策的第一次改革的目标就是要将结构基金改造成能够加以操作的区域政策工具。第一次改革于 1988 年完成，改革确立了区域政策实施的集中、附加、合作和自上而下的原则。同时根据人均 GDP 这一指标对区域政策在各成员国实施的目标区进行了划分，只有人均 GDP 低于欧共体平均水平 75% 的区域才能接受援助，欧共体只向有关的目标区提供援助。这一次改革奠定了区域政策实施的基本原则，也标志着欧共体层次区域政策的开始。

2. 第二次改革

1992 年《马斯特里赫特条约》的签署引发了 1993 年欧盟区域政策的第二次改革。《马斯特里赫特条约》进一步提高了区域政策的地位，将经济与社会团结、货币联盟和单一市场作为欧盟的三大重要支柱。这一次改革的直接诱因是瑞典和芬兰加入欧盟，欧盟委员会为此新设了渔业指导金融工具以支持这两个国家渔业部门的多种经营。此外，还对几个目标区的定义作了修正，使之能够为扩大欧盟内部的就业发挥更大的作用。第二次改革中最有意义的措施是欧盟创立了团结基金。根据有关协议，欧盟委员会在 1993 年至 1999 年向人均 GDP 处于欧盟平均水平 90% 以下的希腊、葡萄牙、爱尔兰和西班牙投入了大量资金，资助这 4 个国家的环境保护和运输设施领域的有关项目，以提高它们履行环保义务的能力，并确保跨欧运输网络系统的建设。团结基金的设立表明欧盟当局已经把经济和社会融合目标付诸区域政策的具体操作之中。

3. 第三次改革

1997 年 7 月欧盟颁布了《2000 年议程》，其中就结构基金的改革、经济和社会融合、欧盟东扩以及 2000—2006 年规划期的预算安排等问题提出了一些构想。欧盟区域政策的第三次改革进入了酝酿阶段。各成员国就这些问题展开了广泛而热烈的讨论，其中关于结构基金的预算安排是争论最为激烈的部分。在 1999 年 3 月召开的欧盟理事会通过了欧盟新的预算安排决议和新的结构基金管理规则，经过欧洲议会批准后，于 1999 年 6 月底正式付诸实施。

由于这一次改革在很大程度上旨在对结构基金进行大规模的调整以尽可能降低东扩的成本，因此，改革的主要内容也与欧盟的东扩直接或间接相关。这次改革的重点是针对中东欧申请加入欧盟的国家创立入盟准备基金、新规划期内区域政策的预算安排作出了规定，改革了区域政策的实施方式。

第一，为中东欧申请加入欧盟的国家创立了入盟准备基金。欧盟当局认为，中东欧国家加入欧盟需要具备一定的条件。为了帮助这些国家作好入盟的准备，欧盟从2000年开始每年从总预算中拨出31.2亿欧元作为“入盟准备基金”，在2000年至2002年向所有的申请国提供，2002年之后仅向未入盟国提供。这些资金主要用于农业开发、运输以及环保等领域以帮助它们达到欧盟在农业开发、运输和环保基础设施等方面的标准，从而实现顺利的衔接。

第二，对结构基金的预算作出了有利于东扩的安排。欧盟委员会在1998年10月作出决议，结构基金在欧盟总预算中的比重维持在1999年1950亿欧元（1999年价格）这一水平上，约占欧盟15国GNP的0.46%。这些资金逐年投向欧盟15个成员国的各个目标区，但是其中的110亿欧元作为过渡性资助，帮助那些因为统计原因过去包括在目标区内、但在2005年12月31日前会分批退出目标区的区域。欧盟委员会在2000—2006年还向希腊、爱尔兰、葡萄牙和西班牙4国提供180亿欧元的团结基金。但是它们在2003年要接受评估，如果其人均GDP达到了欧盟平均水平的90%，资助就会终止。这些具体的安排都是在为欧盟的东扩作好各方面的准备。

第三，改革区域政策的实施方式。第三次改革不仅精简了各成员国的目标区的数目，而且还把原先由欧盟区域政策当局集中管理结构基金的原则改为自下而上并对结构基金实施进行分权化管理。这意味着对资金支出的管理主要由成员国而不是欧盟决定。成员国的责任在于对申请结构基金资助作出规划并说明要求资助的内容、形式及用途，并把区域政策的具体实施者确定在最适当的地区这一层次上，而不是中央或联邦政府层次上。欧盟则从具体的管理运作中撤出，其责任变为制定结构基金管理规则，并通过实施监督和提出政策优先顺序等途径影响成员国的政策操作过程，使之按照欧盟的意图来执行或调整区域发展战略。这次自下而上的分权化改革的意义在于，它确定了新的区域政策实施的制度框架，有利于调动各成员国的积极性，并在欧盟东扩后目标区数量急剧增加的特定情况下使区域政策能够在最适宜的地方层次上实施以改进区域政策的效率。

4. 小结

首先，欧盟区域政策的产生和发展进程中经历的三次改革都与欧洲一体化的进程和欧共体（或欧盟）历史上的历次扩大有着异常紧密的联系，它们都是为了顺应欧洲共同体（或欧盟）扩大给经济和社会融合带来的各种挑战。可以说，欧盟区域政策正是在欧盟的不断发展和扩大的进程中逐步走向成熟和完善的。

其次，欧盟区域政策在欧盟各项共同政策中的作用和地位已经凸显。目前欧盟区域政策的各项预算开支总和稳定在欧盟总预算的三分之一左右，成为欧盟共同政策的三大重要支柱之一。在可以预见的未来，欧盟区域政策的地位和作用随着欧盟的东扩还会进一步加强。

最后，欧盟区域政策自下而上的分权化的实施方式随着欧盟区域政策的三次改革逐渐变得明晰。成员国的地方当局是欧盟区域政策的主角，它们制定自身的发展战略，确定地方的重点发展项目并以此向欧盟申请资金援助。成员国当局通过不同成员国之间的协商确定成员国获得欧盟区域政策资金资助的份额并起到上传下达的作用。欧盟委员会确定区域政策各项政策工具的管理规则，对地方当局提议的项目拥有最后决策权和监督评估权，并通过实施监督和提出政策优先顺序等途径影响成员国的政策操作过程，从而使之按照欧盟的意图来执行或调整区域发展战略。

3.3 欧盟区域政策的机构设置和决策程序

3.3.1 欧盟区域政策的机构设置

欧盟区域政策的机构设置包括有欧盟委员会中主管区域政策的事务部、成员国以及地方政府实施欧盟区域政策的相关安排、欧盟发挥咨询动议作用的区域委员会和欧洲议会的区域发展委员会。

1. 欧盟委员会中主管区域政策的事务部（D-G16）

欧盟委员会是欧盟最重要的行政机构，同时它的权力又超越了一般的行政官僚机构。它是拥有自身权力的独立的政府机构，其领导成员宣誓为欧盟的共同利益效忠。委员会是在欧盟部长理事会的批准下、按照欧盟条约第155条设立以执行欧盟的各项立法决策的机构。它是欧盟各项条约的守护者，确保条约的各项预期目标能够得到有效的实施。按照欧盟条约的第155条，委员会还拥有自己进行决策以及参与完善各项措施并交付欧盟理事会和欧洲议会通过的权力。这使得委员会除了拥有行政功能之外还有自己的政治角色，委员会能够在立法的三种不同程序中发挥积极的作用，这包括起草提案、就呈送给部长理事会采纳的法律文件的最终形式进行讨论和谈判、执行决议等。

"欧盟委员会"一词拥有两层含义。狭义上的欧盟委员会指的是由成员国任命、承担制定和执行欧盟各项政策的政治任务的委员们所组成的机构。广义上的欧盟委员会指的是欧盟委员会所有的职员。按照广义上的含义，欧盟委员会的行政机构被划分为24个事务部和提供专业服务的专家，即便是在扩大之后其职员总数也不会超过地方层次上的行政管理当局雇佣的公务人员的总数。目前，欧盟委员会的职员总数为15 000人左右，他们可以进一步分为三大类，即处于A级和B级的政策决策者和行政管理人员，不到总人数的50%；处于C级和D级的接待、秘书、书记、保安等一般办事人员，占总人数的40%；翻译人员，超过总人数的10%。

在欧盟委员会的24个事务部中D-G16是专门主管欧盟区域政策和区域融合的事务部。它的主要任务是通过缩小欧盟成员国和区域之间存在的发展水平上的差距来加强经济社会和领土的融合，并以此对欧盟的整体经济发展产生积极的影响。它通过为基础设施项目、信息社会的发展、知识的产业化以及支持对人民所进行的投资等方面提供部分援助来帮助落后区域以及正在面临结构问题的区域提高竞争力并实现经济可持续的快速发展。这一事务部主要管理三项主要的基金，即欧洲区域发展基金、团结基金和入盟准备基金。除了上述这三项基金之外，它还负责赈灾基金的实施、欧盟最外围区域的协调机构鼓励对最外围区域的不利地位进行补偿所采取的共同体措施以及共同体为实现北爱尔兰的和平和振兴而设置的国际基金和PEACE项目的管理。事务部旨在通过高效的结构政策得到欧盟的公民的理解并为他们带来收益，同时遵守健全的财政管理的原则并为欧盟的成功东扩创造条件。

欧盟委员会的区域政策事务部设主任一名、副主任两名，其中主任总管整个事务部的事务，两名副主任直接对他负责，另外还有一名顾问、一名助理、管理信息和通信的机构以及管理审计和动议的办公室也是直接对主任负责。事务部内部被划分为 A、B、C、D、E、F、G、H、I 等 9 个子管理机构。A 和 I 分别管理区域政策的资源和审计，它们由主任进行直接管理。B、C、D 由一名副主任主管，主要管理区域政策和赈灾基金的协调和发展、主题开发、评估、附加和创新性行动、领土合作、城市行动和最边远的区域等方面的事务，每一个子管理机构又根据具体的事务下设多个办事机构。E、F、G、H 主要是针对不同的成员国进行划分而实现分类具体的管理，这 9 个子管理机构的具体分工参见附图 3-1。

2. 成员国和地方政府实施欧盟区域政策的相关安排①

为了更好地实施欧盟区域政策，各成员国（尤其是区域和地方当局）任命专门人员负责处理欧盟事务。有时是任命一个专门小组来处理相关事宜，有时则是指定一名专业人员来负责该事务的各个方面。一般的情况是安排区域或地方的空间规划者来负责，或者是由规划部门将相关的事务分配给部门的一些专门人员来完成。英国 Kent 郡的规划部门是第一个指定专门的全职人员来负责处理欧盟规划事宜的地区。对于其他一些需要处理欧盟事务的小型政府，则是通过确定顾问的方式来获得必要的专家意见。

所有的这些人员都需要熟悉欧盟的各项政策和决策程序，熟悉所有的政策部门、项目以及与所在区域相关的各项立法。这些专门人员除了需要具备一定的专业知识基础之外，还需要具备进行战略思考、捕捉机会和发起倡议的能力，具备与政府当局、其他政府机构、欧盟委员会以及其他成员国的政府代表进行谈判的能力。此外，规划者一般应该具有的合作精神、良好的鼓动力、语言技巧

① R. H. Williams. *European Union Spatial Policy and Planning*. Paul Chapman Publishing Ltd. , 1996: 242.

（特别是英语和法语）也是非常重要的。

他们的首要任务就是通过申请欧盟的结构基金项目以及共同体倡议计划和其他项目的资金支持来确保所在区域和地方的项目获得欧盟资金支持。他们还要支持区域或地方政府之间建立起一定的网络并开展各种合作活动。他们需要参加当地政府当局的各种工作组和委员会，帮助政府机构按照欧盟的要求开展各项工作。同时，他们还需要代表地方当局参加欧洲地区协会以及欧洲城市和区域理事会的各项活动，帮助宣传他们所代表的城市的名字和形象，从而使他们在欧盟的各种区域组织和游说机构中具有更大的影响力。其他的任务还包括寻找和评估潜在的合作者、支持诸如参与环境和能源项目等其他一些国际活动以及支持欧洲理事会的项目等。所有的这些都取决于该区域是否位于欧盟区域政策的目标区域之中、相关的项目是否紧扣欧盟的政治目标以及区域和地方当局的发展战略。

区域和地方政府的这种安排在不同的成员国和不同的政府当局往往存在着很大的差异。英国和德国的情况最具有典型性，其他的成员国具体安排则是居于两者之间。拥有比较成熟的区域或联邦政府体系的成员国的欧盟联络事务由成员国或区域政府当局来完成。而在那些区域政府不是特别完善的成员国，市政当局则更加偏向于使用他们自己的欧盟联络官。因此，英国绝大多数的大城市（特别是位于目标 2 区域中的城市）多年以来一直任命自己的欧盟联络官。而这却并不是德国的市政当局所必备的功能。

另外，由于相邻的地方政府当局甚至同一个成员国的不同地方政府当局之间存在着竞争的关系，它们与其他成员国的地方或区域政府当局之间的合作将会比较有益处，这主要是因为它们不可能是同一个项目领域的竞争对手。同时由于存在着不止一个成员国，这样它们联合进行的游说就会更加具有效率，而它们也能从其他地方和区域的政策和规划思想中获得很多有益的启示。

3. 欧盟发挥咨询动议作用的区域委员会（Committee of the Regions，简称 CoR）

区域委员会成立于 1994 年，它是帮助地方和区域当局在欧盟的中心机构发出它们声音的政治机构。区域委员会的成立主要是解决两方面的问题。第一，欧盟有四分之三的立法主要在地方和区域层次上执行，这些地方和区域的代表有必要就欧盟新的法律发展发表意见。第二，在欧盟发展的同时，公众的意识往往远远落在了后面。因此，最接近公众的民选政府才是缩小这种差距的重要途径之一。

按照欧盟各项条约的规定，如果新的欧盟提案在区域或地方层次上获得了较大的反响，欧盟委员会和理事会有必要向区域委员会进行咨询。《马斯特里赫特条约》主要确定了以下 5 个方面的内容，即经济和社会融合、跨欧洲基础设施网络、健康、教育和文化。《阿姆斯特丹条约》在上述 5 个方面的基础上又增加了 5 个方面的内容，即就业政策、社会政策、环境、职业培训和交通，这样就涵盖了欧盟活动的绝大多数领域。在这些领域之外，欧盟委员会、理事会和欧洲议会可以根据区域和地方当局对议案的影响程度有选择地向区域委员会进行咨询。区域委员会还有权自主提出自己的意见从而影响欧盟的各项议程。

区域委员会主要按照以下三项原则开展工作：

第一，辅助原则。这一原则在区域委员会创立之初就被写入条约之中，它意味着欧盟内部的决定要与公众的实践有最紧密的联系。因此，欧盟不应该涉及那些成员国、区域和地方当局能够胜任的事务。

第二，亲民原则。各个层次上的政府在工作方式上应该充分地接近人民，这样公众就知道谁负责什么以及如何通过合适的渠道表达他们的观点。

第三，合作原则。健全良好的欧洲治理意味着欧盟、成员国、区域和地方政府通力合作，共同参与到决策的过程之中。

欧盟理事会根据各成员国的提名任命 344 名区域委员会成员和 344 名候补成员。区域委员会设立主席和第一副主席各一名，他们每两年由区域委员会的全体成员选举产生。区域委员会还设立主席团，它由包括主席和第一副主席在内的 60 名委员会成员产生，主要负责 CoR 各项政治议题的实施。它也是每两年选举一次，从区域委员会的成员中产生。

同时，区域委员会内部存在着四种不同的政治团体，即欧洲社会党（the Party of European Socialists Group）、欧洲人民党（the European People's Party Group）、欧洲自由民主和改革党（the European Liberal Democrats and Reform Party Group）、欧洲联合团体（the European Alliance Group）。

区域委员会还包括 6 个专门委员会，它们由区域委员会的相关成员组成，专门负责特定的政策领域。这 6 个专门委员会是领土融合政策委员会（COTER），经济和社会政策委员会（ECOS），可持续发展委员会（DEVE），文化、教育和研究委员会（EDUC），宪法事务、欧洲治理和自由、安全、公平委员会（CONST）和外部关系和分散合作委员会（RELEX）。

4. 欧洲议会的区域发展委员会（Committee on Regional Development）

欧洲议会是欧盟唯一的直选机构，它在欧洲立法领域发挥了举足轻重的作用，特别是在与欧洲公众日常生活息息相关的领域（包括环境保护、消费者权益、平等机会、交通、劳动力、服务和货物的自由流动等）。欧洲议会设置主席 1 名、副主席若干名，它设置有一个由主席和副主席组成的主席团（另有 6 名财政官员作为观察员）、一个由 5 000 名工作人员组成的秘书处。

欧洲议会 785 名议员代表的是欧洲的公众。这些议员每 5 年由欧盟 27 个成员国的投票者代表 4.92 亿的公众选举一次。

同时，欧洲议会的 785 名议员按照他们的政治信仰被划分为 7 个政治团体，即欧洲人民党（原基督教民主党）和欧洲民主党联盟（Group of the European People's Party and European Democrats）288 名议员、欧洲社会党（Socialist Group in the European Parliament）215 名议员、欧洲自由民主联盟（Group of the Alliance of Liberals and Democrats for Europe）102 名议员、欧洲民族联盟（Union for Europe of the Nations Group）44 名议员、欧洲自由联盟

（或绿党）（Group of the Greens/European Free Alliance）42 名议员、欧洲联合左派联盟（Confederal Group of the European United Left-Nordic Green Left）41 名议员、独立民主团体（Independence/Democracy Group）24 名议员以及无党派人士 29 名议员。

欧洲议会还设置了 34 个协会（Delegation）以实现欧洲议会与成员国议会以及欧盟非成员国议会之间的联系和互动。每个协会大约包括有 15 名欧洲议员，这些代表团被划分为 4 种类型，即议会间协会（针对非欧盟成员国的欧洲国家）、联合议会协会（针对欧盟候选国以及与共同体签订了联合协议的国家）、ACP-EU 联合议会协会（针对非洲、加勒比海和太平洋国家）和欧盟—地中海议会协会（针对地中海沿岸国家）。

此外，为了更好地为欧洲议会的全体会议作准备，议员们被划分为 20 个专门的委员会，每个委员会包括有 28 ~ 86 名议员、一个办公署和一个秘书处。这些专门的委员会每个月在布鲁塞尔组织 1 ~ 2次会议并展开公开的讨论。它们制定、修改、采纳立法议案和由议会发起的各种报告，同时它们在必要的时候也考察委员会和理事会的各种提案、完成报告并呈交欧洲议会的全体会议讨论。欧洲议会还可以设立子委员会和临时委员会来处理特殊事宜。各委员会的主席在委员会主席会议上负责各委员会之间的协调。

欧洲议会的区域发展委员会就是这 20 个专门委员会中的一个。它主要负责欧盟区域政策和融合政策，这包括欧洲区域开发基金、团结基金以及欧盟区域政策的其他工具；对欧盟政策对经济和社会融合的影响进行评估；实现欧盟结构工具之间的协调；欧盟最边远的区域、岛屿和跨边境区域以及其他区域之间的合作；与区域委员会、区域间合作组织以及地方和区域当局的合作等。

5. 欧盟区域政策的机构设置小结

欧盟区域政策的机构设置是与欧盟多层治理的政治格局和欧盟特有的机构体系紧密联系在一起的。由于欧盟是一个超国家机构，因此欧盟区域政策的制定和实施必然要体现出与一般意义上的国家不同的超国家特质。欧盟委员会中的区域政策事务部和各成员国的区域、地方当局实施欧盟区域政策的相关安排很好地实现了欧盟区域政策制定和实施的协调性和一致性。在欧盟区域政策的制定和实施过程中，欧盟委员会中的区域政策事务部主要是按照欧盟理事会通过的各项欧盟条约所确定的各成员国的分配额度和各目标区的实际情况来分配欧盟区域政策的预算资金，同时它对援助项目拥有最终决定权。区域和地方当局在欧盟区域政策的制定和实施过程中发挥了举足轻重的作用，它们不仅在项目申报的过程中拥有自主权，同时通过指定专门机构或任命欧盟联络官来实现与欧盟的联系并将欧盟区域政策的具体安排付诸实施。区域委员会作为欧盟重要的咨询动议机构成为向欧盟反映区域和地方当局呼声和要求的重要渠道，再加上它在欧盟与区域政策有关的各项决策中发挥重要的咨询动议作用，这就使得欧盟区域政策的各项决策排除了成员国政府当局的一些干扰，为更好地反映区域和地方当局的各种实际需求提供了重要的平台，也使得欧盟区域政策能够真正做到为需要帮助的区域和地方服务。欧洲议会中设置的区域发展委员会则主要在与欧盟区域政策相关的立法领域内发挥有益的作用。总体来看，欧盟区域政策的机构设置是非常完备的，它以欧盟的超国家利益为出发点，既体现了成员国之间的平衡，也很好地反映了区域和地方层次的实际要求，从而使得欧盟区域政策能够立足区域和地方的具体利益要求，协调成员国之间的复杂关系并最终为欧盟的共同利益服务。

3.3.2 欧盟区域政策的管理程序

欧盟区域政策的管理程序很好地体现了欧盟、成员国和区域当局之间的协调和互动（参见附图3-2）。欧盟区域政策的各项基金工具的预算和管理规定是在欧盟委员会的提案基础上由欧盟理事会和欧洲议会共同决定的。在具体的区域政策确定之前，欧盟委员会就共同体融合战略指南（Community Strategic Guidelines on Cohesion）与成员国进行商讨。而这一战略层次的指南确保成员国根据欧盟区域政策的优先领域来调整它们的项目安排，目前主要是鼓励创新和企业家精神、推动知识经济的发展以及创造更多的就业。此外，每一个成员国在与欧盟委员会进行对话和探讨之后，还要准备一份成员国战略参考框架文件（National Strategic Reference Framework，简称NSRF），这一文件必须与共同体融合战略指南保持一致。在战略指南确定后，每个成员国有5个月的时间来准备各自的NSRF，这一文件将最终确定成员国的战略以及它们希望实施的操作项目（Operational Programme，简称OP）清单。欧盟委员会在接到成员国递交的NSRF之后的3个月时间有权要求成员国提供进一步的信息并作出最终批示。委员会会对NSRF中需要作出决定的特定内容和操作项目进行最终确定。这些操作项目反映了成员国或区域当局在实施欧盟区域政策时的优先领域，同时也反映了它们领导和管理这些项目的方式方法。当然，成员国和区域当局在提交操作项目清单时还要符合欧盟区域政策的集中目标所规定的限制条件，即开支的60%必须分配给欧盟的增长和就业战略（即里斯本战略）所确定的优先领域。对于那些与竞争力和就业目标有关的区域这一限制高达75%。在2007—2013年规划期，欧盟委员会将会采纳大约450个操作项目。委员会还鼓励经济和社会各界以及民间组织机构参与到操作项目的立项和管理之中。在欧盟委员会最终确定了操作项目之后，成员国和区域当局将主要负责项目的实施，例如选择实施方案、进行监控和评估。所有的这些工作通过每个成员国或区域特定的管理机构来完成。委员会在操作项目确定之后会根据成员国的具体情况、在对资金的数量进行核准的基础上对资金进行分配，这样成员国就能够开始项目的运作。操作项目开始实施后，欧盟委员会将与成员国一起对项目进行监控。同时，欧盟委员会和成员国在2007—2013年规划期还要提交战略报告（Strategic Report），对区域政策的项目实施情况进行总结。

3.3.3　欧盟区域政策的协调机制

当一个国家在制定区域政策的时候，它一般很少会考虑到它所制定的区域政策对其他国家的影响。同样，当一个区域（或地方）政府当局在制定它们自己的地区发展政策的时候，也很少会考虑到它们的政策对位于同一个国家的其他区域（或地方）所产生的影响。但是，在欧盟这个超国家机构制定其共同的区域政策的时候就必须要考虑到这种政策对不同的成员国和不同的区域（或地方）所产生的不同影响，并尽可能地实现区域政策的协调。

从附图3-3中我们可以看到，欧盟区域政策需要协调好几个层次的关系，这其中包括欧盟与不同的成员国之间、欧盟与不同的区域（或地方）之间、不同的成员国之间、成员国与它所管辖的不同区域（或地方）之间、同一成员国所管辖的不同区域（或地方）之间以及不同成员国所管辖的不同区域（或地方）之间的各种复杂关系。

同时，实现区域政策与其他可能对区域产生重要影响的共同政策之间的协调也是非常重要的。例如，欧盟的共同农业政策就会产生非常显著的区域影响，因此欧盟区域政策也必须实现与共同农业政策的密切协调。

在欧洲全面实现经济一体化的格局下，由于经济传导机制和经济外溢效应的作用，欧盟的不同成员国以及不同区域（或地方）将会彼此连为一体，不同政策主体制定的区域政策会在整个欧盟范围内产生广泛的影响。但是由于各成员国和各区域（或地方）往往更加关注自身的利益而在区域政策的协调方面不是非常的积极，这在客观上就需要由欧盟这一超国家机构来主导实现不同成员国之间的区域政策以及欧盟区域政策与欧盟其他共同政策之间的协调。事实也证明，欧盟在这一方面也确实发挥了关键性的作用。不过，欧盟在实现不同区域（或地方）的地区发展政策之间的协调方面（尤其是同一个成员国内部的不同区域或地方之间的政策协调方面）发挥的作用就比较有限，这一任务更多地被留给了成员国政府。

第4章 欧盟区域政策的目标体系、原则和实施对象

欧盟区域政策已经形成了一个相对完整的政策体系，比较完备的目标体系、具有可操作性的实施原则和清晰明确的实施对象就是其具体的体现。

4.1 欧盟区域政策的目标体系

在欧共体以及欧盟的形成过程中，《罗马条约》、《单一欧洲法令》、《马斯特里赫特条约》和《阿姆斯特丹条约》这四个法律文件发挥了举足轻重的作用，它们成为欧盟这个超国家机构的法律基石。在这些条约中，明确规定了将促进欧共体或欧盟的全面协调发展，增进其经济与社会融合，尤其是缩小各地区发展水平的差距和降低最贫困地区（包括农村地区）的落后程度作为其各项政策（包括区域政策）的总体目标。结构基金是欧盟区域政策的主要财政工具。在1988年2月举行的布鲁塞尔首脑会议上，依据《单一欧洲法令》的规定，成员国一致决定对区域政策进行重大改革，改革的目标之一就是将原来的欧洲社会基金（ESF）、欧洲区域发展基金（ERDF）以及欧洲农业指导和保证基金（EAGGF）的指导部分合并成结构基金，以便实行目的更明确的区域政策，增强协调性，提高资金使用效率。这次改革于1989年1月1日生效，这标志着欧共体范围内统一的区域政策正式形成。① 在这之后，区域政策共经历了四个规划期，即1989—1993年、1994—1999年、

① 张可云：《区域经济政策》，商务印书馆，2005年版，第226页。

2000—2006年、2007—2013年。在不同的规划期，其区域政策的具体目标又会有所不同。

4.1.1 第一规划期（1989—1993年）

1989—1993年是欧盟区域政策形成的初期阶段，在这一阶段，结构基金在数额上翻了一番，共计达到600亿欧洲货币单位，占欧共体预算的比重也由1986年的17.6%提高到1992年的25.4%，①但是绝对数额仍然非常有限。此外，区域政策的5个优先目标也得到了确定，即：

目标1，促进落后地区的发展和结构调整。所谓落后地区是指人均GDP低于欧盟平均水平75%的地区，如法国的科西嘉和海外省、德国东部地区、英国的北爱尔兰地区、意大利南部以及希腊、葡萄牙、爱尔兰、西班牙4国的大部分地区。在这一规划期，目标1所获得的援助占同期结构基金预算总支出的64%。

目标2，帮助工业严重衰退地区完成经济转型。而工业严重衰退地区的主要特征是工业部门的失业率高于欧盟平均水平，并且工业部门的就业呈下降趋势。

目标3，与长期失业作斗争，给年轻人和被劳动力市场排斥在外的人提供就业机会，同时推动实现男女同工同酬。

目标4，采取预防性措施，使工人适应产业结构调整和生产方式的变革。

目标5a，加快在共同农业和渔业政策改革框架下的农业和渔业结构调整。

目标5b，推动乡村地区的发展和结构调整，推进经济活动的多样性。

4.1.2 第二规划期（1994—1999年）

1994—1999年是欧盟的第二规划期。在这一阶段，欧盟预算

① 祝宝良、张峰：《欧盟地区政策》，中国经济出版社，2005年版，第83页。

中用于区域政策的比重和金额急剧增加，其中结构基金的预算增加到 1 530 亿欧洲货币单位（以 1994 年价格计算），占欧盟预算总支出的三分之一。此外，1993 年根据《罗马条约》和《马斯特里赫特条约》的规定成立了团结基金，其主要任务主要是帮助落后国家发展基础设施和实施环境保护措施，缩小与先进地区的差距，逐步达到建立经济和货币同盟所要求的财政预算方面的标准（预算赤字和国债）。1993—1999 年，团结基金预算金额为 150 亿欧洲货币单位（以 1992 年的价格计算），其中 1993 年为 15 亿，每年都会增加，到 1999 年增加到 26 亿欧洲货币单位。① 这样就使得欧盟区域政策发挥的作用越来越显著。同时，欧盟进一步完善了其区域政策的目标体系，在第一规划期确定的 5 个优先目标的基础上增加了目标 6。

目标 6，加快人口密度极低的地区（每平方公里少于 8 人）的发展，主要是芬兰和瑞典北部人口稀少的北极圈地区。

表 4-1　**第二规划期结构基金在各成员国按目标分配表（以 1994 年价格计算）**

单位：百万欧洲货币单位

成员国	目标 1	目标 2	目标 3、4	目标 5a	目标 5b	目标 6	共同体项目	总计
比利时	730	342	465	195	77		287	2 096
丹麦		119	301	267	54		102	843
德国	13 640	1 566	1 942	1 143	1 227		2 206	21 724
希腊	13 980						1 151	15 131
西班牙	26 300	2 416	1 843	446	664		2 774	34 443
法国	2 190	3 774	3 203	1 933	2 238		1 601	14 938
爱尔兰	5 620						483	6 103

① 张荐华：《欧洲一体化与欧盟的经济社会政策》，商务印书馆，2001 年版，第 166、169 页。

续表

成员国	目标 1	目标 2	目标 3、4	目标 5a	目标 5b	目标 6	共同体项目	总计
意大利	14 860	1 463	1 715	814	901		1 893	21 646
卢森堡		15	23	40	6		20	104
荷兰	150	650	1 079	165	150		421	2 615
奥地利	162	99	387	380	403		143	1 574
葡萄牙	13 980						1 058	15 038
芬兰		179	336	347	190		150	1 652
瑞典		157	509	204	135	450	125	1 377
英国	2 360	4 581	3 377	450	817	247	1 570	13 155
欧盟总计	93 972	15 360	15 180	6 916	6 862	697	14 051	153 038

资料来源：欧盟官方网站。

在第二规划期，由于欧盟区域政策（尤其是结构基金）所涉及的资金数额巨大，因此在这里需要对其资金在各项目标之间的流向和分配加以论述。在这一规划期，目标 1 在结构基金中的比重达到 67.7%，受益人口占欧盟总人口的 25%。目标 2 所占的比重为 11.1%，受惠人口达到欧盟总人口的 16.4%。目标 3 和目标 4 的援助总金额占结构基金预算金额的 10.8%。目标 5a 的比重为 4.9%，目标 5b 的比重为 5%。目标 6 的比重最低，为 0.5%。第二规划期结构基金在欧盟各成员国按照各项目标分配的情况，参见表 4-1，表中的共同体项目是指在第二规划期内欧盟就区域政策所采取的特殊专项。此外，在结构基金中地区发展基金所占的比重最高，达到 49.5%，主要用于目标 1、目标 2、目标 5b 和目标 6；社会基金所占比重为 29.9%，用于目标 1、目标 2、目标 3、目标 4、目标 5b 和目标 6；农业指导和保证基金中的指导部分占 17.7%，用于目标 1、目标 5a、目标 5b 和目标 6；渔业指导金融工具仅占 2.9%，主要用于目标 5a 和目标 6。

4.1.3　第三规划期（2000—2006 年）

在第三规划期，用于区域政策的资金总额达到了 2 130 亿欧元，而结构基金的数额也达到 1 950 亿欧元。特别是 2004 年欧盟扩大为 25 国之后，区域经济发展不平衡的问题表现得更为突出。为了解决这一问题，欧盟每年都会从其财政预算中拿出 35% 用于区域政策。这样做主要是为了帮助那些经济比较落后、正经历经济结构重组或面临地理、经济和社会问题的国家和地区，使之能从单一市场提供的机会中获得充分的利益。各国和各地区通过区域政策获得资金援助的数量则取决于它们的发展水平和所面临困难的类型。1999 年 3 月召开的柏林首脑会议决定：在第三规划期，为实现资金的集中运用并提高使用效率，欧盟区域政策的目标体系需要进行较大程度的改革，将以前区域政策中的 6 项优先目标简化为三大目标，下面重点加以论述。

1. 目标 1

目标 1 旨在促进落后区域的经济发展和结构重组。目标 1 是区域化的，这意味着它是针对特定的（欧洲统计局的标准地区统计单位目录中的）NUTS2 地区来实施的。在这些地区中，只有人均国内生产总值（GDP）低于欧盟平均水平 75% 的地区才符合其条件。此外还包括下列特殊区域：即包括亚述尔群岛在内的 7 个位置十分独特的最偏僻区域、瑞典和芬兰人口密度十分低的特别援助地区和北爱尔兰。欧盟在这一规划期内的目标 1 区域分布图参见附图 4-1。在 2000—2006 年共有 13 个成员国的 60 个区域满足目标 1 的条件。对于那些在 1994—1999 年满足目标 1 而在 2000—2006 年不再满足目标 1 条件的区域，欧盟还会提供过渡性的援助资金，时间是从 2000 年 1 月 1 日至 2005 年 12 月 31 日。在 2000—2006 年，用于目标 1 的资金总额占同期用于区域政策的资金总额的 65%，7 年约为 1370 亿欧元。目标 1 的资金主要来源于结构基金中的欧洲区域发展基金、欧洲社会基金、欧洲农业指导与保证基金中的指导部分和欧洲渔业指导金融工具。希腊、西班牙、爱尔兰和葡萄牙四国的资金则专门来自于团结基金。用于目标 1 的资金在成员国内部的分配如表 4-2 所示。

表 4-2　　**目标 1 资金分配表**

成员国	目标 1（百万欧元）	过渡性援助（百万欧元）
德国	19 229	729
奥地利	261	0
比利时	0	625
西班牙	37 744	352
芬兰	913	0
法国	3 254	551
希腊	20 961	0
爱尔兰	1 335	1 773
意大利	21 935	187
荷兰	0	123
葡萄牙	16 124	2 905
英国	5 085	1 166
瑞典	722	0

资料来源：欧盟官方网站。

在一般情况下，欧盟会为满足目标 1 的项目最少提供它所需资金总额的 50%，最多不会超过总额的 75%。但是对于希腊、西班牙、爱尔兰和葡萄牙这些国家则最多能提供项目资金总额的 80%。对位于爱琴海周边的希腊小岛上最偏远地区，欧盟最多能提供其项目所需资金总额的 85%。对于能产生大量可观收入的基础设施投资项目（例如桥梁和高速公路），援助金额一般不会超过项目资金总额的 40%，但是对于希腊、西班牙、爱尔兰和葡萄牙，其援助金额可以进一步增加 10%。除了直接援助以外，还可以通过其他形式提供资金支持，但数额不能超过项目资金总额的 10%。对商业的资助一般不会超过其所需资金总额的 35%，对于那些最偏远地区和爱琴海上的小岛资助金额可以占项目所需资金总额的 50%。对于中小企业则可以在原有基础上额外提供不超过项目资金总额 10% 的间接援助。

2. 目标 2

目标 2 旨在帮助那些正在经历结构性困难的地区完成经济和社会的变革。目标 2 也是区域化的，它只适用于那些满足特定的统计和社会经济标准的 NUTS2 地区。欧盟在这一规划期的目标 2 区域分布图参见附图 4-2。目标 2 所覆盖的欧盟问题地区的人口总量不超过欧盟总人口的 18%，约为 6 800 万。每个国家都有一个能获得这一部分资助的人口比例上限，如德国 13%，奥地利 25%，比利时 12%，丹麦 10%，西班牙 22%，芬兰 31%，法国 31%，意大利 13%，卢森堡 28%，荷兰 15%，英国 24%，瑞典 14%。此外还要满足一些特殊标准，以便说明它们正面临工业和服务业的社会经济变革，面临乡村衰败、城市危机和渔业萧条，其中最主要的指标是在 1996—1999 年的地区平均失业率要高于欧盟平均水平，此外还包括说明地区贫穷、犯罪和环境问题的指标。由于在目标 1 中已经包括了希腊、西班牙、葡萄牙和爱尔兰的全部领土，因此在目标 2 中就不再包括上述地区。此外对于那些在 1994—1999 年满足目标 2 而在 2000—2006 年不再满足目标 2 条件的区域，欧盟也提供了过渡性的援助资金。在 2000—2006 年的 7 年间用于目标 2 的资金总额达 225 亿欧元，占同期用于区域政策的资金总额的 10.6%，其中过渡性的援助资金为 27.21 亿欧元。目标 2 的资金主要来源于结构基金中的欧洲区域发展基金和欧洲社会基金。而西班牙有个别地区也符合目标 2 的要求，其资金同样也是来自于团结基金。用于目标 2 的资金在成员国内部的分配如表 4-3 所示。

表 4-3　　　　**目标 2 资金分配表**

成员国	目标 2（百万欧元）	过渡性援助（百万欧元）
德国	2 984	526
奥地利	578	102
比利时	368	65
丹麦	156	27
西班牙	2 553	98
芬兰	459	30
法国	5 437	613
意大利	2 145	377
卢森堡	34	6
荷兰	676	119
英国	3 989	706
瑞典	354	52

资料来源：欧盟官方网站。

在一般情况下，欧盟会为满足目标 2 的项目最少提供它所需资金总额的 25%，最多不会超过总额的 50%。在目标 2 条件下，对于能产生可观收入的基础设施投资项目（如桥梁和高速公路），欧盟提供的资金援助不会超过项目所需资金总额的 25%。除直接援助外，还可以通过其他形式提供资金支持，但数额不能超过项目资金总额的 10%。对商业投资的援助不会超过项目所需资金总额的 15%。但是，对于中小企业则可以在原有基础上额外提供不超过项目资金总额 10% 的间接援助。

3. 目标 3

目标 3 旨在支持那些不满足目标 1 的地区进行教育、培训、就业政策及其体制的改革和现代化。2000—2006 年目标 3 主要涵盖了下列目标，即与长期失业作斗争、使年轻人能融入工作生活之中、帮助那些被排除在劳动力市场之外的公民融入社会和使劳动力市场适应生产的变化。目标 3 覆盖到了与开发人力资源有关的所有活动，其目的是实现教育、培训政策及其体制的现代化和促进就业。在 2000—2006 年，欧盟 15 国用于目标 3 的资金总额为 240.5 亿欧元，占同期欧盟区域政策资金总额的 11.3%。另外，在这 7 年间，欧盟从区域政策的资金中划拨 141.5 亿欧元专门用于帮助 10 个欧盟新成员国，从 2004 年 5 月 1 日到 2006 年 12 月 31 日这段时间，欧盟还为新成员国提供 1.1 亿欧元的额外资金援助。目标 3 的资金主要来源于结构基金中的欧洲社会基金。用于目标 3 的资金在成员国内部的分配如表 4-4 所示。在一般情况下，欧盟会为满足目标 3 的项目最少提供它所需资金总额的 25%，最多不会超过总额的 50%。

表 4-4　**目标 3 资金分配表**

成员国家	目标 3（百万欧元）
德国	4 581
奥地利	528
比利时	737
丹麦	365
西班牙	2 140
芬兰	403
法国	4 540
意大利	3 744
卢森堡	38
荷兰	1 686
英国	4 568
瑞典	720
EU-15	24 050
捷克	52.2
塞浦路斯	19.5
斯洛伐克	39.9

资料来源：欧盟官方网站。

除了以上三个基本目标之外，欧盟区域政策还通过其基金工具和贷款工具对新入盟的中东欧国家提供资金援助以帮助它们更好地融入欧盟之中。此外，在2000—2006年，欧盟区域政策还在以下四个方面采取措施以实现欧盟社会和经济的融合，即第一是旨在促进跨边界、跨国和区域内合作的InterregⅢ倡议计划；第二是旨在促进乡村发展的Leader+倡议计划；第三是旨在为消除劳动力市场的歧视和不平等提供新的手段和方法的Equal倡议计划；第四是旨在帮助处于萧条中的城市、乡镇和郊区实现社会和经济复兴的UrbanⅡ倡议计划。这些都构成了欧盟在经过数次扩大后在新的历史时期区域政策的行动目标。

4.1.4 第四规划期（2007—2013年）

在第四规划期，欧盟区域政策的目标体系被进一步归纳为三大优先目标，即集中、区域竞争力和就业以及欧洲领土合作。集中目标涉及的基金包括欧洲区域发展基金（ERDF）、欧洲社会基金（ESF）和团结基金（the Cohesion Fund）；区域竞争力和就业目标涉及的基金包括欧洲区域发展基金（ERDF）和欧洲社会基金（ESF）；欧洲领土合作主要涉及的基金是欧洲区域发展基金（ERDF）。在2000—2006年规划期存在的UrbanⅡ和Equal倡议计划将会融入集中目标和区域竞争力和就业目标之中。同时，Interreg倡议计划将会与欧洲领土合作目标紧密结合。在第四规划期，欧盟将其预算的35.6%用于区域政策，资金总额达到3 080亿欧元（按照2004年的价格水平）。

1. 集中目标

集中目标类似于以前的目标1。它的基本原则是增强有助于落后成员国和落后区域实现真正集中的增长条件和因素。援助行动的领域主要是自然和人力资源、创新、以知识为基础的社会、对社会变革的适应、环境和行政管理的效力等。它主要由ERDF、ESF和团结基金提供资金援助。在欧盟27国的情况下，这一目标主要涉及17个成员国的84个区域，人口总数达到1.54亿，人均GDP水平均低于欧盟平均水平的75%。另外还有16个区域（涉及1 640万人）在欧盟15国的情况下符合原目标1的条件，但由于欧盟东扩的统计原因，人均GDP水平刚刚超过欧盟平均水平的75%，因而在该目标中遭到淘汰。在2007—2013年规划期，欧盟为集中目标提供了约2 510亿欧元的资金，占到了区域政策总预算的81.5%，其中1 993亿欧元提供给了集中区域，140亿欧元提供给了由于统计原因遭到淘汰的区域，695亿欧元提供给了团结基金，剩下的用于欧盟15个老成员国。

人均GDP低于共同体平均水平的75%的NUTS2区域将会获得为这一目标服务的ERDF和ESF资金总额的约70.5%。由于东扩后的统计原因，人均GDP高于共同体平均水平75%的区域将会从过渡性的并且逐渐减少的特殊援助中获益，这一部分占到资金总额的约5%。人均国民总收入低于共同体平均水平的90%并且正在运作经济集中项目的成员国能够获得团结基金的资助，其金额占到了为聚合目标分配的资金总额的23.2%。由于东扩后的统计原因，人均国民总收入高于共同体平均水平90%的区域同样能够从过渡性的并且逐渐减少的特殊援助中获益，约占资金总额的1.29%。同时，ERDF还会帮助最边远的地区融入共同市场并且考虑到它们的特殊要求（例如由于位置边缘而产生额外成本的补偿）。对于这一目标，欧盟设定了提供共同资助比率的上限。在ERDF或ESF的资助下，最高资助上限为共同开支的75%。如果该区域同时位于满足团结基金援助条件的成员国，这一上限可以提高到80%。而如果是最边远的区域甚至可以提高到85%。在团结基金的资助下这一上限可以为公共开支的85%。而对于最边远的地区，上限为公共开支的50%，同时ERDF为额外成本提供新的附加资金援助。

2. 区域竞争力和就业目标

区域竞争力和就业目标旨在通过两种途径来增强欧盟的竞争力、吸引力和就业水平。这两种途径是：第一，设计科学的开发项目将有助于通过科技创新、知识经济、企业家精神、环境保护和改进通达性来推动区域的经济发展；第二，通过对人力资本进行投资和高质量的劳动力供给提供更多、更好的工作。它必须有助于推动经济和社会变革、促进创新和企业家精神、对环境的保护、提高可通达性以及劳动力市场的适应性和发展。为这一目标提供资金援助的主要是 ERDF 和 ESF。

符合条件的区域包括在 2000—2006 年规划期符合目标 1 条件但是在 2007—2013 年规划期不再满足集中目标标准而仅得到过渡性援助的区域，以及所有没有被集中目标覆盖的共同体区域。在欧盟 27 国的情况下，共有 19 个成员国的 168 个区域符合资助的条件，代表了 3.14 亿的人口。在这些区域中的 13 个区域共生活了 1 900万人口，由于它们以前属于目标 1 区域，因而将继续接受后续的特别财政援助。在 491 亿欧元用于这一目标的援助金额中（约占区域政策总预算的 15.95%）有 78.86% 用于没有被聚合目标覆盖的区域，另外的 21.14% 用于原目标 1 部分区域的过渡性且逐渐减少的资金援助。在这一目标下，公共开支的 50% 可以由欧盟提供，对于最边远的地区上限可以高达 85%。在 2007—2013 年规划期，欧盟集中和区域竞争力目标在欧盟各成员国的区域分布图参见附图 4-3。

3. 欧洲领土合作目标

欧洲领土合作目标将主要通过区域和地方的联合行动、以一体化的领土发展为目标的跨国合作以及区域间的经验交流和合作来增强跨边界合作。它以过去的 Interreg 倡议计划为基础，主要由 ERDF 提供资金援助。它旨在帮助地理相邻地区的当局找到促进城市、乡村和沿海发展、经济关系的发展以及中小企业网络建立等方面的共同解决办法。合作主要是基于研究、发展、信息社会、环境、危机预防和水资源的一体化管理等。尽管在合作网络和经验交流等方面几乎所有的欧盟区域和人口都被现存的 13 个跨国合作地区所覆盖，但是只有在 NUTS3 层次上位于内陆领土边境和特定的外部领土边境的区域以及相隔最多为 150 公里的海岸线沿岸地区才是真正意义上的跨边界地区，其人口总数为 1.817 亿，占欧盟总人口的 37.5%。为这一目标提供的 77.5 亿欧元的资金（占总预算的 2.52%）中 73.86% 用于跨边界方面，20.95% 用于跨国方面，

5.19%用于区域间的合作方面。欧盟为符合这一目标的项目所提供的资金援助上限为公共开支的75%。欧盟在这一规划的跨边界合作区域分布图参见附图4-4。

4.1.5 对欧盟区域政策目标体系在四个规划期的演变的分析

在与欧盟有关的一系列条约中明确规定了欧盟区域政策的总体目标，即为了促进全面协调的发展，欧盟应发展和执行能增进其经济与社会融合的行动，尤其应以缩小各地区间发展水平的差距和降低最贫困地区（包括农村地区）的落后程度为目标。为了实现这一总体目标，在四个不同的规划期，欧盟将这一总体目标进行了具体化，制定了不同规划期欧盟区域政策具体的目标体系，并将它们与欧盟区域政策的各种财政资源和政策工具结合在一起。欧盟区域政策总体目标的这种具体化是非常必要的。这是因为总体目标只能对区域政策的实施提供指导性的原则，但是由于过于笼统，同时由于区域政策的实施需要与欧盟发展历程中许多具体的、客观的、变化的实际情况相结合，因此这种总体目标注定需要向具体化和可实施的方向发展和拓展。欧盟从1989年的第一规划期就开始了这一工作，在经过四个规划期的不断发展和完善之后，区域政策的具体目标体系中包括的具体目标不论从数量还是从具体的指向上都发生了一些新的变化，这表明了欧盟区域政策的发展呈现出了一些新的特点并为区域政策未来的发展提供了一些有益的线索。具体来看，主要体现在下列方面：

第一，欧盟区域政策的具体目标体系会根据不同规划期的具体情况和客观要求进行适当的调整，从而使欧盟区域政策更好地发挥它的作用。第一规划期确定了5个细化的具体目标，在第二规划期补充了第6个具体目标，从而构建了统一完整的欧盟区域政策在早期相对细化的具体目标体系。从第三规划期开始，欧盟区域政策的具体目标体系发生了较大的变化，具体的目标从6个减少到3个，这反映出欧盟区域政策开始注重将资源应用到相对集中的方面。而第四规划期则是延续了这一理念，并将这些具体的目标进行了深化。

第二，推动落后地区的经济发展和结构重组是欧盟区域政策最重要的组成部分。在四个规划期中，尽管提法可能会存在一些差异，但是目标 1 都是针对落后地区的，主要是为了解决其经济发展和结构重组等方面的问题。而且在这一方面欧盟投入的资金也是最多的，并且呈逐步上升的趋势。在第一规划期，这一部分的投入占到了同期结构基金预算总额的 64%。在第二规划期，这一部分的资金使用占到了同期结构基金预算总额的 67.7%。在第三规划期，用于这一部分的资金高达 1 370 亿欧元，占到同期欧盟结构基金预算总额的 65%。在最近的第四规划期，欧盟用于这一目标的资金更是高达 2 828 亿欧元，占到同期结构基金预算总额的 81.5%。

第三，解决失业问题的就业目标尽管占用的欧盟区域政策预算资金的份额不算太多，也就是 15% 左右，但是它也是欧盟区域政策目标体系的重要组成部分之一。从第一和第二规划期的目标 3 和目标 4、第三规划期的目标 2，到第四规划期的目标 3（即区域竞争力和就业目标），解决失业问题、创造就业机会都是推动落后地区发展、实现经济振兴的重要手段，它也是欧盟区域政策目标体系的重要支柱之一。

第四，在最近的第四规划期，在原欧盟 Interreg 倡议计划的基础上，欧盟提出了一个全新的领土合作目标，主要适用于跨国、跨区域和跨边境地区的合作。这主要是在欧盟最近出现的一些新现象和新问题的基础上提出的。它反映出欧盟区域政策目标体系与时俱进的特点。

第五，在第一、第二和第三规划期，欧盟区域政策的目标体系主要是与结构基金相对应。但是还有一些共同体的倡议计划和其他的资金工具并没有包括在其中，但是它们也是欧盟区域政策的一部分。因此，这种情况的存在不便于欧盟区域政策的管理和政策效果的评估。在第四规划期，欧盟开始整合区域政策的各种基金工具和倡议计划，并将它们与欧盟区域政策目标体系中的各项具体目标充分结合在一起，从而结束了早期区域政策的各项目标主要是与结构基金相对应的历史。从这个角度来看，第四规划期的目标体系成了真正意义上的欧盟区域政策的目标体系。

4.2 欧盟区域政策的原则

为了便于区域政策的制定和实施，并充分发挥欧盟各成员国政府及各级区域和地方政府机构参与地区发展事务的积极性，欧盟区域政策主要遵循了以下基本原则①②：

4.2.1 集中原则

集中原则是指集中使用基金援助，在制定和实施区域政策时按照经济落后的程度、依据统一的地理和功能标准确定优先顺序，将各项基金集中于支持那些最需要资助的落后地区，避免有限资金资源的分散使用以及由此带来的资源浪费，确保资金使用的效率。根据集中原则，欧盟将区域政策资源的三分之二以上用于目标1地区，通过集中的资金投入来缩小区域经济差距。而团结基金在过去也曾长期将资金集中使用于四个成员国。同时，1999年结构基金的改革进一步拓展了集中原则，将区域政策的目标减少为3个，并将结构基金的受援人口从欧盟总人口的51%减少到35%～40%。在2007—2013年规划期，所有的共同体倡议计划都被融入区域政策的三大优先目标之中，而所有的区域政策项目都要围绕这三大优先目标。这些都是区域政策集中原则的具体体现。

4.2.2 规划原则

规划原则是1988年欧共体区域政策改革的一个创新，首先它

① 张可云：《区域经济政策》，商务印书馆，2005年版。

② 祝宝良、张峰：《欧盟地区政策》，中国经济出版社，2005年版，第83页。

要求各成员国在寻求欧盟区域政策的经济援助时，必须通盘考虑，制定出成员国地区发展综合战略和中长期行动计划。欧盟将不再考虑临时性的单项项目对资金的需求。同时，在确定欧盟区域政策援助项目的时候需要事先进行认真评估，并充分考虑项目对环境可能造成的影响。其次，欧盟及各成员国会密切关注项目的实施进展，确保项目质量和如期完成。最后，对项目的开支情况要进行严格审计，加强对资金用途的控制和监督。这一原则使得欧盟区域政策的针对性和稳定性增强，对资金的管理更加科学合理，区域政策长期的持续性效果更加明显。在1988—1999年，区域政策将近90%的资金被用到了成员国发起的各种项目，只有9%的资金被用在了具有比较大的灵活性和分散性的共同体倡议计划方面。这些由成员国发起的各种项目必须以共同体支持框架文件（CFSs）为基础，同时需要在成员国和地区的发展规划的基础上由委员会和每个成员国政府进行单独谈判来决定，并且在区域当局的参与下由成员国政府拟定。1993年的改革允许成员国提交不需要与委员会进行谈判的单一规划文件（SPD）以缩短运作时间、简化运作过程。一旦项目被采纳就必须要接受成员国、区域和其他相关运作层次的监督委员会的监督和评估，以保证区域政策资源的使用效率并达到预期目标。1999年的改革顺应了成员国进一步简化项目的规划、运作、财政管理、评估和统计等各方面的需要，突出了成员国的角色，弱化了委员会的作用和影响。

4.2.3 附加原则

附加原则是指欧盟区域政策所提供的资金是对各成员国区域开发资金的补充而不是代替，欧盟区域政策只会对满足条件的项目提供部分资金援助（不是全部），成员国政府、地区政府以及社会资本必须为欧盟区域政策资助的项目提供相应的配套资金。在一般情况下，成员国政府对满足欧盟区域政策条件的地区项目提供的配套资金应与欧盟在区域政策下提供的资金援助的数额相当。同时，如果成员国政府没有按照要求配套相关的资金的话，委员会有权从接受国收回资金。同时，欧盟区域政策并不会取代各成员国地区政策，欧盟只是在最需要其发挥作用的层面上开展援助行动。按照这一原则，欧盟各成员国一般是将那些涉及跨国或跨区域的区域发展项目交由欧盟负责，而其他的地区项目则仍然在成员国的框架内加以解决。

4.2.4　合作原则

合作原则是指在欧盟各级决策机构（包括欧盟委员会、各成员国政府和区域当局）之间建立起长期的合作伙伴关系，促进其在地区行动中的协调和合作，使欧盟区域政策最大限度地适应不同区域的实际需要。引入合作程序来实现欧盟区域政策的根本性转变，这标志着区域政策从国家战略向多层次战略转变。1988 年的改革要求区域和地方当局连同委员会和成员国政府积极参与到结构基金的规划、决策和实施过程之中，进一步维护了次国家层次参与者的利益以及在这一政策领域内的多层治理格局，从而突出了欧盟的区域政策是区域制定的、同时也是针对区域利益的政策。而成员国政府在区域政策决策中的“守门人”作用也是具有决定性意义的。同时，这种合作原则也体现了个人和团体向欧盟进行游说的作用，尽管这一作用比较有限，但是仍然可以通过各种途径影响欧盟的决策。

4.3　欧盟区域政策实施的基本空间单元

欧盟区域政策的实施是建立在 NUTS（即领土统计单元目录）的基础上的。二十多年前，欧洲统计局创立 NUTS（the Nomenclature of Territorial Units for Statistics）是为了方便欧盟进行区域统计而提供统一的领土单元。现在它已经成为欧盟区域政策具体实施的主要框架。NUTS 分类在 1988 年的共同体立法之后就开始被采用。但是，只到 2003 年，欧洲议会和欧盟理事会关于 NUTS 的规定才获得采纳。从 2004 年 5 月 1 日开始，欧盟 10 个新成员国的区域也被纳入 NUTS 体系之中。该规定的重要目的在于通过尽可能平稳的方式对成员国的行政管理结构的变化过程进行管理，从而使这种变化对区域统计的有效性和可比性的影响最小化。

4.3.1 NUTS 的用途

NUTS 的用途主要体现在：

第一，共同体区域统计的资料收集、发展和协调。在 20 世纪 70 年代，NUTS 逐步取代了不同统计领域的特殊区域划分（例如农业区、交通区等）。同时以 NUTS 为基础，计算国民收入的区域账户获得了发展，对共同体统计调查的区域部分进行了定义。

第二，区域的社会经济分析。在不同的区域之间按照大小建立起相关性的同时，NUTS 还提供了多个分析层次。1961 年由委员会组织的关于区域经济学的布鲁塞尔大会发现 NUTS2（基本区域）是成员国实施它们的区域政策的框架，因此也是分析区域和国家层面区域问题的最佳层次。NUTS1（包括基本区域的主要社会经济区域划分）应该主要被用来分析共同体层次的区域问题，例如关税同盟和经济一体化对地区产生的影响等。NUTS3 包括的区域由于过小不便于进行综合的经济分析，可以用于区域问题的特殊诊断并精确地确定需要采取区域措施的具体地点。

第三，用于共同体区域政策的实施。符合结构基金援助要求的落后区域（目标 1 区域）是 NUTS2 层次上的区域。在其他优先目标下的区域主要是 NUTS3 层次上的区域。而每三年就要准备一份共同体关于社会经济发展的定期报告也主要是针对 NUTS2 层次。

4.3.2 NUTS 的基本原则

NUTS 是按照下列原则创立和发展起来的：

第一，NUTS 倾向于制度化的分类，它采用不同的标准将国家领土细分为不同的区域，既有标准区域，也有功能区域。标准区域是政治意愿的表达，它们主要依据分配到领土单元的具体任务、有效和经济地实施这些任务的必要的人口规模的大小以及历史、文化和其他因素来决定。功能区域是根据功能要求来确定的，一般采用地理指标（例如经纬度和土壤类型）或者社会经济标准（例如同质性、互补性和区域经济的极化）。由于数据的可获得性和区域政策实施等方面的实际原因，NUTS 主要以成员国目前采用的制度划分（institutional divisions）为基础建立起来，即建立在既定的行政区划的基础上。

第二，NUTS 倾向于一般意义上的区域单元。特定活动领域的领土单元（例如矿区、铁路交通区域、农场区和劳动力区域）有时会在特定的成员国使用。但是 NUTS 不包括特殊的领土单元和地方一般意义上的领土单元。

第三，NUTS 是一种三级分类。它将每一个成员国划分为若干个 NUTS1 区域，每一个 NUTS1 区域又被划分为若干个 NUTS2 区域，NUTS2 区域又被划分为若干个 NUTS3 区域。但是在不考虑市政当局的情况下，成员国的行政结构一般包括两个主要的区域层次（德国的“länder”和“kreise”，法国的“regions”和“departments”，西班牙的“comudidades autonomas”和“provincias”，意大利的“regioni”和“provincie”等）。这样 NUTS 的三级划分就不能完全与成员国的行政结构相吻合。在每一个 NUTS 层次上设立的具有可比性的领土单元集合涉及在每一个成员国建立除上述两个主要层次之外的附加区域层次。因此，这一附加层次与次要的甚至是不存在的行政结构相对应，它的类别会根据成员国的情况在 NUTS 的三个层次上发生变化，例如法国、意大利、希腊和西班牙的 NUTS1，德国的 NUTS2，比利时的 NUTS3 等。NUTS 规定了每一种类型的 NUTS 区域的人口上限和下限。NUTS1 是在 300 万和 700 万之间，NUTS2 是在 80 万和 300 万之间，NUTS3 是在 15 万和 80 万之间（参见表 4-5）。在更加细化的层次上，还有行政区和市，它们被称为是“地方行政单元”（Local Administrative Units，或 LAU）而不用遵守 NUTS 的规定。委员会可能还会在 2 年之后，公布将 NUTS 分级分类法延伸到第四层次的可行性报告，将这种地方行政层次纳入 NUTS 中。

表 4-5　　欧盟 NUTS 分级法的分级标准

层　次	人口下限	人口上限
NUTS1	3000000	7000000
NUTS1	800000	3000000
NUTS3	150000	800000

资料来源：欧盟官方网站。

4.3.3　NUTS 的主要特点

目前的 NUTS 分类是从 2003 年 7 月 11 日开始生效的，它将 2004 年 5 月 1 日欧盟扩大之后的 25 国划分为 89 个 NUTS1 区域、254 个 NUTS2 区域和 1 214 个 NUTS3 区域。在地方层次上，规定了两个地方行政单元（LAU）层次。LAU 中的第一层，也就是过去的 NUTS4 层次，仅仅在下列国家中存在，例如芬兰、希腊、爱尔兰、卢森堡、葡萄牙和英国。LAU 中的第二层，也就是过去的 NUTS5 层次，按照 2003 年的情况包括欧盟 15 国中的 95 152 个市及其平行单位。具体划分情况参见附表 4-1。

尽管欧盟试图确保大小具有可比性的区域都划归在同一个 NUTS 层次中，但是每一个 NUTS 层次中仍然包括一些在面积大小、人口、经济实力和行政力量方面具有较大差异的区域。在共同体层次上的这种异质性一般仅仅是成员国具体情况的反映。在面积方面，最大的区域在瑞典和芬兰，例如芬兰的 NUTS1 区域 Manner-Suomi 面积达到了 303 000 平方公里，瑞典的 NUTS2 区域 Övre Norrland 和芬兰的 NUTS2 区域 Pohjois-Suomi 面积分别达到了 154 310平方公里和 133 580 平方公里，瑞典的 NUTS3 区域 Norrbottens län 和 Västerbottens län 以及芬兰的 NUTS3 区域 Lappi 的面积则达到了98 910平方公里、55 400 平方公里和 93 000 平方公里。

如果从人口方面的情况来看，按照 2000 年的数据，不同区域之间也存在显著的差异。在 NUTS1 层次上，德国的 Nordrhein-Westfalen 和意大利的 Nord-Ovest 拥有的人口最多（分别是 1 800 万和 1 500 万），而芬兰的 Åland 自治区仅拥有 26 000 人口，成为 NUTS1 区域中人口最少的区域。在 NUTS2 层次上，Île de France 和 Lombardia 分别有 1 100 万和 900 万人口，而另有 13 个区域（多半是边远地区和岛屿）的人口少于 30 万，包括 Åland，Burgenland，Guyane，Ceuta，Melilla，Valle d'Aosta/Vallée d'Aoste，Belgian Luxembourg，La Rioja，Corse，Açores，Madeira 以及希腊的两个区域 Ionia Nisia 和 Voreio Aigaio。在 NUTS3 层次上，西班牙的马德里和巴塞罗那省，意大利的米兰、罗马和那不勒斯省，德国的柏林市和希腊的 nomos of Attiki 都有超过 300 万的人口，而德国、比利时、奥地利、英国和希腊还有一些 NUTS3 区域其人口还不到 5 万。欧盟 NUTS 区域的面积和人口的基本情况参见附表 4-2 和附表 4-3。

4.3.4　成员国的行政单元和小行政单元

规定根据成员国的行政分级层次对 2004 年 5 月 1 日欧盟扩大之前（即欧盟 15 国）成员国不同的行政单元进行了划分，即：

NUTS 1：比利时的"gewesten/regions"、德国的"lander"、葡萄牙的"continente"、"região dos açores"和"região da madeira"、英国的"scotland，wales，northern ireland"和"government office regions of England"。

NUTS 2：比利时的"provincies/provinces"、德国的"regierungsbezirke"、希腊的"periferies"、西班牙的"comundidades y ciudades autonomas"、法国的"régions"、爱尔兰的"regions"、意大利的"regioni"、荷兰的"provincies"和奥地利的"länder"。

NUTS 3：比利时的"arrondissements"、丹麦的"amtskommuner"、德国的"kreise/kreisfreie städte"、希腊的"nomoi"、西班牙的"provincias"、法国的"départements"、爱尔兰的"regional authority regions"、意大利的"provincie"、瑞典的"län"和芬兰的"maakunnat/landskapen"。

在规定实施的六个月之内，委员会根据规定中列举的欧盟 15

国小行政单元，公布了NUTS3层次的领土单元的组成清单。这其中包括比利时的“gemeenten/communes”、丹麦的“kommuner”、德国的“gemeinden”、希腊的“demoi/koinotites”、西班牙的“municipios”、法国的“communes”、爱尔兰的“counties/county boroughs”、意大利的“comuni”、卢森堡的“communes”、荷兰的“gemeenten”、奥地利的“gemeinden”、葡萄牙的“freguesias”、芬兰的“kunnat/kommuner”、瑞典的“kommuner”和英国的“wards”。

4.3.5 NUTS的最新变化

在每年的下半年可以对NUTS分级法作出修改，而两次修改之间应至少间隔3年。成员国将对行政单元进行的所有修改以及会对NUTS分级法产生影响的变化（例如会对NUTS3区域边界产生影响的NUTS组成要素的改变等）通知委员会。如果小行政单元的调整使得NUTS3层次的相关领土单元1%以上的人口转移到了小行政单元，这种调整将会改变整个NUTS分级法。在成员国的非行政单元，只有当这种调整会改变按照欧盟所有领土单元的人口统计学的尺寸大小计算的标准偏差时，NUTS分级法才能够进行调整。

目前欧盟使用的NUTS分级标准与1999年采用的NUTS标准相比有了一些最新的发展和变化，主要体现在下列一些方面：

第一，出现在NUTS多个层次中的区域现在在每个层次都拥有一个唯一的编号，这意味着NUTS的层次决定了NUTS编号的长度。

第二，在每一个欧盟成员国还设置了附加区域数据的编号，这种编号一般标签为“extra-regio”。它覆盖了一些特定区域的活动，包括成员国不属于任何一种区域的大陆架、国家的领空以及地处国外的使领馆等。

第三，绝大多数的领土变化发生在NUTS2层次上。只有德国的两个合并变化发生在NUTS3层次上。由于这个原因，如果统计数据在NUTS3层次上是可以获得的，那么为了能够从所有新创立的或经过改进的区域获得数据，就必须进行数据的重新集合。

第四，许多没有变化的区域名字发生了改变，特别是在比利时，还包括西班牙和意大利。

第五，德国的 Land of Brandenburg 创立了两个 NUTS2 层次上的新的区域。这些区域不具有行政管理的机构和职能。而在 NUTS2 层次上位于 Land of Rheinland-Pfalz 的三个区域现在也是一样的情况，它们领土的范围也没有发生改变。在 NUTS3 层次上，柏林现在仅仅是一个区域，汉诺威及其乡村地区也被合并为一个地区。西班牙的 NUTS2 区域 Ceuta y Melilla 被分成了两个区域 Ceuta 和 Melilla。几个 NUTS3 区域的编号也发生了改变以反映西班牙使用区域语言的决定。在意大利，NUTS1 区域进行了重新的安排，而这一层次的区域的数量从 11 个减少到 5 个。在 NUTS2 层次，一个区域被一分为二，从而使区域的数量增加了一个。葡萄牙首都附近的 NUTS2 区域进行了重新安排。芬兰的 NUTS2 区域进行了重新安排，从而使得这一层次区域的数量减少了一个，1999 年以来仅仅只有两个 NUTS2 区域没有发生变化。

第六，对于 2004 年加入欧盟的新成员国，与过去使用的统计区域相比发生了下面的一些变化。在多个 NUTS 层次上发生变化的所有区域现在在每一个层次上有了一个唯一的编号，这意味着 NUTS 的层次决定了 NUTS 编号的长度。匈牙利引入了一个 NUTS1 区域。波兰引入了一个 NUTS1 区域，一些 NUTS3 区域进行了重新安排，特别是 NUTS2 区域 Slaskie。在拉脱维亚，NUTS3 层次的区域进行了重新安排，数量从过去的 5 个增加到 6 个，只有两个没有发生变化。捷克和立陶宛，NUTS3 区域的名字也发生了一些变化。

4.3.6　欧洲自由贸易区（EFTA）和欧盟候选国的统计区域

欧洲经济区（EEA，European Economic Area）包括 28 个国家，其中有 25 个欧盟成员国和 3 个 EFTA 国家（冰岛、列支敦士登和挪威）。第四个 EFTA 国家瑞士不是欧洲经济区的一部分。NUTS 主要是针对欧盟 25 国的。对于 EEA（European Economic Area）的其他成员国以及瑞士也采取了类似 NUTS 的方法进行区域的划分。对于欧盟的3个候选国，2个正处于加入欧盟的进程中，欧洲统计局定义了一种统计区域（Statistical Region）。统计区域主要定义了三个层次，另外还有两个地方行政单元层次，这样做是为了定义一套与NUTS相类似、可以进行过渡的区域等级体系。加入欧盟之后，在这些国家划分的统计区域由于得到双方的认可，因此可以成为NUTS的一部分并服从NUTS的各项规定。对于欧盟的候选国和EFTA成员国而言，它们需要区域层次的统计信息。为了取得一般意义上的共同定义，欧洲统计局和相关国家的统计机构一致认为这种统计区域层次是根据类似于NUTS的基本原则定义的，在可能的情况下将会被欧盟委员会用于统计目的。但是，这种分级方法不会阻碍和排斥NUTS的决定。

4.3.7 对欧盟区域政策实施对象的分析

欧盟区域政策的实施是建立在NUTS的基础上的，这实际上就是欧盟框架下统一的行政区划体系和领土划分标准。无论是NUTS的三个层次，还是LAU的两个层次，一般都对应着一定的区域行政当局和政府机构，它们履行着相应的政府职能。当然，依照欧盟在每一个具体层次上确定的面积和人口标准（当然也不会拘泥于这些标准），同时由于不同国家的具体情况的不同，因此有些国家并不是在这一体系中的五个层次上都有对应的行政当局，可能在某些层次上有缺位的现象。但是，这并不影响欧盟区域政策的实施。因为，NUTS体系在欧盟15国已经建立起来并逐步走向成熟。2004年新入盟的10个中东欧国家由于在过渡期已经建立起了LAU两层体系，现在的问题是按照欧盟统一的标准和要求将这种LAU体系延伸为NUTS体系。欧盟区域划分的格局是相对稳定的，在短期内也是难以发生较大变化的格局。因此，在不久的将来，NUTS体系将会覆盖到整个欧盟并成为未来欧盟解决其因扩大而日益突出的区域问题的依托。

NUTS的这种领土划分体系是欧盟区域政策实施的基础，也是欧盟扩大后解决其区域问题的主要对象。对于所有的NUTS区域，欧盟都进行了统一的编号，以方便管理和运作。当然，欧盟的这种

NUTS体系也不是一成不变的，它会根据经济发展的具体情况和地方的要求进行相应的改进以适应不断变化的客观需要。同时，尽管NUTS具体分为多个层次，但是区域政策的实施是以特定的NUTS2层次作为基本层次的，这也成为区域政策实施的主要对象，它既避免了面积和人口规模过小难以产生扩散效应以及难以进行统计分析的问题，也避免了面积和人口规模过大不利于问题的识别和解决的问题。选择特定的层次（也就是拥有特定面积和人口规模的区域）作为区域政策实施的关键对象无疑是欧盟的明智做法。

第5章　欧盟区域政策的政策工具

欧盟区域政策的政策工具主要包括基金工具和贷款工具。而欧盟区域政策的政策工具（尤其是基金工具）在2000—2006年规划期走向了成熟和完善，因此下面主要从2000—2006年和2007—2013年这两个规划期来深入分析欧盟区域政策的政策工具。

5.1　2000—2006年规划期

在欧盟区域政策产生之初，与区域政策相关的各种基金为政策的实施发挥了非常重要的作用。欧盟区域政策的基金工具主要包括结构基金、团结基金、赈灾基金和入盟准备基金，它们分别从不同的角度支撑着欧盟的区域政策。

5.1.1　结构基金（the Structural Funds）

结构基金主要是由四种基金所组成，即欧洲区域发展基金（the European Regional Development Funds，简称ERDF）、欧洲社会基金（the European Social Fund，简称ESF）、欧洲农业指导与保证基金中的指导部分（the European Agricultural Guidance and Guarantee Fund，简称EAGGF）和欧洲渔业指导金融工具（the Financial Instrument for Fisheries Guidance，简称FIFG）。

1. 欧洲区域发展基金（ERDF）

欧洲区域发展基金主要是为缩小地区差距、支持工业地区的经济发展和结构调整以及实现欧盟所有地区均衡的社会经济发展提供资金援助。该基金主要聚焦于竞争、创新、创造就业和实现经济增长，它主要对生产性投资、基础设施建设、技术创新以及为商业提供的服务等领域提供资金支持，这具体体现在以下几个方面：第一，鼓励能创造和保证充分就业的生产性投资；第二，鼓励基础设施投资，尤其是有利于目标 1 区域经济发展、结构调整和实现充分就业以及有利于实现所有相关区域多样化发展的基础设施建设，改善经济中心、工业区、萧条的城市地区、乡村地区和渔业区的交通条件也是资金资助的重点，此外，横跨欧洲的交通、通信和能源网络建设也是该基金投资的重点；第三，通过推动当地经济发展、创造就业和促进中小企业的发展充分，发挥地区潜力，主要表现在资助为企业提供的各种服务、技术的转化、金融工具的发展以及对投资的直接援助和为地方提供基础设施；第四，对目标 1 区域教育和健康的投资。这四方面具体措施所支持的投资领域包括生产环境的开发、研究和技术开发、信息社会的发展、环境的保护和改善、在就业上的男女平等以及跨国和跨区域合作。

在 2000—2006 年，欧洲区域发展基金还另外增加了以下三个方面优先投资重点，第一，发展在知识和技术革新基础上的地区经济，主要帮助不发达地区提高技术水平；第二，建设有利于地区发展的信息社会；第三，实现区域的可持续发展，通过将经济、环境和社会行为结合在一起来提高区域的融合度和竞争力。在 2000—2006 年，该基金每年在这三方面的投资将达 4 亿欧元。对于满足条件的目标 1 区域相关项目，该基金会提供项目所需金额的 80%；对于满足条件的目标 2 区域相关项目，基金提供的资金援助一般占项目所需金额的 50%，最高不超过 60%。

2. 欧洲社会基金（ESF）

欧洲社会基金的宗旨主要是与失业作斗争、开发人力资源和实现劳动力市场的社会融合，以此来提高就业水平、为男人和女人提供相同的就业机会、实现可持续发展和经济社会的融合。在 2000—2006 年，欧洲社会基金将提供 700 亿欧元的资金援助，它主要在以下五大关键政策领域提供援助：第一，开发富有活力的劳动力市场，以此来预防失业并与失业作斗争、避免长期失业、使长期失业者重新实现就业、支持年轻人融入劳动力市场和鼓励那些短期离职的劳动者重新回到工作岗位上；第二，为劳动力市场上的所有劳动者提供相同的就业机会，特别关注那些社会弱势群体；第三，促进和改善职业培训和教育，推行终身教育；第四，培育有技术的、培训良好的和具有适应性的劳动力以及具有创新性和灵活性的劳动力组织和企业家；第五，采取特别措施鼓励妇女积极加入劳动力市场，例如职业设计、提供新的就业机会和自主创业等。在一般情况下，欧洲社会基金主要提供三种形式的援助：一是对个人的资助，这是欧洲社会基金提供资助的主要形式，它主要涉及职业培训、职业教育和就业指导等方面；二是为那些支持和鼓励提高劳动者效率的机构和体制提供资金援助；三是一些辅助性措施，主要是为受赡养者提供服务和设施、提高全社会的技术培训水平和使社会成员了解信息革命的最新进展。此外，欧洲社会基金在运作时要以各成员国制订的国家就业行动计划中的优先目标为基础来提供资金援助。

3. 欧洲农业指导和保证基金（EAGGF）

欧洲农业指导和保证基金主要是为欧盟的共同农业政策提供资金支持，它占据了欧盟财政预算开支的一大部分。在欧洲社会和经济融合政策的框架下，该基金主要是支持农业的发展和农业产业结构的调整，其投资领域主要包括以下几方面：第一，农业现代化、降低农业生产成本、提高产品质量和改善环境；第二，鼓励年轻的农民从事农业劳动并对他们进行职业培训，同时鼓励年老的农民提前退休；第三，对于那些享受不到优惠政策的地区提供补偿；第四，鼓励采取农业环保措施；第五，农业产品的加工和市场化；第六，森林的开发和最优利用；第七，通过提供各种服务、支持当地经济发展以及鼓励旅游业和手工业活动来推动农村地区的发展。该基金主要由指导部分和保证部分两部分所组成，对于目标 1 区域，其资金援助主要是来源于指导部分，但是其中涉及的补偿性开支、对提前退休者的资助、农业环保措施和森林开发措施仍由保证部分提供资助，而目标 1 之外的所有地区均由保证部分来提供资金支持。在欧盟区域政策的运行过程中，主要是该基金的指导部分发挥作用。

4. 欧洲渔业指导金融工具（FIFG）

在 1994—1999 年，欧洲渔业指导金融工具主要是为推行共同渔业政策服务，它支持渔业和水产业的结构调整措施、鼓励渔产品的加工和市场化，并为渔业的发展和现代化提供良好的条件。在 2000—2006 年，欧洲渔业指导金融工具资助的总金额达 11.06 亿欧元，其资助重点也有了调整，主要是为实现渔业资源和渔业开发的平衡提供帮助，提高渔业内部产业结构的竞争力，推动行业内部企业的发展，提高渔产品和水产品的附加价值，振兴渔业区的经济。在新的历史阶段，欧洲渔业指导金融工具将主要针对以下领域提供经济援助：第一，渔船的快速更新和现代化，这必须与欧盟长期渔业指导计划（MAGP）相协调；第二，捕鱼能力的调节；第三，小规模的沿海渔场；第四，渔业区的社会经济措施；第五，海洋资源的保护；第六，水产业；第七，渔港设施；第八，渔产品和水产品的加工和市场化；第九，发掘新的市场出路；第十，技术创新，特别是与渔业的跨国合作和网络化运作有关的创新行为。

在 2000—2006 年，结构基金的预算金额达 1 950 亿欧元。为了提高对那些经济落后区域的资助力度，结构基金对目标 1 区域高度关注并给予了较大规模的援助，不同类型援助的具体分配如下：1 359 亿欧元（约占结构基金预算金额的 69.7%）被分配给了目标 1；225 亿欧元（约占结构基金预算金额的 11.5%）被分配给了目标 2；240.5 亿欧元（约占结构基金预算金额的 12.3%）被分配给目标 3；11 亿欧元（约占结构基金预算金额的 0.5%）被分配给欧洲渔业指导资助工具，但这不包括其中的目标 1 区域部分；104.3 亿欧元（约占结构基金预算金额的 5.35%）被分配给 Interreg III、Leader+、Equal、Urban II 这四大倡议计划，其中 Interreg III 为 48.75 亿欧元，Leader+为 20.2 亿欧元，Equal 为 28.47 亿欧元，Urban II 为 7 亿欧元；剩下的 0.65% 约 12.7 亿欧元用于技术援助。

2000—2006 年结构基金中各基金工具与区域政策目标之间的对应关系如附表 5-1 所示，其中 ERDF 分别为目标 1、目标 2、目标 3、Interreg III 和 Urban II 倡议计划提供援助；ESF 分别为目标

1、目标2、目标3和Equal倡议计划提供资金支持；EAGGF分别为目标1和Leader+倡议计划提供援助；FIFG则主要是为目标1提供资金支持，此外还包括向非目标1区域提供11亿欧元的资金。结构基金运作必须遵循一定的原则，其基本原则主要是：基金只对所资助的项目提供部分资金；援助的项目要惠及尽可能多的当事人；欧盟的援助不能代替成员国的资助资金；基金的资金要合理管理、监控和评估，并对开支进行严格控制。

5.1.2 团结基金（the Cohesion Fund）

团结基金是帮助欧盟成员国缩小经济、社会差距和稳定经济发展的结构工具。从1994年成立以来，它致力于为符合条件的环境和交通项目提供资金援助，支持力度可以达到项目所需金额的85%，这强化了欧盟内部的凝聚力和团结。基金覆盖的国家是欧盟最不发达的国家和地区，它们的人均国民生产总值低于欧盟平均水平的90%，目前包括希腊、葡萄牙、西班牙、塞浦路斯、捷克、爱沙尼亚、匈牙利、拉脱维亚、立陶宛、马耳他、波兰、斯洛伐克和斯洛文尼亚。1993—1999年的团结基金预算总额为150亿欧洲货币单位（以1992年价格计算），其中1993年为15亿欧元，每年增加，到1999年增加到26亿欧洲货币单位。① 2004—2006年，团结基金的资金总额达159亿欧元（按2004年价格计算），其中有一大半的资金（大约84.9亿欧元）被用在欧盟新成员国身上。从2000年1月1日起有资格获得团结基金支持的国家有西班牙、葡萄牙、希腊和爱尔兰四国。在2004年1月1日，由于爱尔兰的人均国民生产总值已达到欧盟平均水平的101%，因此不再享受团结基金的援助。2004年5月1日欧盟扩大为25国，而所有的新成员国都按其规定成为基金的援助对象。但是结构基金对新成员国的基金援助是有条件的，如果成员国没有能够遵循稳定和增长公约中的

① 张荐华：《欧洲一体化与欧盟的经济社会政策》，商务印书馆，2001年版，第166页。

规定，例如财政赤字超过了规定的数额（西班牙、葡萄牙和希腊为 GDP 的 3%，欧盟扩大后的新成员国的标准会根据其入盟时的财政赤字情况来确定），那么基金的援助就会暂缓。

团结基金主要援助以下两种类型的项目：第一是有助于实现欧盟条约目标的环境项目，特别是与欧盟环境和可持续发展行动计划相关的欧盟环境政策的优先项目。而其中饮用水供给、污水处理、固体废物的处理等项目能优先获得资金援助。第二是交通基础设施项目，特别是在横跨欧洲的交通网络建设项目中明文规定的交通基础设施建设项目。同时，结构基金的资金运用在环境项目和交通基础设施项目之间会保持一定的平衡。申请国必须向基金委员会提交关于所申请项目的可行性研究、所需资金总额以及项目对社会经济和环境的影响等方面的相关资料。结构基金在进行成本—收益分析的基础上，综合考虑项目的经济和社会效益、是否有利于实现欧盟的环境和交通网络目标以及与欧盟其他政策和结构基金所资助其他项目是否协调的基础上决定是否出资。结构基金对其资助的项目的资助力度一般为项目所需资金总额的 85%。如果项目还获得了其他形式的欧盟援助，其援助总金额不能超过项目所需资金总额的 90%。但是对于无法获得一般意义的欧盟技术援助的基础研究和技术支撑等方面的项目，基金能提供 100% 的资金援助。

2000—2006 年，欧盟为团结基金提供了 282 亿欧元（以 2004 年价格计算）的资金，这些资金在欧盟成员国内部的分配如表 5-1 和表 5-2 所示。

表 5-1　**2000—2006 年团结基金对欧盟 4 国的资助情况**

（单位：百万欧元）

希腊	西班牙	爱尔兰	葡萄牙
3 388	12 357	584	3 388

注：对爱尔兰的资金援助截至 2003 年年底。

资料来源：欧盟官方网站。

表 5-2　**2004—2006 年团结基金对欧盟新成员国的资助情况**

（单位：百万欧元）

捷克	93 605	马耳他	2 194
爱沙尼亚	30 903	波兰	417 860
塞浦路斯	5 394	斯洛文尼亚	18 871
拉脱维亚	51 543	斯洛伐克	57 050
立陶宛	60 817	匈牙利	111 267

资料来源：欧盟官方网站。

5.1.3　赈灾基金（the European Union Solidarity Fund）

赈灾基金创建于 2003 年，它是在 2002 年 8 月欧洲中部发生特大洪水之后，在欧盟委员会的提议下建立的一个与结构工具截然不同的全新的金融工具。欧盟成员国和欧盟扩大后的新成员国在遭遇特大自然灾害的时候都有权要求该基金提供援助。当然，赈灾基金不会补偿由自然灾害造成的所有的经济损失，例如私人损失。此外像灾区重建、经济恢复和疾病防治这样的长期性措施也不属于赈灾基金的援助范围，而是由其他的经济工具（最主要是结构基金）提供资金援助。赈灾基金主要是提供快速、有效、灵活的紧急财政援助，具体来讲主要包括下列四方面的内容：第一，快速恢复能源、饮用水、污水处理、交通、通信、医疗和教育等领域的基础设施和企业的生产秩序；第二，提供临时性的住房和紧急服务以满足人们的紧急需要；第三，保护基础设施和文化遗产；第四，清理受灾区。

赈灾基金援助的主要是重大的自然灾害，其直接损失应在 30 亿欧元以上或达到该国 GDP 水平的 0.6%。而受灾害影响的周边国家或新成员国，尽管损失没有达到要求的程度，也能获得相应的援助。此外，影响到区域绝大多数人口、对经济稳定和生活条件产生长期持续性影响的区域性灾害也属于基金资助的范围，其中偏僻地区和边远地区被给予了特别的关注。赈灾基金每年的预算资金为 10 亿欧元，而在每年的 10 月 1 日至少要保留其中的四分之一以备余下的日子使用。除非遇到了特殊事件或出现资金不足，否则不允许动用下一年的预算资金。从 2003 年 10 月底至今，赈灾基金已经为 7 个成员国的 8 项行动提供了 8.33 亿欧元的经济援助。其中前 4 项行动是针对 2002 年德国、奥地利、捷克和法国的水灾，另外 4 项行动是针对西班牙的原油泄漏事件、意大利本土的地震、西西里的火山喷发和 2003 年夏天波兰发生的森林大火。

5.1.4　入盟准备基金（the Pre-accession Funds）

入盟准备基金主要包括为准备加入欧盟的国家服务的一般性金融工具（the General Financial Instrument in the Pre-accession Strategy）、结构政策工具（Instrument for Structural Policies for Pre-accession，简称 ISPA）以及农业和农村发展特殊计划（Special Accession Programme for Agriculture and Rural Development，简称 Sapard）三个部分。

1. 一般性金融工具

欧盟为那些准备入盟的中东欧国家提供了三大金融工具，以便帮助它们做好入盟的准备，而一般性金融工具就是其中之一。它起源于 1989 年对波兰和匈牙利的援助。在 1993 年哥本哈根峰会邀请中东欧国家申请加入欧盟之后，一般性金融工具的目标作了相应的调整，这其中包括显著增加对基础设施的投资力度。而该基金工具真正将注意力完全聚焦于申请国的入盟准备领域是在卢森堡峰会确定了欧盟扩大进程之后的 1997 年。目前它涵盖了 10 个国家，包括 8 个欧盟新成员国（捷克、爱沙尼亚、匈牙利、拉脱维亚、立陶宛、波兰、斯洛伐克和斯洛文尼亚）以及保加利亚和罗马尼亚，主要是帮助它们渡过经济转型和政治变革的时期。到 2000 年，巴尔干西部地区的阿尔巴尼亚、波斯尼亚—黑赛哥维那以及马其顿王国的南斯拉夫共和国也接受到来自于该金融工具的经济援助。到

2001 年，欧盟正式启动一项为巴尔干的重建、发展和稳定提供援助的行动计划，专门为上述国家提供资金支持。

一般性金融工具的目标主要体现在以下三方面：第一，加强公共管理和公共机构的作用以实现欧盟内部的有效运作；第二，促进欧盟法律的趋同，缩短过渡期；第三，促进经济和社会的融合。在1999 年入盟准备基金中的结构政策工具以及农业和农村发展特殊计划创建之后，农业和农村发展方面以及环境和交通领域的基础设施建设方面的项目就分别成为上述两个金融工具的援助范围。在这种情况下，一般性金融工具开始将其焦点转移到这两个金融工具尚未涉及的领域。由于原先接受一般性金融工具援助的 10 个国家中有 8 个在 2004 年 5 月已经成为欧盟成员国，只有罗马尼亚和保加利亚仍旧是候选国的身份，因此欧盟正在对一般性金融工具的援助范围进行调整。2003 年是新成员国项目安排的最后期限，但项目签订的合同将会持续到 2005 年，相应的合同款项的支付持续到2006 年。从 2000—2006 年，欧盟每年为一般性金融工具提供15.87 亿欧元的预算资金以供使用。

2. 结构政策工具

结构政策工具启动于 2000 年，它是欧盟为候选国提供经济援助帮助它们为加入欧盟作好准备的三大金融工具之一。它以团结基金的原则为基础，主要对环境和交通基础设施等欧盟优先发展的领域提供资金资助。它的目标主要包括以下三方面：第一，使申请加入欧盟的国家熟悉欧盟的政策、办事程序和提供经济援助的原则；第二，帮助它们达到欧盟的环境标准；第三，使横跨欧盟的交通网络不断升级和拓展。

2000—2006 年，欧盟每年为结构政策工具提供 10.4 亿欧元（以 1999 年的价格水平计算）的资金。在这一阶段的前四年（2000—2003 年），它主要为中东欧即将加入欧盟的 10 个国家的300 多个大型基础设施投资项目提供资金，其基金资助总金额达 70亿欧元，涉及的项目投资总额达 116 亿欧元（以当前价格水平计算）。2004 年欧盟扩大后，按照 2002 年 12 月哥本哈根峰会的决定，结构政策工具的主要资助对象国是保加利亚和罗马尼亚，其余的中东欧国家在加入欧盟后主要由团结基金提供援助。2004 年 6 月布鲁塞尔峰会批准了克罗地亚获得结构政策工具援助的资格，

从 2005 年 1 月起生效。在 2004—2006 年，结构政策工具获得的欧盟预算资金为 15.3 亿欧元（以 2004 年价格水平计算），它在主要国家的分配情况如表 5-3 所示。

表 5-3　**ISPA 在主要国家的分配情况**

（单位：百万欧元）

	保加利亚	罗马尼亚	克罗地亚	合计
2004 年	135.5	316.5		452
2005 年	146.8	342.6	25	514.4
2006 年	158.2	368.8	35	562
合计	440.5	1 027.9	60	1 528.4

资料来源：欧盟官方网站。

3. 农业和农村发展特殊计划

农业和农村发展特殊计划也是从 2000 年开始运作，主要是为预备加入欧盟的中东欧国家在准备加入欧盟的共同农业政策和单一市场的特殊时期提供专项资金援助。此外，它还对那些有助于提高农业和食品工业的生产效率和竞争力以及在农村创造更多的就业机会和实现可持续发展的举措提供资金援助。它主要涉及两方面目标：第一是为欧盟在农业方面法律法规的实施作出贡献；第二是解决存在于农业和农村的特殊的以及需要优先解决的问题。在 2000—2006 年，该项特殊计划每年的预算开支为 5.29 亿欧元（以 2000 年价格水平计算），这部分资金在主要国家的分配情况如表 5-4所示。

表 5-4　　**Sapard 在主要国家的分配情况**

（单位：百万欧元）

保加利亚	53.026	拉脱维亚	22.226
捷克	22.445	波兰	171.603
爱沙尼亚	12.347	罗马尼亚	153.243
匈牙利	38.713	斯洛文尼亚	6.447
立陶宛	30.345	合计	529.000
斯洛伐克	18.606		

资料来源：欧盟官方网站。

农业和农村发展特殊计划对资金采取的是分散化管理，所有的参与国必须采取的机制与现有欧盟成员国按照欧盟法律的规定在实施欧洲农业指导和保证基金所必须采用的机制相类似。每个参与国都要成立一个相应的机构来处理与农业和农村发展特殊计划有关的事宜，主要包括挑选和管理项目、安排项目开支并进行有效控制。由于会有许多的农业项目希望获得这一特殊计划的资助，因此在挑选项目的时候会遵循以下三大优先原则：一是有利于提高市场效率、产品质量和健康水平的项目；二是能维持和创造就业的项目；三是有助于保护环境的项目。而且所有的项目都是由欧盟和相关国家共同出资，这一方面有利于提供足够的资金，另一方面也有助于使相关的国家承担起自己的责任。在一般情况下，欧盟的资金最多占项目所需资金总额的 75%，剩下的 25% 由项目所在国承担。对于具有公共产品性质的项目，欧盟提供其中的 75%，剩下的 25% 留给项目所在国的政府。而对于那些能够产生利润的投资项目，私人投资所占的比重最少必须达到 50%。对于技术方面的援助项目，欧盟最多会提供项目所需资金的 100% 以鼓励技术创新。

5.1.5　欧洲投资银行提供的贷款工具

欧洲投资银行是根据 1957 年关于成立欧洲经济共同体的罗马

条约设立的，主要是为欧洲经济一体化提供资金支持。1993 年以来，它的贷款额已经超过世界银行，成为世界上最大的多边优惠信贷提供者，例如在 1996 年其贷款总额就已经达到 232 亿欧洲货币单位。① 在设立之初，欧洲投资银行就将促进欧洲经济和社会的融合作为其优先考虑的重要目标，以此来支持经济落后地区经济的发展，从而应对欧盟扩大所带来的挑战。在 2004 年，有 280 亿欧元的资金被投入到援助地区，其中的 71% 是对欧盟 25 国的融资。欧洲投资银行资金的投向主要是交通和通信基础设施、对工业和服务业的投资、城市基础设施以及健康和教育基础设施。

欧盟扩大后，其成员国在经济发展水平上的差距进一步扩大。为了解决这一问题，欧洲投资银行为欧盟的 10 个新成员国提供了贷款援助，其目的是帮助它们将本国经济融入欧洲共同市场。其实对于新成员国的资金支持最早是始于 1990 年的入盟准备阶段，在这一阶段欧洲投资银行为中东欧国家的建设项目提供了总计 250 亿欧元的贷款，涉及的领域主要包括交通和通信基础实施、能源节约、水和环境、工业和服务业、健康和教育基础设施以及中小企业和当地政府的建设。其中交通项目动用了欧洲投资银行该部分资金的 50%（包括每个国家的公路和铁路建设），工业、环境和通信项目使用了其中的 15%，能源、健康和教育项目占其中的 10%。欧洲投资银行单个项目贷款金额最多为项目所需资金总额的 50%，一般为三分之一。在通常情况下，它不会单独提供资金，而是与其他的银行和欧盟预算内的相关基金合作，为相关项目提供财政援助的一揽子计划。此外，它还非常注重和支持外国直接投资，因为只有资金、投资渠道和项目相结合才能促进出口、提高生产能力和推动经济的现代化。

2005 年 10 月欧盟委员会和欧洲投资银行启动了两项联合行动计划来帮助其成员国和那些已被同意加入欧盟但尚未加入的国家。

① 祝宝良、张峰：《欧盟地区政策》，中国经济出版社，2005 年版，第 94 页。

这两项行动计划分别是欧盟区域项目筹备联合资助计划（Joint Assistance for Preparing Projects in European Regions）和欧盟中小企业联合资助计划（Joint European Resources for Micro-to-Medium Enterprises）。这两项联合行动计划实现了欧盟委员会、欧洲投资银行、欧洲投资基金、欧洲重建和开发银行以及其他国际金融机构之间更紧密的合作。欧盟区域项目筹备联合资助计划主要是帮助成员国设计和筹备欧盟结构基金和团结基金所支持的大型项目，其中对公共机构的技术援助服务是完全免费的。该项联合资助计划的人员结构是由50多名技术、经济和金融分析方面的专家所组成，它一方面会充分利用欧洲投资银行的专家资源，另一方面也会以欧洲投资银行位于卢森堡的总部和分散于各成员国的地区办事处为基础来展开各项工作。这项联合资助计划将于2006年开始运作。该计划最大的受益国是10个欧盟新成员国以及希腊、葡萄牙、西班牙、罗马尼亚和保加利亚这些经济落后的国家。它所涉及的援助领域包括交通和环境项目、能效、可再生能源、联合运输系统、城市交通、学校和医院、研究和开发以及工业开发项目等。此外，每个援助国都不存在固定的受惠项目数量的限制。欧盟中小企业联合资助计划主要是为中小企业融通资金服务的，它有助于鼓励商业活动（特别是具有较高创新性的活动）的开展，从而推动区域乃至整个欧盟经济的发展。

5.2 2007—2013年规划期

在2007—2013年规划期，在2000—2006年规划期发挥了较大作用的结构基金发生了明显的变化。原先结构基金中所包括的欧洲农业指导和保证基金（EAGGF）和欧洲渔业指导金融工具（FIFG）由于是主要针对农业的基金工具，在新规划期它们被并入欧盟的共同农业政策之中，因而不再作为欧盟区域政策的政策工具。同时，主要用于解决区域问题的结构基金这一在特定时期存在的基金工具包也不复存在。但是欧洲区域发展基金（ERDF）和欧洲社会基金（ESF）作为欧盟区域政策的主要政策工具仍旧得到保留并继续发挥它们的作用。团结基金没有发生太大的变化。但是，2000—2006 年规划期的入盟准备基金发生了比较大的变化。在 2007—2013 年新规划期，入盟援助工具（the Instrument for Pre-Accession Assistance，简称为 IPA）整合了欧盟为候选国和潜在候选国准备的一系列援助项目（例如 PHARE、PHARE CBC、ISPA、SAPSRD、CARDS 以及针对土耳其的财政工具），从而成为在新规划期欧盟为中东欧国家提供财政援助和支持的主要工具。旨在加强跨边境、跨国和区域合作的欧洲领土合作分组计划（European Grouping for Territorial Cooperation，简称 EGTC）在 2007—2013 年规划期也会变得异常活跃。

在新的规划期，区域政策的各项基金作为成员国、区域和地方层次各种行动的补充主要为规划期的三大目标提供资金援助（尤其是提高竞争力和创造就业）。欧盟委员会和成员国将会确保基金的各项援助符合共同体的各种政策和优先目标，确保它们也与共同体的其他援助工具相容。在欧盟超国家层次，《共同体融合战略纲要》将会按照融合政策的要求并结合修订后的里斯本战略确定共同体的优先领域。每一个成员国在申请项目的时候要准备《成员国战略参考框架（2007—2013）》以便为基金项目作准备。它必须要在“战略纲要”被采纳之后送交到委员会，以确保基金提供的援助与“战略纲要”相一致。“参考框架”也明确了欧盟融合的优先领域与成员国在“广义经济政策纲要”（Broad Economic Policy Guidelines，简称 BEPG）和欧洲就业战略（简称 EES）的框架下所进行的改革项目之间的联系。从 2007 年开始，每一个成员国还必须在年度改革项目的执行报告中包括由基金提供共同援助的操作项目（Operational Programme）对成员国改革项目的贡献这一内容。

成员国的操作项目只能应对区域政策三大目标中的一个，并且只能从一种基金中获得援助。委员会将会对每一个项目进行评估以决定它是否对区域政策的目标以及成员国战略参考框架和共同体融合战略框架中的优先领域有贡献。与集中、区域竞争力和就业目标有关的操作项目必须包括以下一些内容：在共同体融合战略框架和成员国战略参考框架下对优先领域的判断、优先领域和它们的特定目标的信息、财政计划、操作项目的执行规定，对于总开支超过2 500万欧元环境项目和总开支超过5 000 万欧元的其他项目还需要提供与各种工作、活动或服务有关的主要项目的清单。与2000—2006 年相比，在政策层面上，每一个成员国要以共同体的战略纲要为基础准备一份文件作为项目准备的框架；在操作层面上，共同体将主要以成员国的战略参考框架为基础审批各种项目。在共同体的发起下，欧盟的各基金能够为项目执行和实施过程中相关的财政准备、监控、管理、技术支持、评估、审计以及必要的检查提供不超过其年度财政分配资金 0.25% 的资金。但在成员国运作的过程中，针对集中、区域竞争力和就业目标的项目，这一部分的资金可以占到项目所分配的总资金的 4%，针对欧洲领土合作目标的项目上限可以达到 6%。

区域政策的各项基金主要根据一些标准来确定其援助的数量和比例，这其中包括特定问题的严重程度、欧盟的各项优先领域的优先性、环境的保护和改善、对私人投资的动员性等。操作项目能够从各项基金中得到的援助数量将会主要根据满足条件的公共和私人投资总开支或者仅仅是满足条件的公共开支来计算。对于每一个优先领域，各基金的贡献率不能少于公共开支的 20%。技术援助开支最高可以获得全部的补偿。各优先领域和各种运作只能同时接受一种基金和一个操作项目的财政支持。对于商业而言，公共援助的总金额必须遵守为成员国援助设立的上限要求。同时，由基金提供部分援助的开支不能使用共同体其他财政工具的资金。成员国对操作项目的管理和控制负有全责。它们要确保按照欧盟的规定建立起管理和控制体系，预防、监测以及纠正违规行为和不正当支付行为。由成员国建立的操作项目的管理和控制体系将包括下面的一些内容：进行管理和控制的机构的功能定义、这些机构之间功能划分的原则、确保操作项目资金使用正确性和规范性的程序、可信的会计、监控和财政报告体系、当主管机构将任务委托给另一个机构时的报告和监控体系、对体系的功能进行审计的安排、确保有足够的查账索引的体系和程序、对违规行为和不正当支付行为的报告和监控体系。对每一个操作项目，成员国要指派一个管理机构（管理操作项目的成员国、区域或地方的公共管理当局或者公共或私人机构）、一个认证机构（对上交给委员会的开支和资金运用情况进行认证的机构，可以是成员国、区域或地方管理当局或机构）和一个审计机构（为每一个操作项目指派的成员国、区域或地方管理当局或机构，负责验证管理和控制体系功能的有效性）。

为了改善援助的质量、有效性和一致性，欧盟会对与基金有关的文件和活动进行评估。这些评估活动根据成员国和委员会的贡献并按照比例性原则由成员国或欧盟委员会负责安排。它们由独立的评估者完成而且结果要公之于众。有两种储备资金进一步保证了基金的有效性：一是针对集中、区域竞争力和就业目标，按照总资源的 3% 设立的"成员国绩效储备"；二是"成员国意外事故储备"，对于集中目标占到预算安排的 1%，对于区域竞争力和就业目标占到 3%，它的任务是处理部门或地方因为经济、社会或商业结构重组而引发的危机。成员国以及操作项目的管理当局将为市民和受益人提供与接受资助的操作项目有关的各种信息，以凸显共同体的作用并确保来自基金的援助是透明的。

5.2.1　欧洲区域发展基金（ERDF）

在新规划期，欧洲区域发展基金提供的援助主要聚焦于集中、区域竞争力和就业以及欧洲领土合作这三个主要的优先领域，特别是有助于创造可持续就业的工业投资、基础设施建设、支持区域和地方发展的措施（例如为商业特别是中小企业提供支持和服务）和技术援助。

在集中这一优先目标领域，ERDF 主要将其提供的资金用于支持可持续的经济一体化发展和创造可持续的就业。成员国的操作项目主要旨在实现现代化和区域经济结构的多样化，特别是研究和技术发展、创新和企业家精神、信息社会、环境、风险防治、旅游、文化投资、交通投资、能源、教育投资、健康和社会基础设施投资以及对中小企业投资的直接援助。

在区域竞争力和就业这一优先目标领域，ERDF 主要资助三大领域，包括创新和知识经济（包括改进区域研究、技术发展、创新能力和企业家精神以及为商业创造新的财政工具）、环境和风险防治（包括恢复受污染的土地、提高能源使用效率、在公共交通领域推动清洁能源的使用以及管理与自然、技术相关的各种风险）以及针对一般经济利益的交通和通信服务（特别是通过改善二次网络和鼓励中小企业使用信息和通信技术）。

在欧洲领土合作这一优先目标领域，ERDF 的援助也是主要集中在三大领域，一是通过可持续领土发展的共同战略来实现跨边境经济、社会和环境发展，例如这涉及鼓励企业家精神、保护和管理自然和文化资源、基础设施的合作使用等；二是建立和发展跨国合作（包括海洋区域的双边合作），其中创新、环境、更好的可通达性和可持续性的城市发展是优先领域；三是通过鼓励区域和地方当局区域政策的有效性，鼓励经验的交流并形成网络。

ERDF 充分考虑了不同区域的特点。帮助城市地区的措施在吸取 URBAN 倡议计划的经验的基础上被合并在操作项目之中。ERDF 采取的行动旨在重新解决城镇的经济、环境和社会问题。对于乡村地区和以渔业为主的区域，ERDF 采取的行动必须集中在经济的多样性上，例如改善可通达性的基础设施、乡村地区的通信网络和服务、新经济行为、改善城市和农村地区之间的联系、乡村地区的重新振兴和旅游业的发展。对于天然就具有发展瓶颈的区域，ERDF 将在可通达性的改善、与文化遗产有关的经济活动、资源的可持续使用和旅游业的开发等方面提供财政投资。最后，对于边远地区，ERDF 会针对这些地区因地理位置而造成的额外成本提供财政补贴，包括冷藏运输服务和运输服务的启动、改善储存方面的条件、生产工具的维护以及解决当地市场的人力资本的短缺等。

5.2.2 欧洲社会基金（ESF）

欧洲社会基金旨在支持国家采取政策推动充分就业、改善质量和劳动生产率、减少社会排他性和区域就业差距，以此来实现均衡的经济和社会发展。一般而言，它提供的资金集中用于创新、区域和跨边境合作、机会均等、促进融合以及移民和少数民族的就业等。在年度和最终的实施报告中必须包括总结上述领域内各种措施的汇总情况方面的内容。

在2007—2013年规划期，ESF主要用于两大优先目标，即针对落后地区的集中目标和通过经济改革来应对现代社会的挑战的区域竞争力和就业目标。这两大目标的优先领域是：第一，增加工人和商业之间的适应性，这包括通过终身教育计划对人力资本进行更大的投资、使得技术具有更好的可获得性、促进企业发展和创新以及采取前瞻性的措施预期和管理经济变革；第二，改善求职者、妇女和移民实现就业的便利性，在这一领域内的机构（特别是就业服务）需要被强化并实现现代化，同时需要采取积极的预防性的步骤尽早明确各种需要，还要采取特别措施推动妇女参与就业市场之中并帮助移民更好地融入社会之中；第三，减少社会排他性、经济弱势和各种歧视；第四，推动人民参与就业管理改革。在集中目标之下，ESF还支持另外两方面的投资领域：第一是对人力资本的更大投资，包括改革教育和培训体制、教育更广泛的参与性、终身教育以及通过研究和创新来开发人的潜力；第二是为了改善政府治理提高机构的能力和效率。此外，基金还资助各成员国进行特殊的区域和地方的制度安排。基金用于集中目标的资金的2%将会被指定用于发展行政能力和支持由雇主和雇员共同参与的商业行动。成员国必须确保非政府机构在一定层次上参与到咨询动议之中。委员会还鼓励技术援助。

ESF提供资金援助的形式主要包括单个的和批量的拨款、贷款、贴息以及商品和服务的采购等。在集中目标领域，它最高可以资助项目公共开支的75%；在区域竞争力和就业领域，它最高可以资助项目公共开支的50%。ESF的资助内容不包括可以重新获得的增值税、拖欠的利息和用于购买设备、不断贬值的动产和土地。但是，由第三方支付的工资和津贴（只要它们是成员国配套资金的组成部分）以及最高不超过申报的直接开支20%且由各种活动引致的间接开支是可以包括在ESF的资助范围之内的。

5.2.3 团结基金（the Cohesion Fund）

按照欧盟委员会的提议，2006年之后团结基金将更好地融入结构基金的运作之中。一方面，基金资助的标准和额度仍保持不变；另一方面，2006年之后只有超过2 500万欧元的环境项目和超过5 000万欧元的交通项目才需要获得欧盟委员会的批准。团结基金在项目选择、项目评价、资金划拨、监控管理以及确保项目及时完成以避免不必要的损失等方面将获得更大的自主权。此外，基金的投向也会发生一些变化，除了主要的交通基础设施项目和环境保护项目之外，还会对提高能效、可再生能源、联合运输和城市公共交通等方面的项目提供援助。

5.2.4 入盟援助工具（the Instrument for Pre-accession Assistance）

根据欧盟的最新决议，在2000—2006年之后的2007—2013年规划期，欧盟将会对入盟准备基金进行改革，合并其中的三大金融工具以及为土耳其入盟提供援助的专项金融工具和为巴尔干西部地区提供经济援助的CARDS援助计划，创立全新的、单一的入盟援助工具（Instrument for Pre-accession Assistance，简称IPA）。它提供的援助是在潜在候选国（包括阿尔巴尼亚、波斯尼亚和黑赛哥维那、黑山和包括科索沃在内的叙利亚）的“欧洲合作伙伴计划”（European Partnerships）和候选国（包括克罗地亚、土耳其和前南斯拉夫的马其顿共和国）的“入盟合作伙伴计划”（Accession Partnerships）的框架下完成的。

1. IPA 的特性

受益国被分为两类，即在入盟过程中的候选国以及在稳定和联合过程中的潜在候选国。在一致和高效的条件下，其他国家也能从 IPA 的援助措施中受益，只要这些措施能成为区域的、跨边界的、跨国的或世界的框架的一部分并且不会与共同体外部援助工具资助的其他项目重复就可以了。IPA 是为满足受益国按照最合适的方式加入欧盟的过程中产生的实际需要而设计的。它主要是支持体制的构建以及法律和人权方面规定的完善，包括基本的自由、少数民族权利、平等和非歧视、政治和经济改革、经济和社会发展、和解和重建以及区域和跨边界合作等。为了确保目标明确、高效和一致的行动，IPA 由五个组件组成，每一个都根据受益国的需要确定优先性。其中的两个组件关心的是所有的受益国，即支持转轨过渡和体制构建的组件和跨边界合作的组件。这些组件旨在为这些国家的体制构建提供资金援助，支持受益国在它们相互之间、与成员国之间或者是在跨边界区域内的行动框架下所进行的跨边界合作。其他的三个组件主要是针对候选国：第一是区域发展组件，用来为这些国家实施共同体的融合政策作准备，特别是欧洲区域发展基金和团结基金；第二是人力资源开发组件，主要是为融合政策和欧洲社会基金的实施作准备；第三是乡村开发组件，主要是为共同农业政策和相关政策以及针对乡村开发的欧洲农业基金（EAFRD）作准备。这样候选国就能在加入欧盟的那一刻全面实施共同体的各项政策措施，潜在的候选国也能够逐步使自己达到共同体的要求。至于针对这两类国家的措施，潜在的候选国能够适用的是与第三、第四、第五组件下的措施相类似的相关措施，但是前提是要在前两个组件的框架之内。主要的区别是这些措施实施的方式，对于实施结构基金和农业基金的各种组成部分，受益国要对共同体的基金进行分散化的管理。

2. IPA 的管理和实施

IPA 是建立在多年期战略规划的基础之上的，而这种多年规划与委员会的东扩文件中所包括的广泛的政治纲领相一致，目前包括一个多年期指导性财政框架文件（简称 MIFF）。MIFF 以表格的形式呈现委员会在未来 3 年基金分配的意向，它建立在相关国家的实际需要和行政管理能力的基础之上并遵循哥本哈根标准。在 IPA 框架下引入的战略规划由为每一个受益国特别设立并覆盖该国主要干预领域的一系列多年期指导性规划文件所组成。而建立在指导性规划文件基础上的一年期和多年期（取决于组件）的项目由委员会最终采纳。

IPA 框架下的援助可以采取以下形式：第一是投资、采购合同或补贴；第二是行政合作，涉及从成员国派出的专家；第三是共同体在受益国的利益基础上采取的行动；第四是预算支持（额外准予并服从监督）。实施各种不同的 IPA 项目需要遵循的参与性和原产地规定相对比较灵活，这样就能够确保政策工具的有效性。采购和援助合同中的参与性针对的是成员国所有的自然人、欧盟成员国或欧洲经济区域（the European Economic Area，简称 EEA）范围内设立的法人、IPA 的受益国或欧洲邻居伙伴计划（the European Neighborhood and Partnership Instrument，简称 ENPI）的受益国以及国际机构。这种参与性还涉及上述范围之外能相应地享受到共同体外部援助的国家的自然人和法人。这种援助分享是以作为捐赠者的一个国家或一些国家为基础的，并服从那些经 IPA 委员会咨询后由欧盟委员会作出的决定。实施这种合同所需要的所有供给品和原料必须遵循原产地规定，也就是说它们必须原产于欧盟或服从上述规定的国家。专家可以不需要遵守国籍条件的限制。但是在一些例外情况下委员会可以不用遵守这些规定。

另外，在实施过程中可能会接受来自欧盟、区域组织、欧盟成员国或第三国（服从互惠性）的部分援助，或者是由欧盟提供资金援助并通过国际组织来实施。在这种情况下，从上述共同资助者获得资金援助的自然人和法人也有资格获得 IPA 援助。按照这一规定，资金的管理要服从在 No1605/2002 规定中确定的共同体基金的一般管理条件，即由委员会来负责实施（管理、监控、评估、报告）。这种管理必须严格服从关于保护共同体财政利益的规定。在这种情况下，委员会和审计院有权在文件的基础上现场对承包人和转包人进行全面审计。欧盟委员会还接受IPA委员会的帮助，设立IPA委员会的目的是确保不同组件准予的各种援助之间的协调一致。但是，在实施区域发展、人力资源开发和乡村发展这些组件的时候，欧盟委员会只在每一项结构基金的框架内接受帮助。IPA的运用还要服从暂停中止条款，适用于没有能够遵循民主原则、法律规定、人权和少数民族权利的所有受益国，位于巴尔干西部地区的国家在改革过程中如果在达到入盟标准方面没有取得足够的进展也适用该条款。欧盟理事会将随后采取相应的措施，在通知欧洲议会之后，采取特定多数原则对委员会的提案进行表决。

5.2.5 欧洲领土合作分组计划（EGTC）

EGTC旨在促进和推动跨边界、跨国和区域合作。与之前治理这种合作的结构不同，EGTC是一个法律实体并拥有所有相关的权利和义务，因此它能够购买和销售货物并雇佣人员。EGTC的构成包括成员国、区域或地方当局、协会以及其他公共机构。EGTC的独特就体现在它在不需要事先通过成员国议会批准并签订国际协议的情况下就能够与不同成员国的政府当局一起完成分组。每个EGTC大会将会特别确定EGTC的名称和总部、成员的清单、覆盖的领域、目标、使命和任务以及期限等方面的内容。

5.3 共同体倡议计划（Community Initiatives，简称CIs）

共同体倡议计划是一种特殊的财政工具，它是由欧盟委员会根据自己的倡议设立的，它主要用来解决那些对欧盟会产生特别重大影响的问题。它的前身是共同体项目（Community Programmes），在1988年的区域政策改革中它成为欧洲区域发展基金优先领域之一。共同体倡议计划具有跨国、跨区域的特点，因而其资金的使用也不限于一个成员国，它通过自下而上的方式实施，同时给予欧盟确定利益相关区域的权力。1993 年，欧盟委员会确定了共同体倡议计划主要用于 5 个优先领域，即跨边境、跨国和跨区域的合作和网络、乡村发展、最边远的区域、就业和人力资源的开发、工业变革的管理。在欧洲议会的提议下，处于危机中的城市区域和渔业的重组也成为共同体倡议计划的优先领域。1994—1999 年规划期，欧盟确定了 13 个共同体倡议计划，其预算开支约占结构基金总额的 9%（参见表 5-5）。

表 5-5 **共同体倡议计划（1994—1999 年规划期）**

单位：百万埃居

	总金额	目标 1 至目标 6
Interreg Ⅱ	3 519	2 613
Leader	1 755	1 081
Regis	608	608
Employment	1 835	958
Adapt	1 626	460
Rechar	459	142
Resider	575	151
Konver	735	280
Retex	603	434
SMEs	1 079	840
Peace	300	300
Urban	885	564
Pesca	297	146

资料来源：欧盟官方网站。

（1）Interreg II

这个共同体倡议计划是将 1990 年所采用的两个倡议计划 Interreg Ⅰ 和 Regen 合并而来。它旨在推动跨区域合作，帮助那些位于欧盟内部和外部边境的孤立区域（特别是目标 1 区域），完善欧盟的能源网络以确保有效的能源管理和共同体的能源安全。它 75% 的资金被用于目标 1 区域，剩余的小部分被用于目标 2 和目标 5b 区域。

（2） Leader（或 Leader II）

这个倡议计划可以追溯到 1991 年。它通过帮助乡村协会、地方当局和乡村行动小组采取推动地方发展的创新战略以及通过帮助当地人民获得必要的技术以便在自身的区域潜力的基础上实施一体化发展战略等途径来推动乡村的发展。此外，它还包括建立促进不同成员国的机构之间进行经验交流的网络，因为它所资助的一些项目是以当地为基础，但对于欧盟其他区域而言则是全新的内容。目标 1 和目标 5b 的乡村区域是符合要求的资助区域。

（3） Regis

这个倡议计划旨在通过经济发展、交通和通信连接以及职业培训来促进最遥远的岛屿区域融入欧盟。满足条件的区域包括法国、葡萄牙和西班牙的一些区域。

（4） Employment（全称为 Employment and the Development of Human Resources）

在欧盟委员会关于增长、竞争和就业的白皮书的基础上设立了这一共同体倡议计划。它包括了 1990 年启动的两项共同体倡议计划 Now 和 Horizon 以及 1994 年新成立的共同体倡议计划 Youthstart。其中 Employment-Now 主要关注妇女的平等机会问题。Employment-Horizon 试图为残疾人、移民、无家可归者、释放的罪犯以及其他弱势群体进入就业市场提供便利。Employment-Youthstart 则是帮助 20 岁以下的年轻人（特别是没有获得足够的职业认证的年轻人）融入劳动力市场。它面向整个欧盟，但是目标 1 区域拥有优先权。而且，它还将会进一步融入欧洲社会基金的其他措施之中。

（5） Adapt

这一倡议计划主要是援助那些在工作实践和技术要求调整方面面临挑战的工人，并对培训项目提供援助。

（6） Rechar

这一倡议计划可以追溯到1989年，它主要是通过基础设施的革新和组织新的经济活动和培训项目来支持煤炭产区的经济结构调整。RECHAR II是对RECHAR的延续，它增加了褐煤开采减产区域，绝大多数是过去的GDR区域。处于目标1、目标2和目标5b之下且相关工业已经造成或可能造成至少1 000人失业的区域符合这一倡议计划资助的条件。同时，满足条件的区域还可以获得结构基金、欧洲投资银行的贷款和贴息。

(7) Resider

这个倡议计划也可以追溯到1989年，它同样也是为那些因为煤炭减产而受到影响的区域提供资金援助。

(8) Konver

这一倡议计划支持传统依靠国防工业的区域实现经济的多样化，主要是通过经济基础的转换来减轻这种依赖性，并鼓励以此为基础向民用工业发展。它们没有必要一定是目标1、目标2或目标5b区域，但是有一半的资金必须要流到这些区域。

(9) Retex

这个倡议计划主要是针对纺织业萧条的区域，帮助它们减少对纺织产业的依赖，同时改善工业的生存能力。绝大多数的相关区域是在目标1、目标2和目标5b下满足条件同时在纺织和服装行业存在至少2 000人失业的NUTS3区域。

(10) Textiles and Clothing in Portugal

这是为葡萄牙专门设立的倡议计划，类似于Retex。

(11) SMEs

这个倡议计划致力于将欧盟关于增长、竞争和就业的白皮书上的观点付诸实施。它帮助任何产业中的中小企业在国际市场中变得有竞争力。这一倡议计划定义的中小企业是雇员不超过250人、资金周转比较有限、大公司拥有的股份不超过25%的企业。该倡议计划预算的80%被分配给目标1区域，剩下的主要流向目标2和目标5b区域。它所提供的援助还可能与欧洲投资银行的贷款和贴息联系在一起。

(12) Urban

这一倡议计划主要旨在改善欧盟解决城市问题的各项措施之间的协调。

(13) Pesca

这一倡议计划主要是通过援助那些受到严重影响的区域来应对渔业产能过剩的危机。它预算的85%被分配给了目标1、目标2和目标5b区域。

在2000—2006年规划期，这些共同体倡议计划作为欧盟区域政策主要政策工具的有益补充进行了进一步的简化，仅有Interreg III、Urban II、Equal和Leader+这4个倡议计划在欧盟区域政策的框架下继续发挥作用。在此期间，104.3亿欧元（约占结构基金预算金额5.35%）被分配给Interreg III、Leader+、Equal、Urban II这四大倡议计划，其中Interreg III为48.75亿欧元，Leader+为20.2亿欧元，Equal为28.47亿欧元，Urban II为7亿欧元。进入2007—2013年规划期，共同体倡议计划被全面融入各项基金的管理之中。

5.4 对欧盟区域政策工具的小结

通过对欧盟区域政策全面成熟期（2000—2006年和2007—2013年规划期）政策工具的论述和分析，我们可以从下面几个方面进行总结：

第一，欧盟区域政策的政策工具主要是从资金运用和资金管理方面来进行划分的，这不同于区域经济学一般理论研究对区域经济政策按照不同的功能和作用所进行的划分。欧盟区域政策最为主要的、也是最为重要的是基金工具，其次是贷款工具。因此研究欧盟区域政策的政策工具也就是着重研究各主要的基金，研究它们的划分和分工，研究它们具体的资金管理和投向，研究它们的评估和监控。

第二，从欧盟区域政策的政策工具的整体情况而言，基金构成了政策工具的主体。欧盟区域政策中的基金其实不是一般意义上的普通基金，而是欧盟委员会按照欧盟条约和欧盟理事会的决议在每一个规划期为特定的区域目标分配的用于解决区域问题的专项资金安排。由于它的资金来源有保障，因此它没有一般基金的资金筹措和资金保值增值等问题，这使得它能够更好地将关注的焦点集中在项目的筛选以及资金的运用和管理上。

第三，欧盟区域政策的基金工具针对不同的用途和目标进行了细致的划分，而每一种基金有着自己特定规模的资金总量、具体的管理规则和资金运用方式。同时它们也按照欧盟与各成员国之间达成的各种协议以各种项目为依托在不同成员国之间分配资金，从而实现欧盟预算资金的二次分配。总体而言，各种基金能够很好地协调配合，从而构成了一个相对完善的基金工具体系。

第四，欧洲投资银行提供的贷款也是欧盟区域政策的政策工具之一，由于资金规模和具体融资方式的限制，它是基金工具重要的和有益的补充。欧洲投资银行所提供的不是那种比较分散的贷款项目，而是按照特定的目标和用途将不同的项目整合在一起的各种联合资助计划。这样做既避免了项目过于分散所造成的效果不显著的问题，也有助于欧洲投资银行与欧洲的其他金融机构一起为区域问题的解决提供资金上的支持。

第五，欧盟区域政策各项政策工具（包括基金工具和贷款工具）的作用重点主要集中在创造可持续就业、交通和通信基础设施、能源和环境项目、科学研究和科技创新、教育和人力资本开发等方面。在2007—2013年规划期，欧盟将跨边境、跨国和区域合作放在了突出的位置。这表明随着中东欧10个新成员国的加入，在新的现实背景条件下，欧盟区域政策的关注重点发生了一些转变，欧盟区域一体化和区域融合开始强调不同区域之间（特别是跨边境地区）的合作和协调。

第6章　欧盟区域政策的全面管理

欧盟区域政策管理过程中的许多细节对于实现科学化的管理、取得最佳的政策效果是非常有帮助的。下面从欧盟区域政策的预算和财政管理、结构政策管理、统计数据管理、区域和地方当局发挥的作用、成员国层次的区域援助和区域政策、欧盟扩大背景下的区域团结等几个方面具体论述欧盟区域政策的全面管理。

6.1　预算和财政管理

6.1.1　欧盟结构基金部分资助项目的适用性问题

对于由结构基金来提供部分资助的项目的适用性问题，在一般情况下对符合条件的项目提供资助将采用相关成员国的有关规定和原则；委员会只是在特定的情况下进行特殊干预。同时只有从委员会收到项目资金的申请到委员会确定运用结构基金提供部分援助的整个过程在时间上符合条件，这种资助才能实施。这种符合条件的资金资助可以被运用于操作项目（Operational Programmes，简称为OPs）、单一项目文件（Single Programming Documents，简称为SPDs）、共同体倡议项目（Community Initiative Programmes，简称为CIPs）、技术援助和创新行动项目等。它们并不会对欧盟区域政策的各项基金对具体项目所提供的部分援助产生直接影响，而成员国也有自由地采取更加严格的国家配套政策的权利。欧盟结构基金提供部分援助的适用原则包括：

1. 承担实际开支的原则

在一般情况下，最终的受益人应该是对相关的委托操作负有直接责任的机构以及公共和私人公司。在成员国明确指定了许可机构并安排资金资助的情况下，最终受益人应该是那些同意将资金资助给个人的机构。最终受益人的支付（提前支付、中期支付和平衡支付）应该是附带有等价的发票和会计证明的现金支付。在一些特殊的情况下，还有一些特殊的开销也被包括在最终受益人的支付清单之中：第一是折旧，如果成员国和共同体没有拿出资金购买房地产和设备，同时这种开销符合一定的会计标准并发生在与项目相关的部分资助时间范围之内，房地产和设备的折旧开支将是符合条件的开支。第二是捐赠，如果涉及土地或房地产、设备和物资的供给、科学研究和专业活动或者是没有支付的支援工作，这种捐赠将属于符合条件的开支。但是这种捐赠必须要经过独立专家和机构的估价。没有支付的支援工作要以花费的时间的总量以及所完成工作的正常工作量来进行测算。第三是一般性管理费用，如果这种费用依据的是适当的和公正的方法并以真实开销和比例分配为基础就可以被看做符合条件的开支。此外，风险资金、贷款和保证基金等形式的开支也会被看做实际的开支。在转包合同的情况下，如果项目没有增加相应的额外价值但是项目实施的费用开支却增加了，增加部分是不符合支付条件的，可能需要由中间人和咨询者支付项目总金额中的一部分。

2. 收入的会计管理原则

收入可能是来源于销售、租用、服务和登记的费用以及其他一些收入，它减少了结构基金的开支数量。在资金资助终止之前，收入必须从项目的部分资助资金中全部或部分扣除，这取决于这一部分收入是全部还是部分来源于项目的实施。

3. 金融和其他费用以及合法开支

除了全球赠款的情况之外，债务的利息（不包括在成员国的援助框架下为减少借款开支的贴息部分）、金融交易的费用、外汇兑换开支和其他纯金融开支以及行政、金融罚款以及与争端有关的费用不符合结构基金的部分资助条件。相反，结构基金可能会为开户和管理账户以及合法的动议、律师费、技术和财政的专家意见、会计和审计提供部分资助。欧盟区域政策中的 Peace II 项目以及

Interreg III、Leader+、Equal 和 Urban II 等共同体倡议计划在扣除了提前支付部分款项带来的收益之后也遵循同样的原则。

4. 二手物资的购买

二手设备的销售者要能够提供其来源的声明并确认它在规划期内不是在成员国或共同体的赠款资助下购买的，而且设备的价格不能超过它的市场价格或类似新设备的成本。同时，还要具备项目实施所需要的技术特点。否则，就不满足接受部分资助的条件。

5. 土地的购买

对于尚未开发的土地的购买是符合结构基金的部分资助条件的，要求这种交易涉及的金额并未超过符合条件的项目总开支的10%，而且土地的购买必须要与项目实施的目标之间有直接的联系，同时还要有符合条件的专家或官方机构证实土地的价格并未超过市场价格。对于相关的环境保护措施，管理当局要授权购买土地，并授权在特定的时期内为实现特定的项目目标进行使用。在任何情况下，这种土地都不能被用作农业用途，而且这种土地的购买必须由公共机构或受到国际公法约束的机构或其代表完成。

6. 房地产的购买

这里的房地产指的是已经被建造的建筑物以及相关的土地。如果房地产的购买与项目实施的目标有直接的联系，那么这种购买就是符合条件的。此外，还要求在过去的10年间，建筑物未接受成员国和共同体的赠款，有符合条件的独立专家或官方机构证实土地的价格并未超过其市场价格。

7. 增值税（VAT）以及其他的税收和费用

一般而言，如果增值税真正是最终受益人（或由在成员国援助框架下的个人援助接受者）所产生并符合相关规定，在这种情况下，增值税将被看做符合条件的开支。最终受益人或个人援助接受者是私人机构还是公共机构并不影响增值税是否符合条件。由结构基金的部分援助所产生的其他税收和费用（特别是直接税和以工资为基础的社会保险税）则不符合条件，除非它们真正是由最终受益人（或在成员国援助框架下的个人援助接受者）所产生。

8. 风险资金和借贷基金

风险资金基金、风险资金持有基金以及借贷基金是为中小企业特别设立的、用以提供股票证券和包括贷款在内的其他形式风险资金的投资工具。它们作为独立的合法实体而设立，按照股东协议进行管理，或者是作为现存的金融机构内部分立的金融领域而存在。这些基金符合结构基金的部分资助条件，而结构基金的参与还可能伴随有其他共同体财政工具的共同投资和担保。在任何情况下，委员会都不能成为其股东。基金的发起人和部分资助者必须要递交稳健的商业计划以详细说明目标市场、拨款、融资的条件和期限、基金的预算、部分资助的合作者、基金的议事程序、管理的独立性和基金的管理规定。管理当局要仔细评估这些商业计划。这些基金将只能投资于中小企业的设立、早期阶段（种子基金）及扩张阶段，并且仅仅是那些在经济上可行的行动，而不能投资于那些处于困难中的企业。此外，这些基金的投资必须要服从结构基金管理一般原则中规定的上限。当行动结束之后，基金中符合条件的开支是被投资和贷款给中小企业的那部分资金，包括相关的管理开支，但是这一部分管理开支不能超过每年平均支付资金的5%。委员会推荐（但是并不坚持）下列行动标准：第一，对私人部门的投资在原则上要超过30%；第二，基金不应该持有公司超过半数的股份；第三，基金应该要覆盖到足够宽的目标人口来保证它们的运作在经济上是可行的；第四，要确保基金管理团队的可信度和专业化。

9. 保证基金

保证基金是避免风险资金、借贷基金和其他一些风险金融安排在投资中小企业的过程中遭受损失的金融工具。这种类型的基金可能是中小企业许可的共同基金、拥有私人部门合作人的商业运作基金或者是完全由公共投资的基金。结构基金的参与应该伴随有其他共同体金融工具所提供的部分保证。与风险资金和借贷基金一样，保证基金也是作为独立的合法实体而设立，委员会也同样不能成为其股东。基金的发起人和部分资助者也必须递交稳健的商业计划。在提供担保之后，结构基金拨款的富余部分必须重新被用于那些同样符合资助条件的中小企业的开发活动。行动结束后，符合条件的基金的开支要接受独立审计，其中管理费用不能超过每年平均支付资金的 2% 。

10. 出租

进行出租活动的开支在下列一些情况下是符合结构基金部分资助条件的：第一，援助被直接给予出租人。出租人是共同体部分资助的直接接受者，这些资助的资金被用来支付承租人符合出租合同的那部分资产在租期内的租金。而符合部分资助条件的开支主要是出租人相关财产的购置部分，其总额必须低于租用财产的市场价值。其他一些与出租合同相关的成本（包括税收、出租人的利润、复利成本、一般性管理费用和保险费等）均不包括在部分资助的范围之内。第二，援助被给予承租人。承租人是共同体部分资助的直接接受者，而付给出租人的租金符合成员国部分资助的条件。但是其他与出租合同相关的成本（包括税收、出租人的利润、复利成本、一般性管理费用和保险费等）均不包括在部分资助的范围之内。第三，销售和回租（即租赁权的转让）。在销售和回租情况下，承租人应支付的租金可以被认定为符合资助条件的开支。

11. 管理和执行结构基金的成本

作为一般性规定，结构基金的管理、执行、监控和检查的成本是不符合部分资助条件的。在下列一些特殊情况下的开支可以作为例外：第一，与援助行动的准备、挑选、评估和监控有关的开支，但是不包括提供管理、监控和评估服务的计算机系统的购置和安装费用。第二，用于召开、实施与援助有关的监督委员会和子委员会专门会议，包括专家和第三国参与的费用。第三，与审计和现场检查有关的开支。另外，只有那些实施上述任务并符合共同体援助条件的相关公务人员和辅助人员与工资有关的开支（包括社会保险费）才符合部分资助的条件。在结构基金的一般性援助项目下，共同体对项目实施、监督和检查所产生的开支提供部分援助取决于援助的总金额并且要服从下列最高限额：第一，总援助金额少于或等于 1 亿欧元的最高比例为 2.5% 。第二，总援助金额在 1 亿欧元到 5 亿欧元之间的最高比例为 2% 。第三，总援助金额在 5 亿欧元到 10 亿欧元之间的最高比例为 1% 。第四，总援助金额超过 10 亿欧元的最高比例为0.5%。对于共同体倡议计划、特殊的Peace II项目和创新性行动，其最高限额为总援助金额的5%。技术援助措施（包括研究、座谈、信息手段以及为管理、监控和评估服务的计算机系统的购置和安装）不需要服从上述最高限额。

12. 行动项目能否获得部分资助还取决于其区位条件

作为一般性原则，结构基金实施的部分资助必须布局在符合条件的区域，而一个区域可以从位于该区以外的行动项目中获得全部或部分利益的情况属于例外。在这种情况下，行动项目也必须位于与符合条件的区域直接相邻的NUT3区域内。如果行动项目是由FIFG提供资助或者是位于偏远地区，部分资助的适用性就必须要服从于委员会的特殊批准，对其所进行的评价将会特别考虑该类行动在地域上与这些区域的接近性、对这些区域产生的预期收益以及支出金额占总金额的比重等因素。

6.1.2 结构基金提供援助的管理和控制体系

欧盟建立起了专门的管理和控制体系对结构基金所提供的援助进行管理和控制，同时委员会按照完善的财政管理原则实施结构基金预算。

1. 分散管理

2000—2006年，在结构基金管理的一般原则下，对援助的管理更加分散化。这就需要进一步完善成员国有关检查方面的规定，而委员会则要确保建立起来的体系能够平稳有效地运转。结构基金的一般原则在成员国、区域和地方层次上包括了有关以下一些组织结构的规定：第一是管理机构（即负责管理援助的公共或私人机构和组织）；第二是支付机构（即负责草拟和递交援助申请并接受委员会反馈意见的公共或私人机构和组织）；第三是中间组织（即代表管理机构和支付机构或最终受益人的利益而进行活动的公共或私人的机构和部门或者是进行实际操作的机构和公司）。

2. 管理和控制体系

每个成员国都必须按照管理和控制体系中有关机构组织的要求指定管理机构和支付机构，整个体系包括有关机构的界定、细目分类和职能分工以及检查程序等，它主要涵盖以下内容：接受部分资助的产品和服务的供应、申报开支的真实属性以及开支必须要遵守成员国和共同体关于开支的适用性原则、公共采购、国家援助、环境保护和机会均等方面的规定。成员国要将这些指导方针提交给委员会，委员会进一步审查这些规定是否遵循了共同体的法律规定。成员国还要将下列一些事项的程序和具体措施通知委员会，包括接受、核实、确认开支偿还方面的申请以及对最终受益人所进行的支付活动的授权、执行、财务管理、审计管理和检查体系等。

3. 审计

对成员国的管理和检查体系必须进行审计，在条件允许的情况下要尽可能地充分。第一，核对主要的账目并连同单独的开支说明和凭证一起上交给委员会。第二，对成员国和共同体所使用资金的分配和转移的检查。第三，提供相关信息，例如最终受益人接受资助的每一笔真实开销的会计记录。每一个管理机构要将受援助物品支付平衡之后三年内的所有会计凭证为委员会准备妥当。同时，管理和支付机构还必须考虑从共同体资助中已经获得补偿的资金总量并确保有问题的部分能尽可能快速地获得补偿。

4. 支出证明

支付机构中的个人和部门要独立于被授权进行支付的所有部门，并由它们草拟开支声明的中间和最终证明。而开支声明只涵盖下列支出：第一，在符合条件的时间范围内由最终受益人支付的相关开支并附带有会计凭证。第二，正在考虑被选择作为部分援助对象的相关活动。第三，委员会批准成员国采取国家援助而涉及的相关措施。

5. 对相关运作的随机检查

成员国要对管理和检查体系进行检查以确保其合理运作。所检查的样本要综合考虑可能遇到的风险并兼顾各种不同类型和级别的行动，主要的中间机构和最终受益人在整个过程中要至少接受一次检查。成员国必须对以下内容进行检查：第一是管理和检查体系的有效运作；第二是相关的会计凭证；第三是审计活动是否令人满意；第四是符合共同体要求的特定数量的物品的开支性质和日期；

第五是与共同体部分资助申请目标相对应的运作的真实意图；第六是是否遵守共同体的规则和政策（包括竞争、公共采购、环境和机会均等）以及结构基金的资助比重是否取决于援助的性质和地点；第七是成员国和区域当局所提供的部分援助的比重。

6. 援助终止的声明

有权决定援助终止的个人和部门必须在对管理和检查体系进行考察的基础上作出决定。如果在阻止平衡支付申请和开支的最终证明方面存在缺陷，该声明必须要估计问题的程度和对财务造成的影响。

7. 会计信息的形式和内容

只要可能，会计档案要以计算机记录的形式保存以用作现场检查。委员会将就记录的内容、传输的方式和建立计算机系统的时间与成员国达成一致。这样就能保证信息的机密性和安全性。成员国要在委员会提出书面要求的 10 个工作日内将档案递交上去。

6.1.3 财政补偿

2000—2006 年，结构基金管理的一般原则要求成员国提供财政补偿以弥补由于取消全部或部分共同体财政援助给个人和体系造成的缺陷。它在共同体内部按照统一的方式实施，这就需要有决定财政援助的统一规则并向委员会报告相关信息。这些规则对于成员国恢复国家援助是没有歧视的。目前存在有成员国和委员会提供的两种财政援助。

1. 成员国的财政援助

当全部或部分取消共同体部分援助时，成员国必须要考虑这种情况的特殊性和严重性以及可能给结构基金造成的财政损失。在每年最后一个季度报告的附件中，成员国会向委员会通报前一年取消援助的项目清单和为此调整管理和检查体系的措施。而所取消的来自于结构基金的资金援助将不会再用于相关的财政补偿操作。但是成员国必须要将它们如何重新分配已被取消援助的资金的相关说明和对援助计划的任何相关修订及时通报委员会。

2. 委员会的财政援助

委员会可能会发现成员国没有履行他们的义务、所需援助并不需要相应的结构基金的捐款或成员国的管理和检查体系存在制度缺陷。这时它们可能决定提供数量与结构基金的错误使用部分相当的财政补偿。如果难以对这一部分开支进行量化，委员会会将财政补偿建立在外推的基础上（即采用具有类似特征的代表样本）或者建立在包价和普通费的基础上（对危害的严重性及财政影响的程度进行评估）。成员国有两个月的时间对委员会的要求作出反应，在时限上不存在例外情况。成员国要证明其产生问题的程度小于委员会检测的结果还有另外两个月时间。从成员国向委员会解释问题的原因到委员会最终作出决定总共可以有三个月的时间。根据欧洲共同体普通预算使用的财政规定，财政补偿必须按照恢复的情况在指定的时间期限内重新偿还给委员会，拖延偿还的时间要征收相应的利息费用。

6.1.4　绩效储备资金的分配

委员会为 200 个区域开发项目（占现有项目的 90%）分配了一定的绩效储备资金，约 82.46 亿欧元（占结构基金预算的 4%）。而对于那些最有效率的项目，奖励的比重会从最初分配额的 6% 上升到 9%。成员国要在效率、管理和财政执行等一系列指标的基础上对项目进行评估（参见附表 6-1）。这一储备资金的设立是结构基金执行过程中的一次革新，它第一次将结构基金的部分资助与项目的执行效果联系在一起。而评定最有效率的项目要以所有项目的中期评估的结果为基础。这一评估涵盖了目标 1、目标 2、目标 3 和 FIFG 在目标 1 区域之外的结构措施。

绩效储备资金使用的程序是：成员国在与委员会密切磋商的基础上对每一个操作项目（OP）和单一项目文件（SPD）进行评定，主要使用少量衡量效率、管理和财政执行方面的指标来评估这些项目与最初设定的目标相比其中期效果如何。每个成员国都是根据委员会的指标清单来设定自己的相关指标，然后根据不同年份的执行报告和中期评估报告进行量化。最后，成员国向委员会推荐它们希望奖励的项目，委员会次年向 OPs，SPDs 或者最有效率的优先项目分配拨款，相关的项目文件随之进行调整。

6.1.5 完善与结构基金援助有关的信息公开

欧盟关于结构基金的规定（EC）No. 1260/1999 为与结构基金资助有关的每一项操作提供了明确的信息公开和宣传措施，这些措施旨在提高欧盟活动的公开性和透明性。更独特的在于，它们会将欧盟和成员国共同提供的机会通知潜在的和最终的受益人（受益人包括区域和地方当局、公共机构、贸易组织和商业集团、经济和社会伙伴、非政府组织和项目推动者）并同时告知公众欧盟和成员国在援助过程中所扮演的角色。将结构基金的资助付诸实施的每一个管理机构对信息公开和宣传负有直接责任，它们会与委员会进行充分的合作。在每年的年会上，管理机构会将所做的工作告知委员会。信息公开和宣传措施在每一个操作项目和单一项目文件的行动计划中进行具体陈述。操作项目和单一项目文件是旨在实施区域发展战略的多年期规划文件。而每一个行动计划必须详细说明以下内容：第一，目标和目标群体。采用新技术是达到目标和触及目标群体的决定性因素。第二，通信和信息措施的内容和战略。第三，与之有关的预算。第四，管理机构内部对此负有责任的行政部门和机构。第五，用来对所采取的措施进行评估的标准。

1. 确保潜在受益人和目标群体的透明性

在 2000—2006 年规划期，管理机构要确保信息流通的渠道顺畅从而确保不同的潜在伙伴和受益人（特别是中小商业企业）的透明性。它将提供关于管理、监控和评估这些援助项目的信息。在任何可能的情况下，它都会为涉及的结构基金提供指导，其中必须包括的关键点有：第一，对行政管理程序的清晰勾勒。第二，对管理应用体系的描述。第三，对在选择程序中所采用标准的描述。第四，对评价机制的解释。管理机构需要提供已完成工作的证明、需要对所采取行动的质量和效率进行论证、需要通知欧盟委员会和监督委员会，同时还需要在年度执行报告中包含单独涉及这一内容的部分。第五，在成员国、区域和地方层次上能够对援助包的运作进行解释的相关人员和地点的清单。此外，需要统一递交相关的信息和宣传材料，标准的措辞在结构基金的每一项基金中都能够找到。

2. 通告公众

为了提高公众的认知度，管理机构需要告知媒体由欧盟用于提供部分资助的主要结构性援助项目。信息的发布必须要清楚地说明每一项基金的任务。如果在一个特定领域内是第一次实施援助并取得成效，成员国和区域的媒体（包括报纸、广播和电视）就要保持高度的警惕，可以采取的手段包括新闻发布会、报纸上的报道和广告、现场参观、网站以及其他出版物。其他告知公众的方法还包括：第一，现场公告牌和对外开放的永久纪念牌。这些措施主要是针对开支在300万欧元以上的基础设施投资，例如议会中心、飞机场和火车站。而由FIFG提供部分援助的项目其开支金额则是不超过50万欧元。公告必须包括说明欧盟援助情况的相关部分。公告牌完工后的六个月之内必须更换为对外开放的永久纪念牌。对于商业前提下的物质投资，纪念欧盟援助的标志牌则需要安装至少一年的时间。第二，提高欧盟在职业培训和就业安排方面所发挥作用的社会认知度的相关措施。这些措施以执行接受结构基金部分资助的相关措施的受益者为目标，其中包括就业机构、职业培训中心、工商业会所、农业会所或区域发展机构。所有的受益者必须以显著的海报的形式向公众公布欧盟所提供的援助的情况。第三，告知受益者它们正参与到接受欧盟资助的行动。这些措施特别适用于商业投资活动。而所有告知援助行为已实施的布告必须说明由相关的欧洲共同体工具提供援助的数量或比重。

有关结构基金提供部分资助的宣传物（包括小册子、传单和时事通信在内）必须在封面上清楚地指出欧盟的参与并在合适的地方指明所涉及的基金。如果使用了成员国或区域的标志，则还要同时使用欧盟的标志。出版物还要详细介绍对信息内容负有责任的机构和管理机构的情况。电子宣传物和音频视频资料也要遵循同样的规定。对信息和宣传负有责任的机构可以组织一些公共信息活动（包括正式会议、座谈研讨会、展览和竞赛等）。在会议室要悬挂欧盟的旗帜，在包括欧盟援助备忘录之类的文件上要使用欧盟的标志。另外欧盟委员会还会通过其在各成员国的办事机构向相关机构提供专门技术和物资支持。它鼓励那些负责提供信息的机构通过非正式的网络相互交流经验。设立于2002年的结构基金信息团队(The Structural Funds Information Team，简称为SFIT)已经开始收集一些运作良好的实例。针对目标1的第一个网络在2002年3月开始发挥作用，针对目标2、Interreg III和Urban II的第二个网络在2003年年底开始运作。

6.1.6 三方契约和协议

在执行共同体政策的过程中，相关条约一般会强调考虑地方层次的需要。尽管欧盟立法工具允许一定程度上的灵活性，但是仍要充分考虑区域和地方当局在设计和执行共同体政策方面所发挥的越来越大的作用。2001年7月采用的《欧洲治理白皮书》提出了在成员国、领土当局和委员会所代表的欧共体之间建立契约工具的想法。这些工具旨在进一步促成区域在共同体层次上与成员国和区域当局共同合作以实现共同设立的目标。成员国关心的是无条件地遵守它们在执行共同体政策时对共同体负有独立责任，但是成员国也已经要求澄清使用这些契约工具的一般条件。

1. 种类和范围

契约工具有两种，第一种是在共同体框架内、以目标为基础，委员会、成员国以及区域和地方当局之间的三方契约，第二种是在共同体框架外、以目标为基础、委员会、成员国以及区域和地方当局之间的三方协议。

契约工具必须与条约具有兼容性，尊重成员国的宪法体系，并在任何条件下都不能为共同市场的健康运作设置障碍。它们只有在能够提供附加价值的情况下才能被看做正当的，这种附加价值体现在便捷的执行、政治利益、由于区域和地方当局的参与所导致的效率提高以及迅速获得效果等方面。以目标为基础的三方契约和协议包括下列一些主要特点：第一是范围，政策关心的是在共同体目标实现的过程中要考虑其对不同区域产生的不同影响，例如环境和区域政策。第二是持续时间，契约和协议在一个特定的时期结束并可以延期。第三是参与者，本地参与者身份的确定是契约工具成功的关键，同时需要成员国的参与。第四是目标，契约方将聚焦于事先明确定义的、在契约条件或在协议条件下相关文件中包括的基本立法工具的目标。这些定量的或定性的目标一般应该是可测度的，但是必须被监控，特别是在三方契约中。第五是信息和广告，覆盖面广的信息（特别是涉及内容、执行和契约的结果）需要便于获得。区域和地方当局将向那些代表区域生活的组织（公司、商会、社会伙伴、协会和大学等）进行咨询。委员会将向欧洲议会、理事会和区域委员会提供评估和终期报告。此外，在官方刊物上还会刊登契约或协议的节选部分。第六是与条约的兼容性，三方契约在契约自身的基本立法工具和规定中必须包括授权条款，成员国对契约的执行效果向委员会负责。三方协议必须包括与条约的一般规定相兼容的相关条款。第七是契约的不履行，契约或协议履行失败的后果以及在合适的时候所采取的弥补方式应该包括在官方文件中。在三方契约的条件下，共同体规定应根据具体情况适用。

2. 执行

契约的任何一方都是由其代表来签署官方文件并以此确立契约关系。在与成员国的相关协议中，委员会将按照一事一议的原则检查并批准每一项契约。委员会还计划首先制定具有示范效应、以目标为基础的三方协议。在吸取经验和教训的基础上才会进一步考虑以目标为基础的三方契约。尽管三方契约和三方协议不符合共同体额外资助的条件，但是它将会为正常使用由相关的共同政策分配的拨款提供一种途径和方式。

6.2　结构政策管理（结构政策的简化、说明、协调和灵活管理）

委员会和成员国已经开始了一项简化结构基金管理程序的演练以加速拨款的使用。这种简化演练符合结构基金的规定，因此不需要对相关规定进行修订。这一简化措施与十个方面的内容有联系，它们涉及未来成员国在下一个项目年度内各个项目的准备工作，这十个方面包括项目的调整、控制、中期回顾和评论、报告、结果和影响指标、绩效储备资金、委员会和管理机构之间的年会、在监督委员会中欧盟委员会的作用、财政管理、针对控制的“信心契约”。

1. 项目的调整

在完善包括财政管理在内的各项管理的前提条件下对项目进行调整是可能的。在这种情况下，调整既可能仅涉及项目援助（有关措施细节方面的文件将包括在项目文件中），也可能是修订项目已获得批准这一决定。仅仅对项目援助进行调整主要发生在以下一些情况：第一，在没有追溯力的情况下，措施的内容和财政拨款（共同体和成员国的援助）已经发生改变。第二，在成员国和欧盟以及区域和地方层次之间的公共资金的细目分类发生改变。第三，在成员国的共同资助安排下，公共和私人资金的细目分类发生改变，例如增加了一项全新的私人捐款。为了完善管理的过程可能会对已获批准的决定进行修订。运用“n+2”规则所导致的自动解除承诺也在这一部分中涉及。社会经济情况的重大改变会导致项目的调整。突发事件（例如2002年欧洲中部的洪水）也需要修订开发战略，同时也需要根据最需要资助的领域重新调整具体操作。

2. 控制

委员会必须公布对成员国财政管理和控制体系进行比较分析的报告。欧盟的（EC）No. 438/2001规定针对的是结构基金援助的管理和控制体系，它在2002年年底进行了修订，现在对存储文件作出了明确的规定。此外，还会采取一些新的举措来确保这些控制能够有效地相互协调。从2003年起，委员会每年都会在CIRCA上公布结构基金的审计项目，同时还可能会进行特别的或未经宣布而匿名进行的检查。委员会还会及时更新结构基金审计指南。同时，欧盟还鼓励成员国在新的一年到来之前拟定成员国自己的审计项目并递交给委员会以避免委员会的重复工作。从2004年开始，它们还将有权使用SYSAUDIT（包括共同体和成员国机构所有审计的数据库）。审计法院也将被要求参与其中。

3. 中期回顾和评论

在 2003 年 8 月底，委员会公布了经过修订的 2000—2006 年规划期项目指南。这一指南不需要对提供的援助进行重新谈判。2003 年秋季召开的委员会和管理机构年会为正在运作的项目的中期回顾提供了机会。在 2004 年的第一次会议上，监督委员会讨论并通过了经过修订的项目援助并采纳了对援助进行调整的正式建议。监督委员会将在两周内向欧盟委员会递交新的项目援助方案（提供信息）和正式的援助调整建议。2004 年 4 月，成员国和委员会达成一致。欧盟委员会的决定不会依赖专家委员会的观点，这是与灵活性条款相一致的。在可能的情况下，委员会将会在收到调整请求的两个月时间内作出决定。

4. 报告

为了减少报告的数量，成员国能够将年度的控制报告合并到总年度报告的相关章节之中。报告中所包含的信息将仅限于对所采取的行动进行监督、控制、评估以及为处理所遇到的问题而采取的相关措施。

5. 结果和影响指标

在成员国的参与下，委员会将对监督和评估援助的指标进行检查，特别是那些使用了多种基金的项目。为了减轻行政负担，委员会建议每年采用实时的财政指标、执行指标和结果指标。此外还建议在计算相关的影响指标时进行中期和终期评估。

6. 绩效储备资金

成员国将寻求一种简化的指标体系来分配绩效储备资金。代表指标的选取一般是在 8 ~ 12 个。决定一般是在项目中期对绩效储备资金进行综合考虑和对项目进行修订的基础上作出。

7. 委员会和管理机构之间的年会

在成员国以及区域和地方层次上，结构基金援助的管理机构是公共或私人机构。为特定项目设立的监督委员会是一个监督援助的机构。它会将行政机构以及涉及经济、社会和环境领域的相关机构联系在一起，在这一点上，监督委员会将会发挥咨询作用。委员会和管理机构之间的年会与监督委员会的会议相比在性质上更为政治化，欧盟委员会与监督委员会相比层次也更高。在会议上，还要努力避免委员会与成员国的年度控制会议与年度回顾之间可能出现的潜在重复现象。对于那些运作最有效的项目，涵盖项目实施的信件交流可以代替年会。由于在2000—2006年规划期预计实施500个项目，从经济的角度考虑，委员会将组织视频年会（即电视电话会议）。

8. 在监督委员会中欧盟委员会的作用

如果得到肯定的结果，监督委员会就要为此作好准备。管理机构会尽早地采取措施以提供召开监督委员会会议的指导性时间表。在监督委员会内部，欧盟委员会代表将包括来自与结构基金有关的每一个DG的一名官员，由其中发挥主导作用的DG的官员担任领导。这位领导人将会负责欧盟委员会与监督委员会的正式关系并陈述欧盟委员会的立场。每次会议之后，他将就会议的主要议题以及内部需要采取的措施作一个简要的报告。监督委员会将聚焦于与全面监督有关的事项，它处理的是与项目运作有关的适用性问题并鼓励经验交流（特别是通过邀请成员国代表的方式）。委员会将每年至少召开一次会议，但是不会对单独的项目作出任何决定。

9. 财政管理

财政净化建议包括以下四个方面的内容：第一是“n+2”规则，即自动解除承诺的规则，它意味着如果在作出承诺之后的两年之内都没有进行相关的支付，承诺就会自动解除。这一规则的简化与计算和申请援助金额的实际安排有关，包括涉及的日期和文件、成员国优先获得信息的程序以及对最有可能获得援助的项目的直接财政援助。但是不可能计算每一个项目实际解除承诺的金额，因为对每一个基金而言，这种承诺都是独特的。第二是关于偿还账目支付的规定，如果在作出从基金中提供援助的决定的18个月之内都没有支付申请，占总量7%的最初支付的全部或部分必须偿还给委员会。为了减轻风险的程度，委员会已经开发出了一种早期预警系统。第三是计算中期偿还，委员会建议建立在最终收益数量基础上的中期支付的偿还申请可以按照该项措施所采取的共同筹资比例或者以共同体提供的援助为基础进行偿还。在第一种情况下，这种安排是适用的。至于共同体援助的偿还，成员国必须明确地通知委员会它们要求的项目和申请的基金。在不考虑所选择系统的情况下，成员国管理当局在执行期将不被允许改变其系统，也不需要法律上的变化。但是，如果成员国管理当局没有正式声明它们必须采取哪一种系统，委员会将会在所采取措施的共同筹资比例的基础上偿还申请的支付。

10. 进行讨论的其他要点——针对控制的“信心契约”

委员会提议以成员国和共同体控制的有效协调为基础创立一种新的“信心契约”，这种“信心契约”以下列三种要素为基础：第一，在结构基金援助的管理和控制体系下严格遵守欧盟（EC）No. 438/2001 规定中的法律规定。第二，由成员国的国家管理当局制定出令人满意的 2000—2006 年规划期审计战略。第三，递交能够对审计战略的有效执行进行评估并奠定其基础的报告。“信心契约”将采用能够覆盖一个区域、一个基金或一个项目的管理和控制体系。同时，共同体控制会减少，而支持文件必须被保存的时间也将会被缩短（3 年）。

6.3　统计数据

6.3.1　结构指标

2000 年 3 月，里斯本欧盟理事会要求欧盟委员会递交一份年度报告以说明其在就业、创新、经济改革、社会融合和环境等方面所取得的成绩。在这些领域，结构指标发挥了量化评估和实现成员国之间横向对比的作用。结构指标是非常有用的，它为政治决策奠定了统计学基础。成员国在它们的国家报告中也使用它们。而对于这种信息公众也非常感兴趣。为此，欧盟拟定了 14 项供选择的结构指标，在网上为公众提供了完备的数据库并不断完善现有指标、确定新指标。

1. 备选的 14 个结构指标

在最近的三年间结构指标的数量增长迅速，在 2003 年达到了

42 个。为了实现政策信息在春季的欧盟理事会上能够便利地进行沟通，委员会希望将指标的数量减少到 14 个。经过委员会修订后的 14 个指标如附表 6-2 所示。

在欧盟 25 国的条件下，这些指标一般可以方便获得，因而可以很好地展现成员国一年的基本情况。为了确保一定的稳定性，指标的清单每三年更新一次，但是数据库会经常更新。

2. 面向公众的网上数据库和网站

14 个结构指标和相应的数据库在网上可以免费获取。在拟定春季报告时，委员会将会使用这些统计信息来支持它的一些关键裁决和政策导向。这些数据也为制定其他的委员会报告服务，例如经济政策的主要指导方针（BGEP）、欧洲就业政策指南和内部市场战略等。

3. 指标的不断完善

委员会和欧洲统计系统共同努力来完善这些指标，这种协作使得涵盖的国家扩展到了同意加入和申请加入欧盟的国家，而且还改善了时间序列以及数据和指标的质量。是采纳还是不采纳相关的指标将主要取决于技术标准和相关的政策。为了提供一个更为连贯的分析，焦点将会集中在稳定性上。最近对数据库的添加主要关注的是失业、商业的人口统计学和电子商务方面。为此，委员会制定了一系列有待使用和开发的新指标（参见附表 6-3）。

6.3.2 关于购买力评价基本信息的提供、计算和传播的共同规定

购买力平价是一种货币转换率，它将以国家货币表示的经济指标转换为一种以购买力为标准的共同的人造的货币。购买力平价考虑到了价格水平的不同，这样就能够对不同国家的 GDP 进行比较并实现不同国家 GDP 的加总求和。

1. 目标

制定该规定的目的就是为了将欧盟成员国和欧洲统计局每年进行的购买力平价的统计计算法律化，这样就能使成员国当局在汇编这些统计资料并将它们递交给欧洲统计局的过程中所发挥的作用和

所承担的责任明确化。

2. GDP的比较

GDP的计算依据的是国家账目系统，在欧盟就是欧洲一体化经济账目系统1995（ESA95）。由于购买力平价平衡了不同国家购买力水平，这样购买力平价在转换的过程中就消除了不同成员国之间价格水平的不同。这就消除了价格因素的影响，从而使得对不同国家的GDP进行比较和加总求和成为可能。

3. 委员会对购买力平价的使用

在委员会内部，购买力平价主要被用在以下几个方面：第一，结构基金和团结基金。经过购买力平价折算后的成员国人均GDP一般被用来制定符合结构基金资助条件的区域清单并作为决定区域资助金额的依据。第二，计算共同体官员和其他人员报酬和退休金的修订系数，主要依据的是共同体官员管理规定以及其他人员的从业条件和待遇方面的规定。第三，空间价格比较，特别是消费者价格。在欧元引入后就能够对欧洲共同市场、公共采购市场和欧元区的价格收敛进行监控。

6.4 区域和地方当局——与区域和地方当局协会的对话

欧盟东扩之后将会包括250个区域和1 000个地方当局，委员会正在与代表这些区域和地方当局的欧洲和成员国协会建立对话机制。这种更为政治化和结构性的对话将会很好地补充《尼斯条约》规定的欧共体和专门委员会所采取的咨询形式。它的目标是吸引区域和地方行动者，主要负责实施共同体政策，这样在决策过程中就能够尽可能地考虑到他们的观点和意见。

1. 这种系统的对话何时发生?

在两种情况下，这种对话会优先于正式的决策过程，即委员会工作项目的陈述和具有重要领土影响的政策倡议的发起。前者，委员会倾向于在委员会主席或副主席与区域和地方当局协会的代表之间组织最高政治层次的年会，而对话将会涵盖欧盟行动的指导方针。后者，如果提出时间表，每年都会召开与委员会成员的会议。委员会将提前6周确定会议时间并将必要的文件准备妥当。

2. 对话将加强区域委员会作为仲裁者的作用

欧盟委员会将这种新的对话当做在区域委员会和它所代表的区域和地方当局之间建立一种更为紧密的联系的机会。区域委员会能够帮助欧盟委员会确定对话的参与者，对于每一个计划中的会议，它能够提供一个与议题相关的、具有指导性的欧盟和成员国协会的名单。最后，由欧盟委员会决定参与者并保留邀请区域委员会没有选择的其他机构参与的权力。区域委员会与区域和地方当局的协会充分合作，确定对话参与者的选择标准。所有相关的机构要能够代表直接受到相关政策影响的、不同层次的区域和地方当局，它们的经验和专业层次具有示范性，能够联合发出统一的观点，而且能够将这种统一的声音反映到欧盟委员会的提案和指导方针之中。

3. 有计划、分步骤进行对话的合理性

欧盟委员会与区域和地方当局之间已经直接或通过它们的协会建立起了联系。为了与《欧洲治理白皮书》中的相关内容相适应，委员会希望将这种对话机制系统化，下面的一些原则证明了在欧盟政策制定的过程中区域和地方当局参与的正当性和合理性。

第一，公开。需要提供有关共同体政策主张的信息及相关权属。区域和地方当局一旦经过民主选举产生并开始发挥相应的作用就应该为公民提供相应的信息。

第二，参与。白皮书中确定了欧盟和成员国的区域和地方当局协会参与欧盟机构体系和成员国内部体系的必要性。

第三，一致。欧盟委员会对诸如交通、能源和环境方面的共同体政策在区域和地方层次的影响会进行更好的评估。对在共同体层次所采取措施的效果进行分析将有助于将这些措施的影响告知政策参与者并在执行任务的过程中进行指导。

第四，有效。有一些共同体政策在区域和地方层次上执行并具有最好的效果，因此地方政府当局就能够很好地评估共同体政策的效果和一致性。

6.5 成员国的区域援助和区域政策

6.5.1 区域政策和竞争政策：加强集中和相互结合

1. 背景

欧盟区域政策的关键目标是经济和社会融合。为了缩小目前在一些区域之间仍然存在的经济和社会差距，委员会制定了一些财政工具（例如结构基金和团结基金）为成员国区域化或水平的措施提供部分资助。区域经济的团结任务首先是在区域和地方层次完成，欧盟只是发挥辅助性的作用。成员国的国家援助要服从欧盟竞争政策的规定。委员会要避免这种援助通过照顾某些特定的企业和特定产品的生产而扭曲或威胁公平的竞争。同时，根据《欧洲共同体条约》88（3）条款的规定，委员会是唯一能够独立检查成员国国家援助的机构。

2. 集中和协调的标准

区域政策下的效率原则使得委员会要找出问题最严重的地区并将共同体的部分资助集中在这些地区以取得最佳的政策效果。从共同体竞争政策的角度来看，集中的目标同样也很重要，因为在促进落后地区发展的时候，它有可能为那些由于资助而出现扭曲的地区划分地理上的界限。一个有效的区域政策还是一个协调的政策，能够将成员国国家层次的区域援助的目标与欧盟层次的区域政策结合在一起。为了实现两个区域目标体系之间更紧密的协调，委员会建议重新定义成员国国家援助的分区和欧盟区域化的结构基金的分区。

3. 结构基金分区和国家援助分区的结合——一种协调的方式

在结构基金针对三个目标的行动中，前两个是区域化的，它们是直接作用于界限明晰的特定地区的。因此，委员会建议以《欧洲共同体条约》的87（3）（a）条款和87（3）（c）条款为基础，在结构基金的目标1和目标2所覆盖的地理区域和共同体竞争政策所覆盖的地理区域的划分方面建立起联系。

目标1关心的是人均GDP低于欧盟平均水平75%的落后区域的发展和结构调整。按照《2000议程》(Agenda 2000)中的说明，目标1还会包括最偏远的地区（法国的海外部分、亚述尔群岛、Madeira群岛和Canary群岛等）和人口最稀疏的芬兰和瑞典。从竞争的角度来看，这种援助由于被用于推动那些生活水平很低或者是失业问题严重的区域经济的发展，因此被认为是与共同市场相兼容的。

目标2关心的是那些不满足目标1条件而处于结构性困难中的地区（例如正在经历经济变革的地区、衰退的乡村地区、依赖渔业的危机地区和处于困难中的城市地区）的经济和社会转型。从竞争的角度来看，这种援助由于被用来促进特定经济活动或特定经济领域的发展，同时又不会反过来影响贸易条件从而危及共同利益，因此被认为是与共同市场相兼容的。

相比之下，目标3汇集的是旨在推动人力资源发展的所有相关措施。

只要符合竞争规定，成员国也可以以87（3)(c）条款为基础提供区域援助。在这点上，委员会最近采纳了针对成员国区域援助的新的指导方针以实施新的援助体系。为了确保在通过结构基金或成员国的区域援助实施援助时能够更好地协调，委员会建议对结构基金措施的分区和成员国国家援助措施的分区进行重新定义。在1997年12月16日的决定中，委员会确定了按照87（3)(a）和87（3)(c）条款的规定，共同体总人口中最多将有42.7%的人口能够获得成员国的区域援助。对结构基金的目标1和目标2，这一最高限额确定为共同体总人口的40%（其中目标1是22%，目标2是18%）。这样，成员国还有空间来实施自己的战略，即可以向那些人口占共同体总人口2.7%、而又没有被目标1和目标2覆盖的区域提供区域援助。但是，必须指出的是只要委员会遵守了每个成员国2%的人口上限并且没有超越目标1和目标2总共40%的限定，它可以例外地包括目标2之外的区域。也就是说，尽管任何区域援助由于结构基金的作用都可以在区域层次获得部分的援助，但是反过来不是任何区域援助都符合结构基金的条件。为了符合这些上限，成员国需要和委员会通力合作以确定相关的区域。

4. 时间表

委员会呼吁所有的共同体机构和成员国作好各方面的准备以实现从 2000 年开始的这种相互结合，并规定从 2000 年 1 月 1 日起，结构基金措施的最新分区和成员国国家援助的最新分区正式实施。但同时呼吁成员国在 1999 年 3 月 31 日之前向委员会递交关于结构基金和区域援助同时覆盖地区和区域的提案。

6.5.2 成员国区域援助

共同体的基石之一是经济和社会的融合，它旨在缩小欧洲富裕和贫穷地区在发展水平上的差距。因此，共同体所有的政策必须考虑到区域的因素，竞争政策也不例外。共同体关于区域援助的第一个规定可以追溯到 1971 年，但是考虑到透明度，委员会的指导方针简化了所有在这之后采纳的关于区域援助的规定，并将它们合并到了一个单一的文本之中。共同体的相关条约规定，由于成员国援助偏爱某些公司和特定种类产品的生产而扭曲了竞争，因此与共同市场是矛盾的。但是，在下列两种情况下则是例外：第一是用于帮助那些生活水平较低或失业严重的地区的经济发展的援助，第二是用于推动某些特定的经济活动和经济领域的发展、同时又不会反过来影响贸易条件和共同利益的援助。这两种例外直接关注的是区域援助，区域援助与其他类型的成员国援助（包括研究和发展援助、中小企业援助和培训援助）不同，因为它限定用于特定的地理区域并旨在通过提供投资和就业支持来促进这些地区的经济发展。委员会认为区域援助所造成的竞争扭曲是正当的，只要这种援助能够遵循下列原则，即针对例外情况并只在特定时间内发挥作用、聚焦于最落后的地区并确保对竞争造成的扭曲不会超过援助给经济发展带来的好处。

1. 范围

这些区域援助的指导方针适用于经济的各个部门，但是农产品的制造、加工和销售、渔业和煤炭工业则是由特殊规定所涵盖。交通、钢铁、造船、化纤和汽车工业也要首先服从这些特殊规定。此外，针对困难公司的特别援助也要受到这些特殊规定的约束，而不能被认为是一般意义上的区域援助。

2. 区域的划分

委员会认为区域援助适用的区域范围要小于无法享受到援助的地区。若以覆盖的人口百分比为单位来测量援助的范围，共同体区域援助的人口覆盖率要小于共同体人口的50%。从2000年至2006年，共同体的最高限度是共同体人口的42.7%，而每个成员国的人口限额为：希腊、爱尔兰和葡萄牙100%，西班牙79.2%，意大利43.6%，芬兰42.2%，法国36.7%，德国34.9%，卢森堡32%，比利时30.9%，英国28.7%，奥地利27.5%，丹麦17.1%，瑞典15.9%，荷兰15%。在这些最高限额下，为了实现援助的空间集聚，将优先考虑问题最为严重的区域。同时还存在下列两种特殊情况，即87（3）（a）条款和87（3）（c）条款。

3. 87（3）（a）条款

用于推动那些生活水平极其低下或者是失业问题相当严重的地区的经济发展等方面的援助被认为是能够与共同市场相兼容的。能够从这种援助中受益的区域是NUTS2层次上人均GDP低于共同体平均水平的75%的那些地理单元。因此，这些区域也是符合结构基金目标1条件的区域。

4. 87（3）（c）条款

与87（3）（a）条款不同的是，87（3）（c）条款在定义一个区域是否符合困难区域的条件时可以允许更大的范围。这样，相关的指标就不会只归结为生活水平和失业率。为一些特定经济活动的开展和特定经济领域的发展提供便利的援助不会反过来影响贸易条件而违背共同利益。除了坚持地理集中原则和例外原则之外，这种区域援助还必须成为与成员国区域政策紧密相连的一部分，这种区域援助还必须更偏向于那些与87（3）（a）条款所覆盖的区域相比更为富裕的区域。为了确保实现有效的控制，委员会为共同体区域援助的覆盖面确定了一个总的上限，即2000—2006年为共同体人口的42.7%，这包括了符合87（3）（a）条款和87（3）（c）条款条件的所有区域。针对后一个条款的人口上限通过从总上限中扣除符合前一个条款的人口计算得到。然后，通过在每一个成员国国内不同区域的社会经济情况基础上建立分配基准来实现成员国之间的分配。在决定符合条件的区域时，除了方法论和指标（不超过 5 个）外，成员国还必须向委员会通报它们推荐的符合 87（3）（c）条款的区域清单。一般而言，这些区域是人口在 10 万人以上的 NUTS3 区域（岛屿和其他边远地区例外）。它们必须要符合结构基金的条件，人口稀少的区域（每平方公里居民少于 12.5 人）和最外围的区域也有资格申请。

5. 援助的目标、形式和水平

区域援助的目标是确保生产性投资（最初投资）以及与这种投资相关的就业。援助必须至少占到投资的 25%。援助可以采取各种不同的形式：基金赠款、低息贷款或利息折扣、政府担保或国有股的优惠购买、免税、减轻社会安全方面的负担、以特许价供应商品和服务。而区域援助则主要采取三种方式：投资援助、就业援助以及在特殊情况下用于运作方面的援助。

6. 最初投资的援助

最初投资指的是维持至少五年以上的固定资产投资，包括设立新企业、扩展新企业或者是启动一项涉及产品或现存企业生产过程的活动。如果相关企业是困难企业，并购那些已经关闭或即将关闭而尚未被购买的企业也被认为是最初投资。但是，置换投资不属于最初投资。援助一般按照投资价值的百分比来进行计算。这种价值是建立在一套统一的开支项目的基础之上的，这被认为是基础标准，包括土地、建筑物、工厂和机器。这一规定还有一些例外情况：第一，在采购的时候，只有在扣除了那些已经接受过援助的资产之后剩下的用于购买资产的开支才在考虑范围之内。第二，在运输部门，用于购买运输设备的开支不符合要求。第三，大公司通过获得专利或营业执照来实现技术转让的某些特定类型的无形投资也可以作为符合条件的开支，其上限是基础标准的 25%。但是为了符合条件，它们必须在正常的市场条件下被购买、被看做分期偿还的资产并被包括在公司资产中至少 5 年。

成员国通报的援助是按照总额（税前）表示的，然后转换为对等的净额（用 NGE 表示），而这一净额必须要考虑到区域问题的类型和严重程度，同时还要表现出相关公司能从这种援助中获得的最终收益。附表 6-4 归纳总结了各种类型区域的最高援助比率（NGE 的百分比）：

在对中小型企业提供国家援助的规定中，对于满足 87（3）（a）条款要求的区域，运输部门之外的援助比率可以上升 15%，而满足 87（3）（c）条款要求的区域援助比率可以上升 10%。目前的区域援助是按照几个区域安排来实施的，或者是来源于当地、区域、国家和欧盟等各种不同的层次，而援助强度上限要符合欧盟规定的援助总额的上限要求。

7. 用于就业创造的援助

区域援助也可能聚焦于与实施最初投资项目有关的就业创造（即就业总量的年度净增长）。为了符合援助的条件，就业必须在投资的三年之内完成，而且必须专门关注相关的就业活动。由最初投资引发的利用率上升而实现的就业也是符合条件的。作为投资援助，只有在就业创造能够维持至少 5 年时间、同时援助能够反映出区域问题的类型、性质和严重性的时候才能够实施。这种援助的数量不能超过以两年为标准计算的雇员工资开支（税前总工资加上强制的社会保险）的特定比例。这一百分比要与问题区域可以许可的投资援助强度相当。就业创造援助和投资援助可以相互结合，只要它们低于相关区域设定的援助强度上限就可以了。

8. 运作方面的援助

旨在减少公司开支的援助（运作援助）在一般情况下是被禁止的。但是，如果能够为区域发展作贡献并且在性质上符合要求，即按照 87（3）（a）条款的规定符合例外情况的条件，这种援助是可以被采纳的。它主要是采取免税和减少社会保险交纳金额的方式，而且在时间上有限制并要逐步地减少。这种援助主要是为了弥补在相关国家的边境内由于货物移动而造成的额外交通成本。这必须要以覆盖的距离（生产地和消费地之间的最短距离）和采用最经济的运输方式运输的货物的重量为基础来计算。在任何情况下，这种援助都不能以出口援助或进口限制的方式来实施。同时，这种援助也是为了弥补由以下一些因素（包括地理位置偏远、岛国、面积狭小、地形和气候恶劣、经济依赖少数产品等）而给经济活动的开展造成的额外成本。如果区域援助能够为区域发展和降低额外成本作贡献，成员国将会承认区域援助的合法性。

9. 区域地图

符合援助强度上限条件的所有区域加在一起就构成了成员国的区域地图。由于在国家援助领域内具有排他性，因此由委员会决定是否最终采用这种地图（符合条件的区域+援助强度）。区域地图会周期性地进行修订。如果社会经济情况发生了显著的改变，成员国会要求对援助强度和符合条件的区域进行调整。如果包括了新的区域，就必须对那些具有同样人口规模但被排除在地图之外的区域进行补偿。如果一个区域从 87（3）（a）条款地位转变为 87（3）（c）条款地位，援助强度在过渡期内会逐步减少直到它达到 87（3）（c）条款规定的上限。过渡期对最初投资援助和就业创造援助而言期限是 4 年，对运作援助而言期限是 2 年。

委员会将会在实施后的 5 年内对这些原则进行重新的审视，同时在竞争政策以及其他共同体政策和国际承诺等相关情况下，还可以在任何时候对它们进行修订。

6.5.3　大型投资项目的区域援助

欧盟委员会在决定成员国援助安排方面拥有排他性的权力。针对大型投资项目的区域援助除了要遵循规划期区域援助的原则之外，还要遵循一些特殊规定，这主要是因为下列一些原因：第一，如果不加任何限制，这些援助会导致对竞争的扭曲（特别是在存在问题的部门）或者是生产持续增长而需求却没有相应增长；第二，这种援助可能会拨付给那些不会受到投资所在区域的特定区域问题影响的大公司；第三，这种援助有时会高于实际需要。进行大型投资的公司通常拥有可观的议价能力和获得援助的权威，而为了吸引更多的投资者，有时对援助的慷慨承诺会呈螺旋上升趋势。这种多部门针对大型投资项目的区域援助新框架比 2003 年 12 月 31 日实行的旧框架具有更大的限制性。它旨在将这种援助限制在一定的层次上，从而避免不必要的竞争扭曲并进行更为系统化的监督。它还会将不同部门的框架融入新的多部门框架之中。新规定将会一直执行到2009年12月31日。

1. 范围

这一框架适用于与这种投资相关的最初投资和就业创造的区域援助。此外，还适用于钢铁和合成纤维部门的中小企业超过一定限度的个体援助。但是，它不能用于为实施欧洲利益的主要项目提供便利、弥补对成员国经济造成的严重干扰以及促进文化和遗产的保护等相关的援助项目；不能用于困难公司的恢复和重建的国家援助；不适用于现存的水平的框架文件，例如研究和开发的国家援助框架；还不适用于对农业、渔业、交通运输和煤炭等工业提供国家援助的部门规定。在大型投资项目的特定限额以下的援助，成员国不需要向委员会通报。但是，对于新的个体（广告）援助还是必须要通报。

2. 大型投资项目的援助水平

在区域援助的原则下，符合条件的开支会根据相关投资类型（生产性投资、就业创造援助、例外情况和运作援助）的不同而出现差异（参见附表6-5）。其中的区域援助上限适用于大型投资项目援助，主要是涉及符合条件且达到表格中的上限规定的开支。

如果被提议的援助超过了被许可的最高援助金额（7 500万欧元），一项1亿欧元的投资会按照附表所确定的规模来接受援助，而成员国必须向委员会通报每一例的区域投资援助。但是，如果当援助受益人在投资前或者在投资后可能占到相关产品销售的25%以上的时候，或者，项目创造的生产能力占到了市场份额的5%以上的时候（除非过去5年间市场的年均增长率超过了GDP的年均增长率），成员国将不能实施这样的援助。成员国不需要进行测试来证明这些投资会涉及真正的创新或创造新的产品市场。如果一个项目所涉及的援助需要进行申报，而且正接受结构基金的部分资助，最高允许的援助强度将按照1.15的系数进行适当增加。共同体的部分资助比率必须至少是项目共同开支的25%（针对符合87（3）（a）条款的区域），或者是项目共同开支的10%（针对符合

87（3）（c）条款的区域）。但是，增加的援助必须低于 1 亿欧元项目所允许的最高援助强度，也就是没有经过调整的区域援助的最高上限的 75%。

3. 投资项目的部门援助

（1）钢铁工业

钢铁工业由于在欧洲和世界范围内遭遇过度投资，目前正在进行调整。经验显示，禁止在这个部门内进行投资是正确的。因此，委员会认为对钢铁工业的区域援助与共同市场是不相兼容的。在这一框架文件中对钢铁工业的援助禁令是从 2002 年 7 月 24 日生效的。

（2）有结构性问题的其他部门

截至目前，一些敏感性的工业部门在获得国家援助方面要遵守特殊的、更为严格的规定，特别是化纤、汽车和造船工业。这些部门要服从过渡规定和多部门的框架文件。2003 年 12 月 31 日，委员会列出了一个存在严重结构性问题的部门的清单，并定期进行更新。从 2004 年 1 月 1 日开始，涉及清单中相关部门的投资援助项目且符合条件的开支金额超过一定标准（以 2 500 万欧元作为指标）的区域投资援助必须单独向委员会进行申报和详细审查。如果成员国能够证明尽管整个部门会出现衰退，但是相关产品市场正在快速增长，那么委员会仍然可以授权投资援助。

（3）汽车工业

对于汽车工业，框架文件将会从 2003 年 1 月 1 日实行。委员会将会根据在通报发生当时的规定来检查在这一日期之前草拟的援助项目。在清单进入实施阶段之前，对于符合条件、开支超过 5 000万欧元或接受援助总金额超过 500 万欧元的项目，其最高的援助强度是其区域援助上限的 30%。

（4）化纤工业

对于化纤工业，框架文件在 2003 年 1 月 1 日实行。委员会将根据通报当时的规定来检查在这一日期之前通报的草拟援助项目。在清单进入实施阶段之前不能对该部门的投资项目进行任何的投资援助。

（5）其他的敏感部门

对于造船业，委员会将检查援助是否已经被框架文件所覆盖并且被包括在敏感部门的清单之中。这一框架文件从 2004 年 1 月 1 日起在其他所有部门实行，以前的多部门框架文件实行到 2003 年 12 月 31 日。

4. 监控

对于超过 5 000 万欧元的投资，成员国必须将草拟的援助项目在准予援助的 20 个工作日内按照标准的格式向委员会进行通报。对于一些特殊的援助项目必须要包括有关援助（计划、法律基础、净援助金额等）、收益公司以及投资项目（性质、所在地、总成本和符合条件的成本等）等方面的信息。相关信息要公布在委员会竞争总局的官方网站上，成员国在援助实施的 10 年内要保留相关信息。

5. 适当的措施手段

为了确保框架文件中的规定得到有效实施，委员会还建议采纳下列手段措施，即修改区域援助地区以及调整现存的区域援助计划（包括那些被免除通报要求的计划）。委员会邀请成员国对其建议的手段措施予以它们外部的许可。

6.6 欧盟扩大背景下的区域团结

6.6.1 东扩的挑战

1999 年的哥本哈根欧盟理事会确定的欧盟候选国由 13 个国家所组成，即中东欧的 10 个国家以及塞浦路斯、马耳他和土耳其。除了土耳其之外，所有的国家从 1998 年或 2000 年开始都加入到入盟谈判之中。加入欧盟的国家需要满足 1993 年确定的哥本哈根标准所规定的相关条件。除罗马尼亚和保加利亚，所有的候选国在 2002 年的哥本哈根欧盟理事会上都完成了入盟谈判。2004 年 5 月，扩大的欧盟拥有 25 个成员国，新成员国参加了欧洲议会在 2004 年 6 月举行的大选。毫无疑问，东扩是欧洲构建的主要事件之一，也是在以后的几十年时间里对整个欧洲的政治产生重大影响的主要事件。

1. 新的机遇和义务

（1）机遇

委员会关于中东欧国家加入欧盟的相关政策的第一份中期报告可以追溯到 1995 年 12 月。那一次的欧盟理事会要求委员会深化东扩对共同体政策的影响方面的分析，特别是农业和结构政策。《议程 2000》(Agenda 2000）是对这一要求的最初回答，它所描绘的财政前景正是为了迎接共同体政策的改革所带来的挑战。东扩为拥有近 30 个成员国的欧盟提供了政治和经济机会。考虑到它全面的经济影响，第一个结果是单一市场从 3.7 亿消费者扩展到 4.55 亿消费者。另外，欧盟在国际政治舞台和世界市场上的地位将进一步加强。同时，欧盟内部的不同利益将会对部门和区域调整产生实质性的压力，从而需要在东扩前采取一些适当的措施，例如改革欧洲体制和机构运作的方式（2003 年 2 月生效的《尼斯条约》对扩大后的欧盟该如何运作进行了定义）以及需要候选国采纳共同体的政策要求并准备在其内部市场进行相应的运作。

（2）义务

欧盟的第二份经济和社会融合报告表明，中东欧国家以 GDP 表示的平均财富水平仍大大低于现在的欧盟成员国。扩大后欧盟的面积和人口将增加三分之一，但是 GDP 只会增加 5%。在这些国家生活的 1.05 亿人口中有 9 800 万都生活在人均 GDP 水平低于扩大后欧盟平均水平 75% 的地区。这些国家在经济和社会各方面的需求是庞大的，包括工业、服务业、交通、环境、农业以及与提高人力资源水平相关的技术。此外，还需要进行切实的努力来扩展各国的交通网并将它们融入跨欧交通网络之中。最严重的环境问题则主要关注水和空气污染以及垃圾的处理。为了加入欧盟，劳动力市场已经发生了深刻的变化，这种变化还会进一步加快。工业和农业创造了大量的就业，而服务业在大都市以外的许多地区仍然非常薄弱，劳动生产率也普遍低于欧盟的平均水平。

2. 东扩后的欧盟区域政策

候选国加入欧盟对欧盟的经济和社会政策是一个巨大的挑战。东扩将会使欧盟增加一批收入低于欧盟平均水平40%的新成员国。而团结原则需要欧盟的区域政策主要聚焦于这些落后的区域。但是，目前欧盟15国内部存在的经济差异尚未消失，因此区域政策仍然要继续关注这一方面的问题。区域发展政策的实施对于候选国政府来说是一种全新的政策尝试。而结构基金的管理预示着为了遵循结构援助相关规定的法律框架，这些国家的各级政府的各项实践和运作都会发生重大的改变。目前在下列一些领域已经作出了很大的努力，即相应法律框架的建立、按照NUTS要求对国土进行划分和定义、多年期欧盟一体化区域发展项目的确定、候选国实施未来区域政策的相关政党职责的明确以及对结构援助一般原则的遵从（包括设计、合作、附加条件、管理、监控、评估、支付和财政检查等）。

3. 入盟准备战略

在2000年12月尼斯欧盟理事会上通过的委员会扩大战略中，第二十一章“区域政策和结构工具的协调”是最重要的部分。与塞浦路斯和捷克的谈判在2002年4月临时结束，与爱沙尼亚、拉脱维亚和立陶宛的谈判在2002年6月结束。7月底，马耳他、斯洛伐克、斯洛文尼亚和匈牙利也和委员会就这一章的内容达成协议。波兰仍在谈判之中。在2003年12月，布鲁塞尔欧盟理事会再一次肯定了保加利亚和罗马尼亚在这一方面的努力，并鼓励两个国家继续进行改革，两国将在2007年加入欧盟。入盟战略还意味着这些国家要提高体制和行政能力并使它们的公司能够达到共同体的标准。这些国家要定期向理事会提交相关的报告说明它们所取得的进展。为了使中东欧申请入盟的国家达到入盟前战略的要求，委员会还建立起了入盟合作伙伴关系并向这些国家开放了一些共同体项目。从2000年1月起，委员会将援助总额提高了一倍并继续确保欧洲协议（The Europe Agreements）的实施。

欧洲协议是确定欧盟和候选国之间关系的基本法律工具。它们涉及贸易、政治对话以及其他领域的合作等方面的内容。它们允许对候选国在采纳和执行共同体规定以及坚持入盟合作伙伴关系的优先权方面所取得的进展进行监控。这种入盟合作伙伴关系是这种战略的关键，它们涵盖了在实施入盟准备计划的单一框架下向候选国所提供所有形式的援助，它们使用多年期的项目规划来满足每一个候选国中短期的优先需求（特别是在民主、宏观经济稳定、核安全以及欧盟规定的采纳执行等方面）并详细说明它们为此准备的各项资源。未来的成员国会参与到共同体项目之中。由于这些项目覆盖到了共同体绝大多数的政策领域（教育、培训、环境、交通和科研），这样它们就能通过这种联系作好入盟前的准备并使人民熟悉欧盟的政策和工作方式。在立法方面的趋同也是优先的目标。技术援助信息交流办公室（The Technical Assistance Information Exchange Office）会提供关于共同体规定和标准的各方面信息。它通过援助政府机构和商业活动（特别是通过组织专题研讨会和学术访问）的方式在候选国内开展各种活动。仅仅在立法上实现趋同是不够的，还需要加强负责实施和执行共同体各项规定和要求的公共机构的作用。在这方面一个基本的办法是将欧盟的顾问借调到候选国。这些顾问是来自欧盟成员国的官员或独立的顾问，他们利用自身拥有的专业知识在候选国从事关于共同体规定和标准实施方面的专业培训。

如果没有提供财政支持和财政援助的工具和资源，入盟前战略的目标是不可能实现的。为了满足候选国的需要，柏林欧盟理事会在 1999 年决定从 2000 年开始将入盟援助增加一倍并创建了两个新的政策工具，即从 2000 年开始拥有 10.4 亿欧元预算资金的结构政策工具（ISPA）和一年拥有 5.2 亿欧元预算资金的农业和农村发展特别计划（SAPARD）。这两个工具用于补充一般性金融工具（Phare）项目下的各种援助，这一项目开始于 1989 年，目前仍是候选国的主要援助来源。

4. 2004—2006 年过渡期结构基金和团结基金的管理

哥本哈根欧盟理事会对入盟谈判进行了总结，这为 2004 年 5

月1日10个新成员国的加入扫清了道路。在2004—2006年，理事会向新成员国额外拨付了217亿欧元的资源，这低于在1999年确定的《议程2000》中的上限。按照委员会的原则，未来的成员国已经最终确定了2004—2006年的区域项目，并从2004年1月起接受了来自结构基金支持。同时，它们还可以参与两项共同体倡议计划（即InterregⅢ和Equal）。新成员国将在2004—2006年接受57.6亿欧元的援助用于乡村发展。由于波兰是一个重要的农业国，它所使用的援助将会占到这一部分援助的近一半。这些援助资金将帮助这些国家的农场进行现代化改造、重组并达到共同体的生产标准。它们还将通过下列措施实现乡村地区的可持续发展，即对落后地区、食品质量、农业环境、动物福利、造林和创建生产者组织的支持和扶持。

6.6.2 协调工具

卢森堡欧盟理事会确定的入盟战略的关键要素是在申请入盟国之间建立起一种入盟援助的合作关系。卢森堡欧盟理事会还提议增加入盟援助的数量，这样就能够包括Phare，SAPARD和ISPA这样一些援助安排。同时还要遵循附加性原则、避免简单复制并增强这三种不同的共同体措施的经济影响，欧盟规定要改善这三种工具之间的协调。

1. 三个入盟工具以及符合条件的措施

SAPARD主要是为那些支持农业和乡村发展的举措提供资金援助，这主要是着眼于改善农场结构、农业和渔业产品的加工和市场化、农作物健康、牲畜控制和食品质量控制。包括农村基础设施和农业环境措施在内的一体化乡村发展措施也在援助的范围之内。从2000年起，SAPARD的预算达到了每年5.2亿欧元，它首先用于诸如加工企业、市场渠道和事物质量控制的改进等优先领域。这些措施已经在国家项目的基础上被执行，并可能被设计用来资助那些为当地倡议计划提供支持的特殊的一体化发展项目。

ISPA主要是设计用来援助下列投资项目，包括帮助受益国达到共同体的环境法和入盟伙伴关系中关于环境措施和交通基础设施措施中的相关标准，特别是那些按照理事会决定（Council Decision）设定的标准规定而包含有共同利益的项目。这些包括确保国家网络在成员国之间以及跨欧盟层次上的相互联系和互动并提供接入网络的服务。从2000年开始，ISPA达到了10.4亿欧元的预算，主要是用于支持环境和交通部门的基础设施投资。

Phare是根据欧盟规定制定的，同时根据最新的规定进行了修订。Phare所提供的资金必须要符合共同体主要优先项目的要求，例如帮助申请国建立起行政和体制上的能力并对投资进行资助，但是不包括上述两种资金工具所涉及的投资类型。Phare能够被用来资助环境、交通以及对工业重建和区域发展而言必不可少的农业和农村发展措施。这一项目目前主要聚焦于两个主要的优先领域：第一，加强申请国的行政管理和制度建设的能力，体制构建有助于在所有的行政层次上建立起一种结构，这种结构有责任和能力以结构基金管理特殊预备项目的形式确定多年期的发展规划；第二，投资的筹资或投资支持有助于使公司和基础设施达到欧盟相关的标准，这占到了Phare项目15.6亿欧元预算的70%。

2. 实施过程

在对一个特定项目进行资助的时候只能从上述工具中选择其中的一个。对项目进行资助不仅要遵循规定的要求，而且要履行欧洲协议中所包括的各种承诺并满足入盟伙伴计划中的各种要求。此外，还规定受益国也要为投资项目配套资金。三个入盟工具的资助安排必须满足这些工具所规定的各项要求。

委员会负责对三个工具进行协调，特别是它为每一个国家确定了入盟援助的指导方针，同时按照规定设立的Phare管理委员会（Phare Management Committee）也会参与协调。委员会还会将与每个国家的指导性财政分配计划、入盟工具、实现三个工具之间（还有与欧洲投资银行、其他的共同体财政工具及国际性的金融工具）的协调一致等方面内容有关的每一个决定通知管理委员会。这些决定还会与欧洲审计院进行沟通。如果必要，委员会和欧洲审计院还会进行现场检查。

3. 程序和减损

项目的选择以及资金的支付要遵循一定的评估程序。但是其中可能存在减损，委员会可能会允许成员国的执行机构以分散为基础管理援助资金。它的相关决定建立在不同案例情况下对成员国和部门的项目管理能力、财政控制过程和公共财政结构进行分析的基础之上。此外，还必须按照相关附件的要求满足最低标准并对援助进行分散管理。减损部分还必须考虑有关支付请求、支付审查和评估、合同的履行以及共同体公共采购指导的执行等方面的特殊规定。同时，委员会要采纳涉及检查和评估的一系列规定。

4. 信息

委员会每年都要向欧洲议会和理事会上呈一份关于每个国家的所有入盟援助安排的报告。

6.6.3 跨边界合作

1994 年 7 月 4 日设立了第一个跨边界合作计划，其目标主要是推动中东欧国家的跨边界地区的经济发展并实现欧盟内部发展水平的趋同。它试图通过增加典型的跨边界项目类型的数量和推动项目实施的进程来拓展项目的地理空间以及改善项目的运作。这些项目在执行过程中必须与共同体的结构政策和 Interreg 倡议计划相协调。

符合该合作计划条件的边界地区包括罗马尼亚与匈牙利、保加利亚、乌克兰、马耳他、叙利亚以及黑山之间的边界地区，保加利亚与希腊、罗马尼亚、土耳其、前南斯拉夫共和国的马其顿王国、叙利亚和黑山之间的边界地区。欧盟的相关规定设定了资金在接受国之间进行分配的标准。

接受这一合作计划资助的项目必须满足下列一些目标：第一，促进中东欧国家的边境地区和比邻地区之间的合作以帮助它们克服自身特殊的发展问题；第二，推动边境地区之间发展和合作网络的建立以及加强这种网络与更广阔的共同体网络之间的联系。

符合跨边境合作项目的行动包括：缓解人员、产品和服务跨边境自由流动的行政和体制障碍，改善基础设施以及供水、供气和供电设施，环境保护，农业和乡村发展，旨在发展跨欧网络的能源、交通措施，管理内部事务，商业合作、企业发展以及推动财政合作以及商业机构之间合作，投资援助以及服务和设施供给，培训和就业措施，当地的经济发展，推动健康合作的措施，旨在改善边境地区之间信息流和通信流的设施和资源的发展和建立，文化交流，当地就业、教育和培训设施，等等。

最后五类仅仅能够得到与相关的每个区域有关的一种基金的资助。这种基金将会提供项目所需资金的有限部分，以此来鼓励边境地区的当地参与者采取小规模的联合行动。共同体的资金援助将主要按照拨款的原则来提供。如果共同体拨款被用来资助一些会产生收入的行动，委员会会与相关的地方当局进行协商，从项目的收入中获得部分的收益或者退还最初的拨款。在每一个边境地区都会成立由成员国国家和欧盟委员会代表所组成的合作委员会。合作委员会将会准备一份跨边境地区的联合计划文件，文件中会明确区域的发展战略和优先目标以及项目执行的各项规定。以这一文件为基础，委员会每年还会草拟一系列的共同项目。而项目的推荐将会由委员会来完成，而不是由相关的成员国国家政府来完成。以跨边境地区的联合计划文件和项目推荐为基础，委员会将会为每一个边境地区提供一个项目提议。为每一个特定的项目提供援助的数量将会与 1989 年 12 月 18 日欧盟理事会上确定的程序和要求相一致。同时，在可能的情况下，还会设立联合监督机构来推动项目的执行。

6.6.4　边境地区的共同体行动

2004 年 5 月 1 日欧盟实现东扩，随着 8 个中东欧国家（爱沙尼亚、匈牙利、拉脱维亚、立陶宛、波兰、捷克、斯洛伐克和斯洛文尼亚）以及两个地中海国家（塞浦路斯和马耳他）的加入，欧盟面临的挑战是空前的。除了上述纯经济方面的考虑之外，东扩的成功还取决于现在和未来得到广大欧洲公民的支持。

在入盟伙伴计划的框架下，欧盟正在提供重要的财政和技术援助以帮助未来的成员国完成深度的结构改革。关于区域政策的协议是在2002年12月哥本哈根欧洲理事会上达成的，它允许为这些国家提供一定的财政援助直到2006年底。

现存和未来的欧盟成员国之间的经济差距是非常可观的，特别是在欧盟与候选国之间的边境地区尤为明显。为了将欧盟东扩的挑战转变为一种社会经济发展的机遇，需要特别关注这些地区。加强信息和通信措施是达到这一目标的有益措施。

1. 边境地区的经济状况

东扩后欧盟边境地区被定义为NUTS2层次上的区域，在陆地和海洋上与新成员国接壤，并且位于NUTS3区域的周围，这些NUTS3区域是在2000—2006年规划期的共同体倡议计划INTERREGⅢ框架下与跨边境计划有关的区域，包括23个边境地区，其中2个在芬兰、8个在德国、6个在奥地利、2个在意大利、5个在希腊。这些区域之间有非常重要的差异，主要是经济发展、就业率、基础设施、教育水平或者是科研占GDP的比重等。尽管意大利、芬兰、奥地利大部地区和巴伐利亚的人均收入相对较高，但是在德国的新联邦州、希腊和奥地利的Buegenland地区人均收入仍低于欧盟平均水平的75%。与整个欧盟相比，这23个边境地区目前达到了欧盟平均发展水平和就业率。在这些地区（除布拉迪斯拉发之外），人均收入和人均生产力均高于周边的新入盟地区。欧盟的第二份经济和社会融合进展报告清楚分析了边境地区的社会经济现状。

2. 现存的共同体政策

在2000—2006年规划期，新入盟国家的边境地区将会通过下列一些形式的共同体财政援助形式获得收益：第一，团结基金和结构基金，德国的新联邦州、希腊的所有地区和Burgenland满足目标1（针对经济落后地区的援助）的条件；与候选国接壤的德国、奥地利、意大利和芬兰的一些地区在目标2框架下接受援助，其中一部分地区在目标3框架下接受援助，共同体倡议计划 Interreg Ⅲ为跨边界、跨国和跨区域合作提供资金援助。另外的三个共同体倡议计划（针对乡村发展的 Leader+，针对劳动力市场公平性的 Equal 和针对都市区域的 Urban Ⅱ）也是重要的资助来源。第二，为候选国准备的入盟援助，与结构基金相类似，入盟援助包括 ISPA、Sapard 和 Phare 等财政工具。Phare 还会为那些处于 NUTS3 层次的地理区域的跨边界合作提供特殊支持。第三，用于区域目的的国家援助，绝大多数与新入盟国家接壤的 NUTS3 区域（除了奥地利和德国的四个地区之外）符合针对区域目的的国家援助的基本条件。这种国家援助有助于解决边境地区处理东扩过程中的特殊问题。此外，按照现在的国家援助规定，还会为成员国提供充足的补充援助。第四，跨欧交通、能源和通信网络。第五，欧洲投资银行的贷款，主要支持环境和交通基础设施项目。第六，教育、培训、青年和环境领域的其他共同体项目。

3. 东扩对边境地区的影响

从1990年过渡期开始，边境地区已经从它们比邻欧盟这种特殊的地理位置上受益匪浅。相对完善的基础设施和较低的劳动力成本推动了这些地区市场、投资和旅游业的发展。欧盟与新入盟国家之间的收入差距使得人们担心会有大批的移民涌入欧盟。但是从1986年西班牙和葡萄牙加入欧盟的情况来看，从新成员国涌入欧盟的移民总量不会超过目前欧洲人口的1%，同时它对工资水平产生的负面影响也会非常有限。此外，入盟谈判还设立了一系列的措施来帮助工人在未来的5~7年有步骤地实现自由移动。移民甚至还会有助于控制人口老龄化的负面影响并且克服在一些部门出现的劳动力短缺问题。

日常的跨边境移民在不同的边境地区差别比较明显，从劳动力的1%到8%不等。跨边境交换主要影响德国和奥地利。而德国则是主要集中在巴伐利亚与捷克的边境地区。奥地利与四个候选国接壤（匈牙利、捷克、斯洛伐克和斯洛文尼亚），而它主要的经济中心位于接近这些边境的地区。关于经济一体化，由于欧盟已经取消候选国绝大多数的农产品和工业制成品贸易关税和配额限制，这样与东扩相关的竞争压力已经非常明显了。一般而言，边境地区的资本密集型和技术密集型部门很有可能从东扩中受益，而劳动密集型部门（农业和重工业）则会面临新入盟国家的廉价劳动力所带来的激烈竞争。

4. 边境地区的共同体行动

委员会认为欧盟所有区域采取的措施需要其他一些有助于经济融合的措施作为补充。欧盟没有因此创造出一种新的特殊的政策工具，而是认为将新的和经过改良的现存措施结合在一起是满足边境地区特殊要求的最有效方法。另外，它非常关注如何提供与东扩目标和收益等方面有关的信息。新措施旨在为边境地区提供总价值3.05亿欧元的特殊的额外资助。这些措施包括：

第一，1.5亿欧元用来支持跨欧交通网络（TEN-T）。与TEN项目有关的财政管理规定目前将共同体的资助最高限额限制在项目总投资成本的10%，这也给新入盟国带来了一些问题（包括有限的资源）。对于以消除主要的铁路瓶颈为目标的跨边界项目而言，委员会应该考虑将现在的10%的上限调整到20%。为了进一步为入盟国补充ISPA援助力度，委员会决定在2003—2006年给成员国另外分配1亿欧元，而现存基金中的5 000万欧元不包括在内。

第二，与欧洲投资银行一起合作开发地方的基础设施，以此支持社会和经济部门的小型地方基础设施项目。首先以波兰为重点，然后援助会覆盖所有的新入盟国家。在Phare倡议计划下，2002年分配了3 500亿欧元，2003年分配了1 500亿欧元。

第三，在Interreg Ⅲ倡议计划下提供5 000万欧元的附加援助。3 000万欧元被提供给了未来的新成员国的边境地区和波罗的海地区。另外，网络的创建、信息活动和对项目开发的技术援助能够从2 000万欧元的附加援助中受益。

第四，针对区域竞争力和中小企业又另外提供了4 500万欧元的援助。在欧洲议会的发起下，欧盟预算（关于东扩给候选国的边境地区带来的影响的Pilot计划）给ARGE项目提供了3 000万欧元的援助，这就使得与新入盟国接壤的欧盟区域形成了由 28 个商会组成的网络。这个项目的目的是加强在信息、开发战略的实施和跨边境合作等领域劳动密集型企业的竞争力。另外，委员会还公布了 3 部热线电话并提供了 1 500 万欧元的资金，旨在鼓励跨边境合作、支持欧洲信息中心（Euro-Info Centers）、工会以及区域和地方当局的工作。

第五，有利于青年人的额外措施。在 2003—2006 年，已经有 1 000 万欧元被分配给了 Youth 项目。以分散的方式管理这一项目的成员国相关机构要上交跨边境地区合作计划，以说明如何鼓励新老成员国年轻人的流动、跨文化交流和团结。

除了这些提供额外资金援助的措施之外，委员会的行动计划还建议更好地协调现存政策。该行动计划的目的是加强共同体政策的一致和效率并对边境区域产生重要的影响：

第一，改善 Phare-CBC 和 Interreg III 之间的协调。在 2002 年 9 月 6 日，委员会修订了 Phare-CBC 的相关规定，使得它能够更好地与 Interreg Ⅲ倡议计划相一致，也就是考虑行动的适用性。这一次的修订被运用到 Phare2003 项目上。就在同一天，委员会颁布了 Phare 行动方针（2003—2006），这使得新入盟国能够使用 Phare 的资金资助参与 Interreg 项目。在领土原则下，委员会认为当前的立法框架明确排除了对结构基金资源的使用，也就是 Interreg 倡议计划为欧盟领土之外的投资项目（例如污水处理厂、大桥、技术中心）提供的资源是排除在外的。但是，在下列情况下对领土原则的解释不是那么的严格，例如从共同体规定的技术援助预算中为参加监督委员会和附属委员会会议的非共同体成员国报销相关的开支，为符合 Interreg 倡议计划的项目偿还类似的开支（包括 Interreg 倡议计划 A 系列项目的旅行和补助开支、研讨会、课程安排、语言学习，但不包括 Interreg 倡议计划 B 系列的投资项目），按照共同体公共采购法的规定从伙伴国采购服务和设备等。从地理位置接近四个新入盟国的角度来看，维也纳以及匈牙利和捷克现在都符合 Interreg 倡议计划 A 系列项目的要求。

第二，农业部门的政策倡议。为了改善经济活动的竞争力和多样化，边境地区将按照2003年年底中期评估的情况重新定位它们的乡村发展项目。有新成员国参与的、关于乡村发展的共同体倡议计划Leader+在乡村发展的跨国合作实施方面被证明是有效率的。

2002年夏天东欧的洪水导致了德国、奥地利和捷克边境地区出现严重的人员和物资损失。为了能够及时作出反应，欧盟成立了赈灾基金，每年拨款10亿欧元。在2003年，它为上述区域提供了资金支持。赈灾基金并不是主要受到地理位置的限制，而是考虑灾害的性质和程度。

第7章　欧盟区域政策的政策评估和政策效果

在欧盟区域政策体系中，政策评估也是非常重要的组成部分，它对于欧盟区域政策能够取得预期的政策效果具有举足轻重的作用。欧盟区域政策的政策评估使用了比较科学的评估方法和评估程序，因而是比较完善的，也是非常值得我们借鉴的。

7.1　欧盟区域政策的政策评估

欧盟非常重视对共同体各项政策的监控和评估，而对欧盟区域政策的监控和评估主要是在欧盟委员会的指导和直接参与下完成的。欧盟区域政策开始运作以来，欧盟委员会非常强调区域政策各项基金参与的资助项目要进行定期的严格评估，这有利于改善项目的有效性并为区域政策未来的实施和发展提供有益的经验。在2000—2006年规划期，结构基金就规定要进行事前阶段、中期阶段和事后阶段的评估。在2007—2013年规划期，欧盟委员会将会继续进行事前阶段和事后阶段的评估。当然这种评估是建立在合作的基础之上的，其中成员国主要负责事前和中期评估（即进行过程中的评估），而欧盟委员会则是主要负责主题评估和事后评估。欧盟委员会的一项重要任务就是提供与政策评估有关的全面指导，同时为成员国之间进行经验交流提供便利。

7.1.1　欧盟区域政策进行政策评估的必要性

1. 评估能够发挥与众不同的作用

在评估方面投资时间、金钱并付出努力是希望它能够在实现政策和规划的成功方面发挥重要的促进作用。从某种意义上来说，评估本身并没有完结的时候。政策所关心的是提高个人、领土和部门的社会和经济发展前景。当然，每个具体的规划都有它自己明确的基本原理，一些可能是强调内城区域的振兴，一些可能是强调工业现代化或工业部门的衰退，另一些则可能是强调弱势群体的社会融合以及农村地区的多样化。所有的这些优先领域在欧盟区域政策的各项基金（尤其是结构基金）中都能够得到反映。但是，在所有这些情况下对政策进行评估时都要回答这样一个问题，即评估程序和评估方法是否能够改善人们的生活质量、对未来的预期以及获得平等的机会？因此，要使评估真正发挥它与众不同的作用就要求评估能够提出并回答对政策的利益相关者（包括项目经理、政策决策者和政策受益者）有用的问题。规划评估的贡献在于它在一些创新性的政策领域能够发挥最大的作用，这包括在一般情况下难以获得成功以及政策实施难以进行等情况，在这些情况下，需要进行完善的管理和规划。在政策运作过程中，评估有助于管理一些无法避免的复杂情况和不确定性。社会经济发展是一个非常复杂的过程，它经常会面临许多的不确定性，它不是精密的科学。选择目标和措施、设计规划、实施和维持发展态势需要事前的预期分析、建立反馈机制、动员不同的机构和组织。正是由于评估在这些过程中发挥了非常重要的作用，这使得它成为促进社会经济发展的关键组成部分。

评估有两层含义。第一，如果评估是有用的同时也是便于使用的，这就需要将它视为决策和管理以及整个民主责任过程的有机组成部分。这样一个功能完善的评估体系必须被融入政策或规划的循环过程之中，这也正是我们重视评估体系的设计以及公共部门和专业网络的评估能力能够得到发展的重要原因。第二，评估者和那些使用评估结果的机构和成员需要按照实用主义的要求平衡可获得的各种方法。在社会经济发展的现实社会中，我们很少有时间、资源甚至数据来对技术发展水平进行评估。这也正是我们在评估过程中重视战略选择的原因。评估还需要回答什么时候对评估进行更大的投资是合理的、在什么情况下需要复杂的评估方法、政策评估如何能够缩小知识方面的差距等问题。

2. 评估能够改善规划的长期效果

任何一项政策存在着包括政策及相关规划的确定、规划和资源分配、规划设计和实施以及规划结果的公布等内容在内的循环过程。而评估则与这一循环过程紧密联系在一起，在欧盟区域政策的评估过程中集中反映为事前阶段、中期阶段和事后阶段的评估。附图 7-1 中的政策、项目和评估循环图就很好地说明了对评估非常重要的三种不同的时间循环过程。一是评估循环，它发生在不同的时刻以及不同的阶段。二是规划循环，由它直接产生了进行不同阶段评估的要求。三是政策循环，它形成并影响了项目以及评估必备的各种条件。一般而言，政策循环要比规划循环长。这张图还说明在每一个循环过程中还存在着多个阶段并且它们可以用不同的方式来进行说明。但是这张图也确实说明了评估过程中常见的一些主要的时间选择问题。内容从启动文件和规划项目可行性的事前评估，到说明项目进展和实施的中期评估，到最后聚焦于项目结果的事后评估。但是事前评估应该融入规划设计和政策形成过程之中，中期评估应该有助于规划执行的完成，而事后评估应该有助于政策回顾。将这三个循环联系在一起虽然非常理想但却并不常见。事前评估如果进行得太迟就会使得规划设计和政策形成没有获得足够的信息，而事后评估如果进行得太迟就会影响到政策回顾。政策和项目的任何变化也可能发生在评估已经完成之后，而这在成员国和欧盟的社会经济发展项目中也是非常普遍的。这就会导致在评估政策效果的评估体系已经建立起来之后出现目标和优先领域方面的变化，或者出现项目的终止以及对评估目标的干预。当然，这也会给评估设计中的决策者和规划者带来好处，那就是改善所有这些相关活动之间的联系。

规划评估和政策评估有时是很难绝对分开的，在客观上，这需要明智地使用资源并从历史中吸取经验教训，从而使政策真正建立在合理依据的基础之上。而这也正是结构基金进行事前评估的主要特征之一。评估对于从项目中吸取经验教训从而改善未来的政策方面是非常有力的工具。

3. 评估对规划设计也有非常重要的作用

评估的核心能力之一就是从不同的利益当事人或公众处搜集信息。这在规划设计阶段是相当重要的。在这一阶段，确保规划与使用者的需要紧密相关是最基本的要求，而评估正可以起到这样的效果。而这种相关性并不是仅仅局限在项目设计这个特定的阶段，在社会经济发展的许多实例中，规划会与一系列持续进行的来自使用者和利益相关者的反馈过程相协调。因此，对规划进行重新调整也是非常普遍的现象。

4. 评估要在各种工具之间进行选择

一个设计完备的评估体系（特别是事前评估）有助于特定工具的选择以及对特定项目领域进行干预。评估能够通过分析不同工具或大型项目的成本收益等方式进行经济评估，它还能够广泛参与到可行性的评估活动中并通过使用一些标准来进行干预以确保整个规划或相关规定的相关性。同时，还存在有对成功可能性进行适度干预的透明度和可行度的评估。

5. 评估有利于改善政策管理

一个完全一体化的评估过程能够对规划管理的方式产生关键性的影响。通过分析监控数据、调查所面临的各种困难的潜在原因，评估能够为规划管理提供反馈意见并为中期进行的矫正提供支持。即便是在评估的早期阶段通常它也会发挥它自己的作用，特别是如果存在着一个特别的政策执行网络和逻辑模式的情况的时候更是如此。因此，对政策执行情况进行评估在进行的初期就能产生积极的影响。但是，政策执行初期会面临与整个过程有关的许多事情，例如不同的利益集团如何相互作用？决定和规划是如何作出的？新的机构安排和合作关系是如何确定的？对这些过程的评估（甚至是直截了当的客观描绘）会对所有的参与者以及主要的发起机构和经理大有裨益。

6. 评估有助于明确甄别出政策的产出、成果和影响

从政策产生的早期开始，社会经济发展规划就需要对结果进行说明。在最早期的时代，一般是以产出的方式（例如接受补贴来更新设备的公司的数量或者接受培训的失业人员的数量等）来进行的。但是，政策决策者很快就对那些更实在的结果产生了兴趣，例如公司变得更有竞争力以及失业人员实现重新就业等。这些成果会至少在长期对政策和规划目标产生更大的影响。这也使得评估会提出这样的问题；区域公司的增长可持续吗？长期失业者的就业前景也是处于可持续的状态吗？对于许多决策者而言，明确甄别和描绘这些产出、成果和影响并进行定量化是政策评估带来的主要益处。但是，要使得这一过程真正有用，决策者需要确保有明确的目标，同时这种干预和项目目标之间有着密切的联系。项目经理如果必须与评估者们一起工作，他们就需要确保监控和评估体系能够正常运转，同时同各项目标所选择的指标之间有着合理的相关性。

7. 评估还有利于明确政策无意引发的结果和不当的影响

在规划和各项工具达到了它们的既定目标的同时，有时会无意产生一些其他的结果，这其中既有正面的，也有负面的。例如，支持乡村企业家可能会对周边城市处于同一部门和同一市场的城市企业家产生溢出效应。有时，这种无意的结果会产生负面的影响。例如，设计用来改善劳动力市场上特定群体的就业前景的政策工具可能会给其他的群体产生负面的影响。另外，政策的干预有时也会产生不当的结果，使事态朝着预先设计的反向发展。例如，促进旅游的政策干预由于误解了区域旅游的需求基础、破坏现存的旅游贸易而无法扩大旅游市场。准确获得政策干预对社会经济发展的影响（包括无意的结果和不当的影响）是非常重要的。这也是评估能够有助于从具体案例中吸取经验教训、如何更好地设计项目以及如何避免资源浪费和不当影响的方式。

8. 评估通常通过政策、主题、规划和项目评估这些不同层次来进行

将政策、规划和特定干预或项目联系在一起的问题是评估的长期问题。许多好的规划经常没有被相关的好政策所吸收，好的规划文件也没有被转化为好的项目，好的项目经常也无法确保规划的成功。但是，规划评估是政策评估的必要组件，这正如项目规划是规划评估的必要组件一样。主题评估和在运用规划素材的时候从政策中衍生而来的标准是在评估中引入政策层面的通常方式。现在评估中有一种越来越重视政策层面的趋势。这也反映了决策者希望获得更加广泛的评估结果的意愿。同时，它也给那些在更加宽广的视野下看待他们的工作成果的评估者带来了挑战。重视政策层面也能够加强规划评估，例如为规划的成功确定以结果为导向的标准等。绝大部分的项目评估（至少是小型项目）被转移给了项目发起者和其他的中间机构，但是由于大型项目（例如基础设施项目）的复杂性和规模较大等特点因而被排除在外。项目经理和发起者通常需要进行一种自我评估，这种方式尽管缺乏重要的独立性，但是它仍然对规划作出了重要的贡献。例如，如果已经为项目的自我评估设计了结构完备的框架，这样就可以确保取得系列成果并有利于在规划层面上进行进一步的分析。另外，在客观上需要进行自我评估以鼓励项目内部和项目之间的信息反馈。这些正在计划和正在实施的评估工作需要明确政策评估、规划评估、项目评估和主题评估之间的关系。

7.1.2 欧盟区域政策评估的不同类型

欧盟区域政策的评估可以具体分为事前评估、中期评估和事后评估等类型。

1. 事前评估

事前评估发生在规划被采纳之前、整个循环过程开始的时候。这种形式的评估有助于确保最终的规划能够尽可能地相关和一致。在进行决策的时候，它的结论将会融入规划之中。事前评估主要关注的是相关成员国、区域或部门的优势、弱势和发展的潜力。它为相关的政府当局提供了关于下列问题的一些判断：发展的主要问题是否得到了正确的诊断？提出的战略和目标是否相关？与共同体政策和指导方针是否相一致？可能产生的影响是否是客观现实的？同时，它也通过明确甚至是量化的目标为监控和未来的评估提供了必要的基础。它有助于确定项目的甄选标准并保障共同体的优先领域。最后，它还有助于通过对这种选择及其影响作出清晰的解释来确保决策的透明。事前评估是在公共当局参与未来规划的讨论和谈判的时候完成的。因此，它们也具有很大的局限性，例如最后期限的压力、评估的规划的不成形、评估进行时可能还会存在一些无法预期的变更、机密的要求，等等。因此，评估小组必须要灵活快速地行动并采取必要的技术来分析各种需要、模拟可能产生的社会经济影响。

2. 中期评估

中期评估是在规划循环的第二阶段规划执行的过程中完成的。根据中期评估的结论还要对规划进行调整。这一评估只是对政策干预最初的产出和结果进行分析。它还会对规划的财政管理及其监控和执行的质量进行估定。它探究最初的意图是否以及如何得到落实并检查最初的目标是否已经产生了实际的变化。通过与最初的情况进行对比，它高度关注在一般的社会经济背景下的变化并就目标是否保持了相关性作出判断。中期评估还检查共同体优先领域以及用于解决相关问题的政策的演变过程、为进一步的调整和重新规划作准备并将它们纳入透明的程序之中。中期评估非常依赖从监控体系获得的信息，此外还包括事前评估获得的信息以及有关具体演变方面的信息。它一般包括一些有关规划评估结果的简短详尽的说明，但却并不试图对那些尚未出现的政策影响进行深度分析。如果确有这类分析的话也是对以前的规划进行的深度评估或主题评估。这也就是说，中期评估有一个特定的格式，它直接将反馈意见反映在规划中，从而有助于改善规划的管理。

3. 事后评估

事后评估主要对整个规划（特别是它的影响）作出概括和判断。它的主要目的是说明资源的使用并就政策干预的有效性和效率以及可能产生政策影响的广度进行报告。它主要聚焦于导致成功和失败的主要因素、政策结果和影响的可持续性。它试图得出能够被其他区域的其他规划所采纳的有益结论。在理想的情况下，评估的结果在计划下一个规划的时候应该是可以获得的，也就是说至少在规划结束的一年之前要完成。但是，要准确把握政策产生的影响，事后评估必须要在规划期结束后的2 3年才能够完成。在等待这一段时间过去的时候，在规划循环结束之前经常需要对下一个循环的事前评估进行一次临时的回顾。而对政策影响的分析在系统化的评估报告中会占据很大的篇幅。因此，事后评估偏向于在对该领域进行长达12~18个月调查的基础上作出。

4. 对政策评估类型的分析

事前评估、中期评估和事后评估在一个连续不断的循环过程中的交替顺序需要尽可能高效地组织以避免工作的重复。其基本原则是在规划的过程中将评估工作与评估结果的运用结合在一起。不同时期规划行动的相对连贯性使得将当前规划中得到的结论运用于判断新措施的适当性成为可能。同时，在连续几次规划的不同时期进行的评估工作之间很可能会发生相互作用。

为未来规划作准备的事前评估要吸收更早期的工作的成功经验。中期评估一般是在规划行动进行的第一年开始，通常是以从监控体系中获得的信息为基础并对当前规划的影响和结果进行最终回顾和总结。事后评估则更侧重主题评估和深度分析。这些评估使得观察和分析以前在类似情况下所作出的类似的政策干预的结果和影响成为可能。由于中期评估的作用在于检查目标是否具有相关性且处于实现的过程之中，这样就必须主要依据监控体系的数据，同时还要参考正在进行的这项规划的事前评估（特别是规划开始之前与居于主导地位的社会经济环境相关的各种判断）和以前完成的规划的事后评估（特别是在类似领域内采取的政策干预可以作为重要的参考）。事后评估是以管理和监控数据以及该领域内的调查为基础的，这有助于观察和分析政府干预真实和可持续的影响。它参考了事前评估从而考察是否达到了预定的目标，它也参考了中期评估从而判断在中期明确的成功和失败是否最终出现。

评估还需要从过去完成的规划的经验教训中吸取养分以便改善未来的规划，而设计多年期的评估计划就是一种非常有趣的解决办法。具体来看，它不仅明确了可能采用的各种不同的评估方式，同时还明确了与不同层次的评估者进行决策的进程和与最后期限有关的数据和内容。

7.1.3 欧盟区域政策评估的主要方法

评估方法的选择与评估设计和评估模式有着紧密的联系，评估者往往会选择那些能够回答评估者提出的相关问题的方法来进行评估。对评估方法的选择主要取决于下列一些因素，即对社会经济进行干预的类型、评估目的（包括责任义务、改善管理、对所开展的各项工作进行解释等）、规划循环和政策循环的阶段（即进行预期分析和回顾分析）、评估过程的阶段（包括设计、获取数据、分析数据、得出结论），等等。此外，评估方法的适当与否还与评估的范围有着紧密的联系，有时可能是对多个部门的规划进行全面的评估，有时则是对特定的评估问题进行深度的分析。

从附表 7-1 和附表 7-2 中，我们可以发现，欧盟在对区域政策进行评估的过程中采取了一系列的方法，这些方法分别在评估的不同阶段被采用，从而很好地支持了欧盟对区域政策所进行的各种评估。

（1）概念地图（Concept or Issue Mapping）

评估方法的设计和规划从关键概念和观念的说明开始，可以采用图片、概念地图和概念网络等方式。这一方法主要用于存在多重目标但是却没有明确相关指标的情况下定义评估所产生的影响。如果目标体系缺乏精确性，这一方法也会非常有用。由于它主要适合于合作背景下的评估，因此为了在不同的参与者之间达成一致，它往往以个体观点的集合为基础。这种方法一般采用来自不同渠道的信息为基础来完成政策文件、历史记录、早前的研究/评估、采访等方面的内容。这一方法涉及一个结构性过程，并且可以被运用到个人、利益相关者，或者通过统计方法的使用来获得不同的观点。

（2）咨询利益相关者（Stakeholder Consultation）

咨询利益相关者是使利益相关者参与政策评估和规划评估的理想方法。它可以用于评估的特定阶段，绝大多数的情况下是用于确定评估的优先领域以及评估开始时的各种问题，或者是融入评估的各个不同阶段之中，这就可能要使用不同的咨询方法。在这里主要论述的是在事前评估阶段和中期评估阶段所采用的咨询方法，对于事后评估或临时性地搜集信息则一般采用个体采访的方法。咨询利益相关者要求评估者通过协商的努力来确保在评估过程中充分考虑到不同利益相关者的要求、利益和观点，从而有效地使评估者获得不同的观点和启示，而这对于评估的可信度是非常重要的。如果无法从负责规划设计和规划执行的相关责任人那里获得初步看法，就会在理解影响成功和失败的不同因素上存在着较大的差距。此外，由于评估是一个高度政治化而且颇具争议的行动，这就要求主要的利益相关者能够参与评估的过程。

（3）评估能力估计（Evaluability Assessment）

评估能力估计是确定一个规划或政策是否能够被评估或者确定影响评估的有效性和作用大小的障碍因素。它需要回顾规划的一致性和逻辑关系、确定数据的可获得性并对经理和利益相关者通过评估结果对未来的规划制定者和政策决策者产生影响的范围和广度进行估计。除了对评估者会产生许多帮助之外，它还对政策决策者、规划管理者和其他一些利益相关者非常有益，它还有助于阐明规划的逻辑联系并及时对规划进行微调。政策和项目是否进行以及如何进行评估？使用什么样的方法？经理和利益相关者的目的是什么？这些都是评估者需要回答的关键问题。

（4）逻辑模式（Logic Models）

逻辑模式是与规划理论相关的各种评估方法和途径中的一种。Chen 在 1990 年将规划理论描绘为一种规范，也就是确定什么是达到预定目标所必须完成的、还有什么重要的影响是可以预期的、这些目标和影响是如何实现的，等等。Chen 还明确了两个阶段规划理论的差别，标准化理论为规划结构和活动提供了基本原理和理论依据，成因理论表现了政策干预与结果之间的因果关系的经验主义知识。这两个阶段也反映在逻辑模式中，它只用来描绘那些被认为能够带来某种变化并且能够与规划期待实现的结果相联系的各种活动。规划的结果一般以输出、产出和影响等形式表现出来。Owen 在 1999 年指出，逻辑模式的中心是规划的因果关系、事件的排序及原因、并发的事件或行动等。在这种方法的运用过程中，评估者遵循设计者在规划设计过程中所使用的反向逻辑。计划和评估是一枚硬币的两面，问题和原因的因果链是目标和工具的因果链的反映。评估者的作用是了解这种因果链中的差距从而改善规划。逻辑框架是以逻辑模式为基础，并为规划的分析、设计、管理和优化提供一种现实的工具。

（5）格式化评估（Formative Evaluation）

格式化评估试图通过检查规划的传达、执行的质量和组织结构、人事管理和办事程序来加强或改进规划及政策干预的效果。作为一种以评估方法和途径为导向的变化，它被用来评估在预期的方向与规划的实际影响之间现实存在的矛盾，也被用来加深人们对如何更好地实施规划方面的了解。格式化的评估在规划的动态变化的背景下作出反应，并试图改善在流动的政策环境下政策和规划必然会面临的混乱状况。格式化的评估特别关注政策传导和干预体系，评估者还要分析干预逻辑、结果和影响。格式化评估活动包括搜集和分析规划周期的数据，并及时向规划决策者反馈评估发现以便及时调整决策和行动。它要求具备一个有效的数据搜集战略以及对评估活动进行监控的相关数据。在这里，虽然反馈有助于政策制定，但它主要是被设计用来调整规划实施的。评估者在进行格式化评估时会提出各种不同的问题并使用各种不同的方法。问题通常是开放式的和试探性的，主要用来揭示规划发生的过程、明确从最初设计开始发生了哪些变化及其原因、评估与组织机构有关的软性因素（例如规划执行者为实现其目标所采购的范围以及可能的产出）。这类问题还考察输入和结果之间的关系，这对早期和短期措施的规范化及其测度会产生重要的影响。格式化的评估在绝大多数的情况下会使用定性的调查模式来进行案例研究。格式化评估的主要任务包括明确评估目标、搜集规划数据、选择合适的方法、进行价值判断、产生评估结果等。

（6）社会调查（Social Survey）

社会调查一般是采用特定的格式向某一特定的个体样本询问一系列标准化的问题，个体样本的选择具有一定的人口代表性。作为社会科学的基本工具之一，问卷调查在今天仍然被绝大多数的公共和个体研究、调查、统计机构以及评估机构所采用。有一些社会调查是非常详尽的，例如很多国家开展的人口普查就涵盖了全国的人口或目标人口的全体。在欧盟结构基金的使用过程中，从规划项目的受益者那里获得信息就要使用社会调查的方法。

(7) 受益者调查 (Beneficiary Survey)

受益者调查可以被看做问卷调查的特殊运用，它主要被用于直接从政策干预的受益者（可以是个人、机构或共同体）那里获得信息。这些受益者获得了政策干预提供的支持、服务和信息，使用了政策干预支持所创造的各种便利（例如家庭使用由公共政策干预支持的电话网络或公司获得了援助和建议等）。当然符合条件的群体并不一定包括受益者，一些人可能因政策干预而受益但是却并没有包括在政策干预的目标群体之中。在一些国家，受益者还包括负责基金开支的公共机构而不是一般意义上的管理当局。

(8) 个体访谈 (Individual Interview)

个体访谈一般包括由专业人员对特定个体进行的深度对话，其目的通常是搜集与这个个体有关的特定信息。为了获得特定的信息和个人关于特定规划和项目的执行、结果和作用等方面的观点，访问往往需要特定的技巧。往往会采取一些特定的访问形式，但是每一种形式都具有不同的目的，这其中包括非正式的访谈、最常用的半正式访谈和结构严格的正式访谈。

(9) 优先评估 (Priority Evaluation)

优先评估方法（也被称为优先评估者技巧）是以模拟市场选择为基础的，通常它会使用社会调查来搜集信息。回答者一般被假定分配一定的预算资金并列举出一系列他们能够购买并标定其假定价格的物品。然后，根据回答者使用预算资金购买物品的偏好和优先性来确定物品的价格。

(10) 焦点小组 (Focus Group)

焦点小组是一种效果很好的社会调查的方法，一般采取特定结构的讨论的方式，这有助于参与者观点和看法的分享和改进。开始的时候它被用于市场研究，现在被广泛运用于获得数据和各种观点的学术研究和其他领域。这一技巧对于分析有分歧的观点以及需要深入探讨的复杂问题特别有用。焦点小组是以讨论方法为基础的一个小组，典型的形式是由 6 ~ 8 名成员组成的同质小组，他们 1 ~ 2 个小时会面一次。提供讨论主题和相关问题的评估者和研究者负责组织安排他们进行互动。另外，有时也采用针对较大的活动组而安排的讨论会的形式，但是往往会安排更多的议题。其他的创新形式还包括将讨论组的方法运用到决策，这包括由 12～30 名公民组成陪审团在几天的时间内听取相关的情况说明，然后就行动的过程提供推荐意见。咨询技巧还包括协商式的民意调查和咨询座谈会。这些方法的共同特点是它们将获得信息的机会与讨论和协商联系在了一起。焦点小组和其他以小组为基础的讨论通常会要求参与者集中在一起，由于信息和通信技术的发展，现在使用电话会议的电话小组以及运用互联网技术开展的网上小组讨论越来越受到欢迎。

(11) 案例研究 (Case Study)

案例研究方法是对自然状态下的现象进行深度研究并提取相应的观点，这些观点可能是来自于多重数据（包括定性数据和定量数据）采集方法，因而可能是来自于不同的行动者，这其中包括个人、规划、机构、项目以及决策程序等。由于案例研究并不只是关注单一焦点或单元的分析，因而它往往被认为是比较深入的。案例分析是以丰富的数据为基础并建立在对复杂的现实生活中相互作用过程的深刻理解的基础之上的。案例分析的特点在于它是全局的，它既可以是针对单一案例，也可以包括多个案例。如果具备充足的资源，多地点的案例研究将会为理论上的定性评估提供更多的机会。案例研究在设计阶段也会提出一些问题，例如什么才能够被认为是案例？选择案例的基础是什么？什么样的分析单元将会被包括在案例之中？数据是如何组织的？从案例研究中可以获得什么样的普遍观点？等等。

(12) 本地评估 (Local Evaluation)

欧盟大型分散化的规划或项目往往需要项目经理和其他利益相关者在地方层次上进行评估。本地评估有时也被叫做自我评估，它指的是由规划或项目的地方参与者进行的评估，往往是由那些拥有专业评估能力并受聘为外部顾问或直接身处机构之中的人员完成的。他们发挥的作用使得他们能够构建起一种评估文化并将评估技巧传播给规划或项目的所有参与者。本地评估的关键因素是本地评估与规划评估的关系。这两者可能是有联系的，例如，事后评估可以是由那些主要关注过程和执行且与地方层次的评估者没有联系的独立评估者来完成。有时这两者可能也是有紧密联系的，特别是当地方评估者是规划的中心并且位于规划战略评估框架之内，同时主要由地方行动者来实施和执行，在这种情况下两者的联系就会非常地紧密。当然更多的时候，这种联系是处于这两者之间。即便是在本地评估不构成评估战略一部分的情况下，它们仍旧可以使规划和项目评估受益。研究表明，由地方参与的联合评估能够优化报告的质量以及评估结果的质量和使用效率。这种支持本地评估参与的联合评估战略主要包括下列一些主要的做法，例如通过技术援助加强评估的专业性、分享评估计划、帮助制订年度评估计划、分享搜集到的各种数据、联合采取重要的评估措施等。本地评估可以是比较全面的，也可以聚焦在特定的政策干预领域、特定的人口、特定的环境或者是其他一些具体的考虑。

（13）公众参与（Participatory Approaches and Methods）

公众参与监控和评估充分考虑到了当地人民的观点和看法并使得他们在评估过程的计划和管理方面拥有更大的发言权。本地人民、共同体组织、非政府组织和其他一些利益相关者在一起共同确定措施作用的结果并根据已经搜集到的信息确定下一步的行动。对公众参与的强调不仅仅局限在特定方法和途径的选择这一特定方面，它还考虑到了发起和参与评估过程的主体以及评估结果的受益者。以共同体为基础的各项评估活动非常关注地方人民的意见，而其他形式的各种公众参与的监控和评估活动也注重发动基层民众参与评估他们所在机构的效率以及进一步改进的方法。这种方法还被广泛用于许多领域，例如公众参与的学习和行动、公众参与的乡村评估、快速的城市环境评估、快速的乡村评估、公众参与行动的研究和评估等。这种方法强调将公众参与看做与行动和变化相联系的系统学习过程，公众参与评估的核心目的是通过促进交互式的参与活动、自我动员和集体行动来增强共同体和相关机构的行政能力的构筑。公众参与的监控和评估活动需要遵循下列一些基本原则，一是参与原则，它设计出一种特定程序使受到最直接影响的群体和政策干预的受益者能够有机会发出他们的声音；二是不同的利益相关者之间能够就监控和评估的对象、数据搜集和分析的方式和时间、数据隐含的意义、评估结果的分享以及采取的各种行动等具体内容达成一致；三是学习原则，即将所有参与者的累积学习作为未来政策改进和采取可持续性行动（包括地方机构建设和强化）的基础，以此来增强人们自己采取行动的能力；四是灵活性原则，也就是使评估能够适应外部环境、地方情况和评估者的各种变化。

（14）二手数据资料的使用（Using Secondary Data）

二手的数据资料是评估者自己不直接负责搜集的资料，这正好与评估者自己搜集的资料不同。通常情况下，使用以前搜集的资料来进行评估往往并不是这些数据的本来用途。数据库和数据档案中的数据通常是计算机可读的，因为这种形式的数据更容易获得从而进行研究，例如由政府进行的大型人口普查和社会调查获得的数据以及行政数据。但是，在目前的情况下，由于评估要使用尽可能多的信息，所以这些数据就要包括几乎所有的信息。信息源还包括各种报告、特定领域进行的研究、与规划和项目管理有关的各种文件、与类似的规划和项目有关的信息等。二手信息的三大主要来源包括规划管理文件、统计资料以及过去的评估和研究。

（15）官方数据的使用（Using Administrative Data）

官方数据指的是政府为了实现对社会经济发展规划的管理而搜集的数据。虽然官方数据的获得和质量依赖于规划的要求和规划执行机制，但是对于绝大多数的评估者而言它是非常重要的。在理想状态下，官方数据往往是以一定的格式集中保存。但在实际状态下，不同类型数据的搜集一般是由多个不同的执行机构来独立完成。绝大多数的官方数据是来源于各种行动者自己，规划和项目经理有责任确保搜集和综合信息的程序严格、透明。官方数据产生的主要渠道是通过实施过程和实时监控。为各种基金批准的各种项目搜集相关的数据而签署正式的协议成为许多地区的通行做法。例如，项目的批准函中就要明确说明需要的信息、数据以及数据服务的机构和对象等内容。有时，数据在项目层次上是可以获得的，但是由于人员不足以及工作量太大等原因，在规划层面上则很难获得。这样，获得拥有项目所需的数据资料的机构中的工作人员的支持就变得非常关键。规划管理者通常采取各种方法确保数据的可获得性，例如在提供资金援助的时候要求定期提供监控报告。为了鼓励相关机构提供必要的信息，规划管理人员还以信息的形式向它们提供有关其附加价值方面的反馈意见。

（16）观察技巧（Observation Technique）

自然调查形式的观察技巧需要在现象自然发生的背景下对现象进行调查。研究者往往参与到人群、机构或共同体之中来对各种行动、相互作用以及发生的各种事件进行记录。当然最重要的仍然是观察，参与只是接近并了解它对相关者产生的意义的方法。作为一个参与者，评估者要通过自己亲身经历的方式来获得独特的角度和看法。这种观察技巧能够作为一种长期或短期的技巧来使用。评估者和观察者需要长期沉浸在当地的环境和文化中来获得当地的接纳和信任。观察方法的另外一种表现形式是对话和论述分析，这种方法是在制度和非制度的环境条件下研究正在发生的对话，同时对社会价值体系和社会互动所使用的方法进行深入探讨。这也是对共同服务机构及其工作人员的对话互动进行评估的有效技巧。

（17）输入/输出分析（Input/Output Analysis）

输入/输出分析是一种在给定的时期内用来分析经济活动特征并预期各种刺激（例如不断增加的消费和政府政策的变化）对区域经济所产生的作用的方法。它使用矩阵来描述生产体系满足最终需求（包括消费、投资和出口）的方式。一个输入/输出矩阵代表了经济资源及其消费之间的联系，矩阵还会在生产部门的数量发生改变的情况下从简单变得复杂。由于它将经济生产结构进行了详细的划分，因此它也是被用来评估结构干预对部门产生的影响的重要方法之一。一个输入/输出矩阵能够被看做一个宏观经济模型，尽管它将它所代表的经济机制进行了高度的简化，但是从一个部门的角度来看它也是非常详细的。

（18）计量经济模型（Econometric Models）

计量经济模型是用来复制和模仿区域、国家和全球经济体系的工具之一。建立计量经济模型一般是用来说明数据在模型结构中的作用，也就是通过各种可能的估算方法来计算模型的系数。通常情况下这些自由估算的系数可以相互结合，但有时在数据数量或质量的限制下，这些系数可能是固定的或受到限制的。存在有许多这样的模型的原因在于它们一般都不是建立在真正的评估意义上的，更多情况下现存的模型往往是过去为其他的目的而建立的，同时由于建立这样的模型使用了太多的资源，因而也就作为成本最低的评估工具而被采纳。这种模型一般是用于模拟非现实的情况，因此一般是用来评估公共行为（例如增长、就业、投资、贸易等）对绝大多数的宏观经济变量的影响。由于存在着许多有竞争和差异的理论，宏观经济理论不是一个特别稳定的领域，因此不同的模型不仅反映了它们用途的不同，也反映了建模者的观点和意识形态的不同。一般而言，这些模型的需求面往往是相似的，它们都建立在 GDP 的消费方面（例如家庭开支、政府开支、投资开支、出口、进口等），但是在供给层面上却存在着很多的分歧。

（19）回归分析（Regression Analysis）

回归分析是确定两个或多个变量之间相互关系的统计方法。因变量的值是可以预测的，自变量的相关信息是可以获得的。这种方法一般用于找出代表这些变量之间的相互关系的等式。一个简单的回归分析能够使用简单的线性回归方程 $Y=a+bX$（其中 a 和 b 是常量）来进行，独立变量 X 和 Y 之间的关系是线性的。多次回归为从两个或多个独立变量中预测一个变量提供方程等式 $Y=a+bX_1+cX_2+dX_3$。

（20）试验性和准试验性的技巧（Experimental and Quasi-experimental Techniques）

试验性的方法一般被认为是评估的黄金法则，它试图复制在试验室里观察到的自然社会现象（例如原子、粒子）。最常用的试验方法是随机控制试验 RCT（the Randomised Control Trial）。绝大多数人在日常生活中都会遇到 RCT，例如在医院的门诊接受治疗的时候往往参与新药品的试验。这种方法起源于实证主义和科学现实主义的传统，它的主要思想是真理只能通过现实世界的试验建立起来并构筑起它的相关规则。这种方法强调随机分配，也就是给予每一个分析单元接受“治疗”的同等机会。这些分析单元一般是人，有时是特指研究针对的人群。这里的治疗也就是干预，它针对的是试验人群而不是控制人群。这种治疗的效果是在试验和控制人群之间进行对比分析得到的，为的就是判断这种治疗是否在一些共同的领域对试验人群产生显著的作用和影响。

（21）Delphi 调查（Delphi Survey）

Delphi 的方法是建立在通过一系列的问卷调查以及严格控制的意见反馈从专家那里搜集和合成各种知识的过程的基础之上的。这里的问卷调查是以匿名的反复咨询的调查方式完成的。这种方法最开始起源于战后预测与经济和社会重振紧密相连的技术发展的潜在影响。这一技术相当简单，它有一系列问卷需要事先挑选的专家来回答。这些问卷被设计用来引发个体对特定任务的反应，并使得专家能够在调查过程中按照分配的任务提炼出他们的观点。Delphi 方法的基本原理有利于避免传统的咨询方式可能出现的各种缺陷。

（22）SWOT 分析（SWOT）

SWOT 分析是 50 年前开发出来用于帮助公司在变化和竞争的环境下确定自己的战略的方法。这种决策工具由于同时分析了公司内部的优势和缺点以及市场的机会和威胁而得名。它与 BCG（the Boston Consulting Group）矩阵在某些方面比较相似，是战略分析的经典工具之一。城市和区域当局是 20 世纪 80 年代首先使用 SWOT 来进行分析的部门。现在这一工具主要用于计划和区域发展规划的事前评估。

（23）性别影响分析（Gender Impact Assessment，GIA）

性别影响分析有助于估计任何政策或行动对性别平等产生的不同影响（包括积极的、消极的或中性的）。GIA 应该在规划批准和实施之前即政策决策的早期阶段被采用，这样才能保证决策的合理性。特别是在会产生中性和消极影响的情况下，它有助于决策者在可供选择的方案、规划和项目以及实施规划和项目的各种方法之间进行抉择。这种方法还可以在政策循环末期的事后评估中使用，以便与实际产生的影响进行比较。

（24）成本—收益分析（Cost-Benefit Analysis，CBA）

成本—收益分析是用来对共同项目的经济影响进行评估的一种方法。这种项目一般涉及共同投资，但是在原则上对各种不同的干预采取相同的方法，例如对私人项目、管理改革和新的税率都进行补贴。CBA 旨在通过计算项目的经济成本和收益以及确定一个项目从社会福利的角度来看是否是有价值的。这一方法主要是以下列一些内容为基础，即预测项目的经济影响、通过适当的计算方法对它们进行量化、在可能的情况下使用常规的方法对经济影响进行货币化、使用精确的指标计算项目的经济回报。

（25）基准分析（Benchmarking）

基准分析来源于私人部门，现在成为改善公共部门政策实施程序和效果的流行方法。基准分析开始的时候是公司在工业环境下提高竞争力的方法，后来被广泛用于商业企业。这一方法是以给定领域内信息的交换和比较为基础，当然这些信息与机构的特定过程和产出有紧密联系。现在这一方法应用的领域更加广泛，包括区域和次区域领土特征的系统比较。在新公共管理领域，基准分析被运用于公共服务和市政管理。它还参与公共干预的实时评估。在英国，基准分析还被认为是实现现代公共服务的改革和完善的有力工具。

（26）成本—效率分析（Cost-Effectiveness Analysis，CEA）

成本—效率分析是有助于确保收益难以计算的部门投资资源有效使用的工具，它也是在这一领域进行项目选择的工具。效率分析是在给定的产出水平下使成本实现最小化或在给定的成本下使产出最大化。例如，评估者可以对旨在降低出生率、不同教育方法和不同干预方法降低婴儿死亡率的各种项目的产出/成本比率进行对比。这种方法在收益难以计算、根据所需的信息难以进行决策以及精确的货币措施会引发各种争议的情况下非常有用。它不考虑主观判断，对于拥有多重目标的项目不太管用。因此，在这种情况下需要更加复杂的成本收益权重分析工具，它根据各项目标的优先性给予各项目标一定的权重。

（27）经济影响分析（Economic Impact Analysis）

经济影响分析涉及不同的经济主体（雇主、雇员、消费者、生产者和地区），它将时间变化因素和不安全感（通过不同方案的比较）引入其中，它重视经济活动的重要性和强度（例如总就业的贡献率和 GDP 的贡献率），并对直接和间接的不同影响进行了对比分析。经济影响分析是对规划可能的变化所产生的影响进行量化估算的有效工具。

（28）环境影响分析（Environmental Impact Analysis，EIA）

环境影响分析是确定项目或发展对环境的显著影响并由当局将它纳入决策程序的考虑范围的过程。这一系统化的过程事先需要检查将要进行的发展活动可能对环境造成的影响，这样就能从环境的角度来选择更好的项目。

（29）战略环境影响分析（Strategic Environmental Impact Analysis，SEA）

战略环境影响分析是对特定政策、计划和规划对环境所造成的结果进行评估的系统化过程，这样就能确保在决策的最初阶段能够在经济、社会和环境等多方面进行全面考虑。这一方法将环境融入战略决策之中，从而与以项目为导向的环境影响分析有着明显的区别。这一方法起源于环境影响分析的自然资源管理基金以及政策分析方法和评估技巧，现在它成为环境影响分析向战略领域的延伸。由于战略环境影响分析是在不同的运作环境下在战略层面上进行的，它强调过程而不是详细的技术分析，这样工具的属性以及涉及的各种步骤就会根据情况的不同而发生变化。与环境影响分析相比，它更加开放、更具建设性和反复性。它并不要求复杂和成本较高的数据搜集和建模能力，但是机构间的合作和公众的参与是成功的关键因素。

（30）多重标准分析（Multi-Criteria Analysis）

多重标准分析作为一种决策工具出现于 20 世纪 60 年代，它用于对不同的项目或措施进行比较分析。它一般是在复杂的情况下同时考虑多个标准，它被设计用来帮助决策者将不同的观点融入政策框架之中，参与决策的过程是这一方法的核心内容，最后还会为未来的行动提供各种意见和建议。多重标准评估往往是在评估的最后阶段用来作出单一的综合结论，或者作出能够适合多个不同的参与者的共同结论。在欧盟，不同层次的参与者（包括欧盟、成员国和区域）都对此非常关注，它们有权确定自己的优先领域和对不同标准的偏好。多重标准分析与机构发展或信息系统管理领域采用的技术比较类似，此外它与成本—收益分析也比较类似。

（31）专家小组（Expert Panels）

专家小组是为进行评估而组建的，它通常由项目涉及领域内的独立专家所组成，他们合成来自不同渠道的信息、发表自己的观点从而得出全面的结论。从某种意义上来说，专家小组更偏向于根据规划可以获得的主要信息和丰富的前期和外部经验就某一特定的内容达成一致意见、形成自己对规划及其效果的价值判断。专家的选择要能够在平衡和公平的原则下代表各种不同的观点并且能够在进行评估的时候保持独立。他们在评估的时候要对所有的数据和各种分析进行检查和判断，评估要得出一致的结论，特别是在评估过程中在提出的各种问题上达成一致。专家小组既不需要解释它的价值参考，也不需要解释它在不同标准之间的平衡，但是评估的可信性必须要得到保证，从而使人们确信评估结论是在代表不同观点和学派的专家的一致意见的基础上得到的。

7.1.4 欧盟区域政策评估的小结

欧盟对区域政策的评估是比较完善的，其中的主要原因是欧盟非常重视政策评估，将它看做督促政策执行者实现政策预期目标的有效工具和途径。同时，欧盟对区域政策的评估贯穿在政策制定和实施的整个过程，包括事前评估、中期评估和事后评估，而在不同阶段进行的评估活动又各有分工、相互补充，从而与政策实施很好地结合在一起，起到了非常好的作用。此外，欧盟的政策评估具有非常完备的评估方法和工具，这些方法与不同阶段进行的评估活动密切配合，从而保障了政策评估的开展和评估结果的针对性和有效性。

7.2 欧盟区域政策的政策效果

7.2.1 欧盟区域政策的政策效果的集中表现

欧盟最新的经济和社会融合报告和其他一些研究报告经过研究发现，不同区域之间甚至是不同成员国之间的经济发展差距已经明显缩小。这种状况的出现一方面是由于欧盟经济和社会发展融合的进程在加快，而另一方面也是欧盟区域政策发挥作用的结果。欧盟区域政策取得了显著的政策效果，这主要体现在以下三个方面(具体数据均来源于欧盟官方网站)：

第一，欧盟区域政策提高了欧盟一些相关成员国经济发展的水平从而缩小了欧盟不同成员国之间经济发展的差距，其中特别是希腊、葡萄牙、西班牙、意大利、英国、爱尔兰和德国。根据欧盟委员会公布的结构基金报告，结构基金的资金支持使得希腊、葡萄牙、西班牙和意大利的 GDP 在 1994—1999 年规划期分别增长了 25%、17.2%、16.7% 和 12.5%。爱尔兰和德国的 GDP 增长水平稍低一些，但是也分别达到了 9.8% 和 5%。而在 1988—2000 年，爱尔兰的人均 GDP 从欧盟平均水平的 64% 上升到 119%。在 2000—2006 年规划期，葡萄牙的 GDP 总值与没有共同体支持的情况相比多增加了 3.5%，希腊多增加了 2.2%，意大利南部多增加了 1.7%，德国东部多增加了 1.6%，西班牙多增加了 1.1%。同时，根据 2007 年 5 月公布的欧盟第四份经济和社会融合报告，希腊的经济发展水平从 2005 年占欧盟 27 国平均水平的 74% 上升到 88%。2007 年，西班牙和爱尔兰的经济发展水平也分别从占欧盟 27 国平均水平的 91% 和 102% 上升到欧盟平均水平的 102% 和 145%。而中东欧的新成员国也成为欧盟区域政策的主要受益国。1995—2005 年，波兰、匈牙利和斯洛伐克的经济增长率比欧盟的平均水平高出了一倍。

第二，欧盟区域政策帮助了相关区域以及整个欧洲减小了经济发展差距并完成了积极的结构转型。在 1994—1999 年规划期，共同体农业对 GNP 的贡献下降了 1%，能源下降 0.2%，工业下降了 0.1%，建筑业增长了 0.5%，公共服务下降了 0.9%，私人服务增长了 1.8%。这种经济结构的转型与世界经济发展的趋势和潮流是一致的，而欧盟区域政策在其中发挥了非常积极的作用。同时，1995—2004 年人均 GDP 低于欧盟平均水平 75% 的区域数量从 78 个下降到 70 个，而人均 GDP 低于欧盟平均水平 50% 的区域数量从 39 个下降到 32 个。在 2000—2006 年规划期，欧盟区域政策资金援助的主要接受者是欧盟 15 国的落后区域，这些区域在 1995—2004 年的人均 GDP 与欧盟其他区域相比出现了明显的增长。在 1995 年，拥有 7 100 万人口的 50 个欧盟区域的人均 GDP 低于欧盟 15 国平均水平的 75%。到了 2004 年，这些区域中的四分之一（约 1 000 万人口）的人均 GDP 达到或超过了欧盟 15 国平均水平的 75%。

第三，欧盟区域政策扩大了欧盟成员国的就业。根据欧盟委员会的报告，1994—1999 年，在欧盟区域政策的帮助下，欧盟共创造了 200 万个新职位，其中希腊 14.1 万，西班牙 13.9 万，葡萄牙 11.2 万，分别占到了总就业劳动力的 3.6%、2.0% 和 3.2%。2000—2005 年，不同区域之间的就业率差距进一步缩小。2000—2005 年，落后地区的失业率从 13.4% 下降到 12.4%，虽然它们中有 17 个区域的失业率上升了 2 个百分点。在经济较发达的地区，西班牙、意大利、法国和英国一些区域失业率有所下降，而德国、奥地利、丹麦和保加利亚有所上升，但是在 2000—2005 年失业率总体保持稳定，维持在 8% 以下。2005 年，欧盟女性的失业率高于男性的失业率，但是 2000—2005 年它们之间的差距缩小了近三分之一。在教育和培训方面，25 ~ 34 岁的年轻人拥有大学学位的比例正在逐渐增加，这一指标比 55 ~ 64 岁的老年人高出了 1 倍。但是，在一些成员国，特别是罗马尼亚、捷克、意大利和斯洛伐克，年轻人的教育层次则比较落后。例如，在 2005 年，欧盟 25 ~ 64 岁之间的人群中有 23% 受过大学教育，芬兰高达 35%，而罗马尼亚仅有10%左右。不同区域之间的差距更大，落后区域远远低于发达区域的水平。

7.2.2 欧盟区域政策的政策效果的区域表现

欧盟区域政策对欧盟的不同区域产生了不同的作用和效果，下面从区域政策针对的不同区域出发探讨其作用的效果（具体数据均来源于欧盟官方网站）。

1. 经济最不发达的国家和地区（即目标1区域）

欧盟区域政策中的重要基金结构基金和团结基金仅仅占据欧盟GDP的0.45%，但是它们在帮助那些欧盟经济最落后的国家和地区方面却发挥了重要作用。1994—1999年，欧盟结构基金帮助这些经济最不发达的国家和地区修建和改造了4 100公里的高速公路和32 000公里的公路，整顿了3 200公顷的工业园区，资助了21.4万个公司，为815万人提供了培训服务，创造了80万个工作岗位。在葡萄牙，欧盟对教育的投资极大地提高了培训和教育的质量。此外，欧盟的环境基础设施项目在葡萄牙、西班牙和希腊也明显收到了效果。这些环境项目的投资总金额高达2 100亿欧元，欧盟对它们的直接财政援助也达到1 140亿欧元。毫无疑问，这种巨额的经济援助的效果是非常可观的。2000—2006年，通过各种形式的基金和经济援助转移到西班牙的资金总额占其GDP的0.8%，在希腊和葡萄牙这一数字则超过其GDP的2.5%。更重要的是，这种形式的欧盟财政转移支付进一步使得西班牙的投资增长了3%，葡萄牙增长了8%～9%，意大利南部地区增长了7%，德国的部分地区则增长了4%。

2. 正在进行结构重组的目标2区域

1995—2001年，目标2区域的平均失业率下降了4个百分点，而同期欧盟15国的平均失业率仅下降了3个百分点。对于城市荒地的持续开发政策使得1.15亿平方米的土地得到开发，这一方面有助于对环境进行保护，另一方面也可以安排新的生产项目。结构基金还资助了30万个中小企业，间接创造了30万个工作机会。此外，其援助的项目还刺激了研究、开发和创新，推动了信息社会的发展。

3. 对其他区域的影响

欧盟区域政策的干预还极大地鼓励了援助国和欧盟其他国家之间的商业交易，其数量在过去的 10 年几乎翻了一番，这有力地推动了欧盟成员国之间紧密的融合。有数据显示，平均来说，欧盟区域政策开支的四分之一以各种形式（特别是机器和设备的进口）回到了其他国家和地区。这种效应在希腊和葡萄牙尤其明显，前者的这一数字达到了开支的 42%，后者达到了 35%。

落后地区取得的进展是真实的但同时也是缓慢的，还需要若干年的时间，对于欧盟 27 国来说尤其如此。但是如果撇开统计数据不看，欧盟区域政策的影响还反映在工人们工作的势头上，这主要是由于受到欧盟合作、伙伴关系、技术创新、机会均等以及本地潜力得到发挥等因素的鼓舞。尽管取得了显著成果，但是在各种不同的地区和领域仍旧存在很大的困难。例如在研究领域，欧盟成员国和地区在研究机构的使用和运作以及专利的数量上都存在很大的差别。此外，对于社会的融合尤其需要给予特别的关注；尽管对一些地区的失业问题给予了持续的关注，但往往只是解决了就业问题，其质量不高。在一些老成员国和新成员国内部还是出现相当比例的人群生活在贫困线（全国平均收入的 60%）以下的现象，在希腊、葡萄牙、西班牙和英国这一数据为 20%，在欧盟的新成员国（除斯洛文尼亚之外）这一数据为 14% ~18%。

7.2.3　欧盟区域政策的附加价值

许多因素都会影响欧盟区域政策的有效性和影响力。较低的利率有利于实现价格稳定和良好的预算平衡，而这反过来又刺激了投资和资本流通、提高生产率和就业。它同时也有助于提高创新水平、减少资本成本。在成员国、区域和地方层次的行政管理机构的效率和有效性是另一个标准。最后还包括有外部的因素，例如全球化，它是欧盟多层治理结构中在所有层次上完成结构调整的主要推动力，同时对经济发展和扩大就业有着极大的影响。欧盟区域政策的附加价值主要体现在以下几个方面：

第一，欧盟区域政策在成员国和区域层次上实现了集中。在2000—2006年规划期，区域政策的一系列项目受益者呈现出持续的增长态势。在区域层次上，人均GDP较低的区域在过去10年的持续增长意味着欧盟的区域在人均GDP方面正在逐步实现集中。而这种趋势将会继续下去。在2007—2013年规划期，在欧盟区域政策下实施的投资项目将会使绝大多数新成员国的GDP水平上升5%～15%。另外，由于投资的增加，预计到2015年将会额外创造200万的工作岗位。

第二，区域政策支持了集中区域之外的其他区域的增长和就业。市场经济的发展意味着会发生结构调整，这会给特定的区域带来失业和实现新就业，同时引发社会和经济问题在特定领土范围内的集中。加强欧盟适应新变化的能力和实现可持续就业是欧盟区域政策的主要作用之一。在2000—2005年规划期，欧盟6个成员国（共接受欧盟分配给目标2的援助的三分之二）创造了45万个工作岗位。

第三，欧盟区域政策有助于提高成员国和区域的创新能力。欧盟区域政策在2000—2006年规划期对研究和开发作出了重要的贡献，同时强化了目标1区域的创新能力。在2007—2013年规划期，欧盟区域政策对创新以及研究和开发的投资会增加一倍。另一方面，欧盟区域政策对人的投资获得了高回报。人力资本的改善对过去10年生产力提高的贡献率达到了50%。区域政策的各种项目所提供的部分援助每年支持了900万人的培训，其中超过一半是妇女。这些受益者中绝大多数的人员在培训后实现了就业或者就业条件和收入水平得到了明显改善。

第四，欧盟区域政策推动了公共和私人资本对生产的投资。在2000—2006年规划期，区域政策投资的每1欧元使得目标1区域的支出在此基础上增加了0.9欧元，在目标2区域增加的投资更是达到了原投资的3倍。这些都是通过部分资助、伙伴计划以及鼓励私人资本的参与等政策规定来实现的。最近，欧盟委员会还与世界金融机构合作开发了一些创新性的财政工具，包括旨在促进中小企业发展的 Jeremie 计划和旨在推动城市发展的 Jessica 计划。这有助于将拨款转换为一种具有长期可持续性的资助形式，还有助于提高欧盟区域政策的杠杆效应。

第五，欧盟区域政策推动了欧盟一体化的进程。欧盟区域政策有助于促进发展，解决由全球化、气候变化、人口老龄化等引发的各种挑战，并使不同部门之间的政策实现协调。这种一体化的进程有助于通过不同政策领域之间的合作和对它们的负面效应的控制、通过在不同的行政当局之间的对话、通过更好地适应区域和地方的社会和经济特点等方面的措施来改善这些政策的总体效果。

第六，欧盟区域政策有助于改善公共投资的质量。区域政策一般是以一定的规划期为基础开展的，它以有保障的欧盟财政预算为基础，从而显著地改善了许多成员国和区域的长期预算规划。另外，区域政策有助于明确公共投资决定的优先领域，从而使成员国在共同体的部分资金援助下能够更加有效地使用公共投资。通过这种方式，区域政策影响了投资方式并实现了更高的生产率和更显著的可持续性。

第七，欧盟区域政策推动了将合作作为政府治理关键因素的进程。合作原则是强化欧盟区域政策包括项目选择、实施、监控和评估在内的各个方面的基础性原则，现在它也被广泛认为是良好治理的关键性因素。欧盟的多层治理格局涉及共同体、成员国、区域和地方当局，这些利益相关者有助于确保欧盟所采取的行动能够与实际的环境条件相适应并获得最终的成功。

欧盟东扩之后，随着中东欧新成员国的入盟，欧盟不同区域之间的经济发展差距会进一步扩大。在欧盟 15 国的情况下，拥有欧盟总人口 18%（约 6 800 万人口）的 48 个区域的人均 GDP 低于共同体平均水平的 75%。在欧盟 25 国，仅仅只有 30 个区域（约 4 700万人口）的人均 GDP 低于共同体新的平均水平的 75%。而在欧盟 27 国，18 个区域（欧盟总人口 6% 的 2 400 万人口）低于这一水平。但是欧盟东扩后，欧盟25国10%最富裕区域的经济发展水平是10%最贫穷区域的4.4倍，欧盟15国这一指标为2.6。不同区域之间贫富差距的加大在客观上要求欧盟区域政策能够发挥更大的作用，并根据扩大后的新情况对政策的实施方式和实施重点进行调整以解决由于欧盟东扩、落后的中东欧新成员国的加入而可能出现恶化的区域问题。

第8章　欧盟区域政策的综合分析及对中国的启示

本章将主要对欧盟区域政策的特点、优势和局限性进行深入分析，同时吸取欧盟区域政策的有益经验来探讨我国区域政策体系的构筑。

8.1　欧盟区域政策的综合分析

第二次世界大战之后，经济全球化和区域一体化成为当今世界政治经济发展的趋势和潮流。在欧洲、亚洲、美洲甚至非洲，区域性的经济和政治合作机构和组织不断涌现并发挥着越来越大的作用，而欧洲共同体乃至欧盟的组建和发展是其中最成功的代表，成为20世纪后50年中具有伟大历史意义的政治、经济、文化事件。经过半个世纪的不懈努力，欧盟已经成为当今世界上发展水平最高、规模最大的区域一体化组织。在促进欧洲一体化的进程中，欧盟的区域政策在缩小成员国的经济发展差距和实现欧盟各成员国协调发展方面发挥了举足轻重的作用，它使得各成员国及其区域之间能够达到欧洲经济政治一体化发展所需要的经济聚合水平和社会凝聚力。由于欧盟所具有的超国家性质，使得欧盟区域政策具有自身独有的特点和优势，同时也存在着自身难以逾越的局限性。

8.1.1　不同层次上的区域政策的比较分析

欧盟区域政策这一超国家层次上的区域政策与普通的国家层次上的区域政策以及区域和地方政府当局制定的地区政策虽然都属于区域政策的范畴而具有一些相同的属性，但是它们又具有很大的差异，具体来看，这种差异性主要体现在以下几个方面：

第一，超国家层次上的区域政策与国家层次和区域（或地方）层次上的区域政策的政策主体不同。超国家层次上的区域政策一般是由超国家机构主管区域政策的相关部门负责制定、实施、管理和评估，例如在欧盟主要是由欧盟委员会主管区域政策的事务部主导。国家层次上的区域政策一般是由国家的中央政府中负责区域政策的部门制定、实施、管理和评估，例如在欧盟主要是各成员国政府中主管区域政策的相关机构负责，在中国主要是由国务院下属的国家发展与改革委员会负责。区域（或地方）层次上的区域政策主要是由区域或地方政府中主管区域政策的相关部门来负责，例如在欧盟主要是由各成员国中不同区域和地方政府中的相关部门负责，而在中国主要是由省市区人民政府的发展与改革委员会负责。

第二，超国家层次上的区域政策与国家层次和区域（或地方）层次上的区域政策的政策目标也不同。超国家层次上的区域政策主要是解决超国家机构内部不同成员国之间由于政治和历史原因形成并由于区域一体化而进一步恶化的经济和社会发展差距问题。国家层次上的区域政策主要解决的是一个国家内部由于经济基础和发展条件的区域不均衡性以及区域发展战略的长期不平衡性而形成的不同区域之间的经济和社会发展问题。区域（或地方）层次上的区域政策则主要针对区域（或地方）自身的特定问题，制定区域（或地方）自己的发展战略和政策，推动经济和社会的发展。

第三，超国家层次上的区域政策、国家层次上的区域政策和区域（或地方）层次上的区域政策在政策运作时需要协调的关系和需要完成的程序也不太相同。超国家层次上的区域政策在运作的时候需要成员国和区域（或地方）政府的积极响应和参与，在相关的政策程序上由于涉及多个层次的管理当局因而更为复杂，它体现的是一种三层管理格局。超国家机构在制定和实施区域政策时需要同时协调它与成员国以及区域（或地方）管理当局之间的关系，并为成员国与区域（或地方）管理当局能够更好地协调彼此之间的关系创造条件，从而使之能够与超国家机构相互配合以实现区域政策的目标。此外，超国家层次上的区域政策还需要协调其制定的区域政策与超国家机构制定的其他政策之间的关系，并使得它制定的区域政策能够与成员国和区域（或地方）制定的各项政策更好地相互补充、相互协调。国家层次上的区域政策由于直接针对国家内部的不同区域，因此它主要需要协调与政策作用区域（或地方）管理当局之间的关系，政策制定和实施程序上也主要体现的是一种两层管理格局。区域（或地方）层次上的区域政策主要在超国家机构和国家管理当局的指导下针对本地的区域问题制定，因此需要协调的关系和政策管理的各种程序都相对比较简单，主要是集中在本区域内部，它体现的是一种单层管理格局。

第四，超国家层次上的区域政策、国家层次上的区域政策和区域（或地方）层次上的区域政策对政策管理机构和运作方式的要求也不太一样。尽管为了对区域政策进行管理需要设立统一的政策管理机构，但是由于不同层次上的区域政策需要协调的各种关系以及需要完成的各种工作的性质和复杂性大不相同，因此相应的管理机构也存在明显的差异。超国家层次上的区域政策的管理机构具有超国家性，它主要面对的是不同的成员国。由于超国家层次上存在的区域问题的复杂性，它往往还会设立专门的专家咨询机构以便为解决各种区域问题出谋划策。同时，为了给处于多层治理格局最低层的区域（或地方）管理当局提供一定的话语权，并使得它们的呼声和要求能够直接得到有效的反映，在超国家层次上往往还会建立起一定的机构或相关的机制并使它们成为基层政府和相关机构为自身的利益进行游说的平台和窗口。国家层次上的区域政策的管理机构往往具有承上启下的作用，它既要对国家利益负责，又要按照超国家机构的要求完成区域政策的项目筛选、资金分配、政策评估等方面的任务。同时，它还要指导区域（或地方）相关管理机构开展与区域政策相关的各项工作。区域（或地方）层次上的区域政策的管理机构一般是区域（或地方）政府中的相关部门，它们往往是国家层次上的区域政策的管理机构在区域（或地方）的分支机构。它们既对区域（或地方）政府负责，也在国家层次的区域政策管理机构的指导下开展各项工作。同时，它们还通过建立一定的区域组织和专业协会的方式及时将自己的利益和要求向超国家机构反映，从而避免可能遇到的来自成员国的不同意见。

8.1.2 欧盟区域政策的特点

欧盟区域政策具有下列一些主要的特点：

第一，欧盟区域政策所具有的超国家性质是它与众不同的根源所在。在这里，欧盟区域政策是特指欧盟针对欧盟内部不同成员国之间以及不同区域之间明显的经济和社会发展差距而制定的共同政策，欧盟区域政策尤其关注不同成员国之间的经济和社会发展差距。由于它的制定、实施和评估都是在欧盟及其主要机构欧盟委员会的主导下完成，因此它具有明显的超国家性质。同时，与欧盟区域政策的具体管理有关的各种规则也都是由欧盟主导下的成员国政府间会议及其通过的各种条约和协议确定。它所具有的这种超国家性使它既不同于欧盟各成员国针对成员国内部的区域差距而制定的区域政策，也不同于不同区域和地方为推动地方和区域的经济和社会发展而制定的地区政策。

第二，欧盟区域政策与欧盟政治的多层治理格局紧密相连。欧盟的多层治理格局是与欧盟的政治形态联系在一起的，其中欧盟、成员国以及区域和地方政府实现了一定的分工，发挥着各自的作用。欧盟是一个超国家机器，它具有明显的超国家性质。欧盟各成员国创造性地将自己的一部分主权成功让渡给了欧盟，从而使欧盟拥有了一定的政治、经济、外交和军事方面的权力。同时，通过历史上的多次成员国政府间会议，欧盟逐步拥有了自己独立稳定的财政预算，这也为欧盟实施包括区域政策在内的各项共同政策奠定了坚实的经济基础。欧盟区域政策主要是在欧盟的主导下进行的，其中欧盟委员会发挥着核心的作用。它按照欧盟各项条约的要求在不同成员国之间分配区域政策的各种资源，督促成员国和区域、地方编制发展规划，按照欧盟的发展理念对成员国和区域、地方政府上报的项目进行筛选，制定欧盟区域政策的具体管理规则并参与资金的监控和管理，同时积极组织和参与区域政策的评估工作。各成员国仍然是欧盟各项政策的主要参与者，它在欧盟区域政策的成员国战略规划、项目申报、项目选择、项目实施和政策评估过程中发挥着关键性的作用，它是欧盟区域政策不可逾越的重要层次。区域和地方政府是欧盟多层治理格局中最接近民众的政府当局，它们了解基层的情况和人民的要求，尽管由于法律和历史的原因目前发挥的作用还比较有限，主要在成员国政府的指导下参与地方规划的编制、项目的申报、项目的实施和项目的本地评估等方面的工作。但是随着欧盟的进一步发展，区域和地方当局未来会发挥更大的作用。

第三，欧盟区域政策构筑起了一个相对完备的政策体系，这是欧盟区域政策一个非常显著的特点。欧盟区域政策不是一种单薄的政策，而是形成了一定的政策体系，这其中包括政策理念、法律基础、管理机构、政策目标、政策主体、政策工具、政策管理、政策评估等各方面的内容。所有这些内容都围绕欧盟区域政策这一中心展开，它们既各自独立、自成体系，又相互联系、共同服务于欧盟区域政策的总体目标。毫无疑问，欧盟将区域政策看做它长期的共同政策，而不是一种短期的政策行为。因此，欧盟区域政策体系的构筑不是一蹴而就的，它是建立在长远的战略考虑的基础之上的。也正是基于这一原因，在欧洲区域发展基金成功运作一段时间之后，在对欧盟区域政策进行数次改革的基础上，欧盟着手将政策目标和基金工具向纵深的方向发展，并进一步完善了 NUTS 领土划分体系。同时，随着欧洲一体化进程的加快，欧盟区域政策的规范管理和评估体系也逐步走向成熟完善。

第四，欧盟区域政策实现了科学化的管理和运作。这种科学化的管理和运作体现在与区域政策有关的许多细节上。与区域政策有关的所有文件、管理规章、办事程序以及最新动态在欧盟的官方网站上都可以找到，这使得欧盟各成员国的相关部门及其工作人员能够及时获得各种资料和信息，能够有效地通过便捷的互联网及时参与欧盟区域政策的项目申请和各种政策管理活动之中。同时，欧盟区域政策管理的许多细节也体现了科学管理的理念，特别是欧盟区域政策的资金管理和政策评估中的许多做法都体现了科学的原则，这在本书的相关章节已经进行了详细的分析。

第五，欧盟区域政策是与时代发展的要求和最新理念紧密结合在一起的，这很好地体现了它与时俱进、以人为本的特点。这一点既反映在欧盟区域政策体系随着一体化进程的深入而不断完善上，更集中反映在欧盟区域政策的项目选择上。从最初区域政策仅仅关注交通基础设施建设以缩小区域发展差距，到目前将扩大就业、技术创新、中小企业的发展、交通基础设施和环境保护等领域视为欧盟区域政策的投资重点，这其中无疑体现了欧盟在践行着世界经济和社会发展越来越关注环境保护和技术创新的基本理念，同时也体现了它将区域政策与欧盟存在的现实问题紧密联系在一起，着力通过区域政策来解决欧盟自身存在的失业和中小企业发展等方面的瓶颈问题。

欧盟区域政策所具有的这些特点既是欧盟这个独特的区域一体化组织和超国家机构的自身特点所决定的，也与欧洲人独特的历史文化传统和长期形成的工作方式密不可分。

8.1.3 欧盟区域政策的优势

欧盟区域政策特殊的超国家特性决定了它在促进欧盟区域经济发展、实现欧盟区域合作和解决欧盟区域问题方面具有独特的优势。一般意义上的区域一体化组织是在相互尊重主权的基础上、通过区域分工和合作来推动区域经济的一体化，以此来带动落后地区的发展，进而实现区域均衡发展。欧盟无疑是一种特殊的区域一体化组织，它在一定程度上实现了成员国某些主权的让渡，这使得欧盟在经济、政治、外交和军事等方面拥有了一定的超国家权力，能够代表整个欧盟的区域利益制定并实施相关的共同政策。如果说，一般意义上的区域一体化是一种松散的区域一体化的话，欧盟就是一种相对紧密的区域一体化，它超越了一定的国家主权和国家利益的限制，从更大的区域的角度出发来制定和实施区域政策，这无疑是对前者的发展、深化和延续。这样做的好处主要表现在：第一，它有助于排除国家局部利益的干扰，在整个区域整体利益的基础上制定和实施有利于整个区域发展的区域政策；第二，它能够动员整个区域范围内的资源来解决区域问题，这能够更好地发挥区域政策的作用，使区域政策能够取得比较显著的政策效果；第三，由于超国家的区域一体化组织（例如欧盟）与一般意义上的区域一体化组织相比，往往拥有更多的成员国、涉及更多的人口和面积，因此它有利于在更大的区域范围内发挥不同地区的地区优势、更好地实现区域分工和合作。

与欧盟区域政策的制定和实施密切相关的多层治理格局对于欧盟区域政策目标的实现无疑也起到了比较显著的作用。这主要是因为，欧盟是拥有成员国让渡的一定主权但并不是拥有完全主权的超国家组织，这种性质决定了它在制定区域政策的时候需要同时考虑成员国的利益以及不同区域和地方的利益，而欧盟所拥有的这种独特的多层治理格局为欧盟区域政策的制定和实施以及实现欧盟区域政策各相关政策主体之间的协调提供了有效的途径。在多层治理格局下，欧盟可以从欧盟的超国家利益出发制定共同的区域战略和区域政策，按照欧盟成员国政府间会议通过的各种条约的规定来确定欧盟区域政策的政策资源在不同成员国之间的分配，通过区域政策项目的基层申报（主要是区域和地方层次）和高层挑选（主要是成员国和欧盟层次）将欧盟、成员国以及区域和地方各级管理当局联系在一起，同时通过在欧盟设立一些特定机构的方式使区域和地方当局的合理要求能够通过正规的渠道向欧盟反映。欧盟区域政策与多层治理格局的充分结合是欧盟的创举，也是欧盟保障其区域政策既能够反映成员国、区域和地方的普遍要求，又能够有效保证欧盟共同利益的有效方法，这也使得欧盟区域政策成为真正有针对性并且切实可行的欧盟三大共同政策之一。

欧盟区域政策的体系建设和科学管理是欧盟区域政策能够取得较好的政策效果的重要保障。欧盟区域政策秉承了欧洲人政策管理严谨细腻的一贯作风，同时有效吸取了欧盟各主要成员国在区域政策管理中的成功经验。欧盟充分利用网络资源，将所有与欧盟区域政策有关的文件、资料都上传到网上，这使得需要了解的人可以及时便捷地了解到各种相关的资料和信息。经过几十年的发展，欧盟区域政策已经形成了自己相对完整的政策体系，涵盖了包括欧盟区域政策的制定、实施、管理和评估在内的方方面面。同时，科学管理的程序和理念也已经深入人心，欧盟、成员国以及区域和地方当局将欧盟区域政策管理的这套规则真正纳入了区域政策的实际操作之中，这在客观上有利于避免腐败现象和错误决策的发生，从而使得欧盟区域政策取得比较满意的政策效果。

8.1.4 欧盟区域政策的局限性

欧盟区域政策当然会有它的局限性，这同样也是由欧盟这个世界上一体化程度最高的区域组织所具有的独特性质和运作方式所决定的。

欧盟是拥有超国家性质的区域一体化组织，这主要反映在欧盟拥有其成员国让渡的包括经济、政治、外交和军事在内的部分国家权力，从而使欧盟能够从欧盟整个区域的全局利益出发来制定和实施区域政策；但是目前欧盟又不是一个真正意义上的宪法主体拥有一个正常国家所拥有的所有主权，因此尽管它拥有一定的权力，但是在很多具体问题面前它的决定会受到不同成员国之间的利益博弈以及成员国政府间会议所制定的各种条约和协议的影响和制约，真正能够自由发挥的空间和自主性比较有限。同时，过去区域政策主要是由中央集权的国家政府来制定和实施，而国家所拥有的这种中央集权制度成为区域政策制定和实施的重要保障。但是在欧盟情况却有所不同，由于欧盟仅仅拥有部分而不是全部的国家权力，这就使得欧盟在更多的情况下只是指明区域政策的具体方向并进行必需的框架性操作，同时努力协调不同成员国之间的利益关系以及欧盟区域政策与其他共同政策之间的关系，而很多具体的政策操作被留给了成员国以及区域和地方管理当局。这种状况的存在使得欧盟与成员国之间经常会由于在区域问题上的不同利益出发点而进行各种博弈，这在一定程度上牵制了欧盟的主要精力，同时也影响了欧盟区域政策的效率。

尽管欧盟希望通过在其总部布鲁塞尔设立相关机构倾听来自区域和地方管理当局的要求和呼声从而使欧盟区域政策能够真正有利于解决问题区域的主要区域问题。但是，欧盟的多层治理格局中长期存在的成员国当局的力量比较强大、区域和地方当局的力量比较薄弱并且在欧盟政策决策中的话语权受到限制的状况并没有从根本上得到扭转，这就使得真正来自基层的区域和地方当局的地方利益和具体问题往往在进行区域政策项目申报的过程中就被成员国政府过滤掉了，而无法成为欧盟区域政策的作用对象。这一方面直接影响了成员国当局与其管辖的区域和地方当局的和谐关系，另一方面也影响了欧盟区域政策的政策效果。

当然，成员国当局与其管辖的区域和地方当局之间的这种力量对比和复杂关系是成员国长期形成的政治和经济管理制度所决定的，欧盟的组建虽然在一定程度上削弱了成员国的国家权力，但是并没有改变成员国与其管辖的区域和地方之间存在的这种关系。而欧盟组建后，尽管有些欧盟成员国已经对区域和地方当局实行了权力下放，但是成员国政府在欧盟层次上并没有放弃制定政策的相关权力，因而区域和地方政府可以参与但却不能显著影响决策的结果；欧盟条约并没有承认区域和地方当局的合法地位，欧盟法院也拒绝对条约所规定的体制结构进行干预和介入，而享受不到任何特权的区域和地方政府尽管在本国的法律体制下具有民主地位，但在欧盟法院却几乎没有任何权力，它们在法院无法为保护其公民的利益而采取行动。① 这种现象甚至延伸到了欧盟最外围的区域，尽管这些区域按照欧盟条约的规定应该被给予特殊的考虑和保护。例如，当葡萄牙的 Azores 自治区（欧盟最外围的区域之一）成为欧盟共同渔业政策的对象时，区域当局采取行动，希望法院能颁布临时性措施，防止新的渔业政策对以前受保护的 Azores 水域产生不利影响。但法院却以紧急情况尚未发生为由拒绝颁布临时性措施。无论是出于什么原因，欧盟各成员国忽略了区域和地方当局为本区域和地方及其遭受的损害采取行动的权力，区域和地方当局不论是在政治上还是在法律上都很难代表本区域的利益。在发达的欧盟，这是对民主的诋毁和对多层治理格局的否定。

为了应对欧盟区域政策中面临的这种问题，欧盟在未来将会在成员国中央政府保留充分的权力的基础上，向地方政府下放权力，

---

① Jill Wakefield. The Plight of the Regions in a Multi-layered Europe. *European Law Review*, 2005, 30 (3).

实现有条件的地方自治，让地方政府自己制定地方发展的战略和规划。同时在各成员国授权下组建的区域当局将会被充分融入一个欧盟的多层治理格局之中，从而使得欧盟制定的共同政策更加接近普通市民。且不论这种思想正确与否，充分考虑区域和地方政府在制定和实施区域规划和区域政策中的地位、让对本地情况有着清楚了解的区域和地方政府在区域规划和区域政策中发挥更大的作用以及通过制定法律和建立机构推动地方权力下放的法制化和制度化建设等具体构思对于我们国家区域政策体系的构筑还是很有借鉴意义的。

8.1.5 欧盟区域政策与中国区域政策的异同分析

通过上面的分析，我们可以清楚地发现欧盟区域政策与中国区域政策既有相同点，也存在着差异之处。

欧盟区域政策与中国区域政策的相同点主要体现在以下方面：首先，无论是欧盟这一超国家层次上的区域政策，还是中国这种国家层次上的区域政策，都是属于区域政策的范畴，它们都是以解决一定地域范围内的区域问题（尤其是经济发达地区与经济落后地区在经济发展水平和人民生活水平上的区域差距问题）作为政策制定和执行的主要出发点，通过集中的财政转移支付方式和项目管理原则来支持落后地区的发展，帮助落后地区打破经济发展的瓶颈。

其次，与欧盟区域政策实施密切相关的欧盟多层治理的政治格局与中国的行政管理的分层治理具有一定的相似性。在欧盟的多层治理格局中，欧盟、成员国以及区域和地方政府实现了一定的分工、发挥着各自的作用。这种由欧盟、成员国以及区域和地方这三层行政当局所组成的多层治理格局既是欧盟区域政策实施的政治和组织基础，也决定了欧盟区域政策的实施方式。中国的行政管理体制中的分层治理与欧盟的这种多层治理格局具有一定的相似性。中国的行政管理体制是由中央、省（或自治区、直辖市）、市（或县、自治县、自治州）、区（或乡、镇）等多个层次所组成。不同层次之间也实现了一定的分工和合作，从而使得我国的国土资源能够得到有效的治理。但是，我国的这种分层治理还不是十分完善，不同层次政府在权责分工上往往存在着越位或缺位的现象，从而影响到了行政效率和政策结果。

当然，欧盟区域政策和中国区域政策也存在着明显的差异，这主要体现在如下几个方面：

第一，欧盟区域政策是主要由欧盟这个超国家机构主导并具有超国家性的区域政策，它属于欧盟的共同政策之一。根据上述的分析，这种具有超国家性质的共同政策由超国家机构主导和实施，具有与国家性质的区域政策所不同的特点，也具有自身的优势和局限性。中国区域政策属于国家层面上的区域政策的范畴，它是由一个国家的中央政府制定和实施，虽然也属于区域政策的范畴，但是它不同于超国家层次的区域政策主要关注不同成员国之间的经济发展差距，而是主要关注国家内部的不同区域之间的经济发展差距。

第二，欧盟经过几十年的发展和完善已经成为世界上一体化程度最高的区域，而欧盟区域政策也随着欧盟一体化程度的深化而发挥出越来越大的作用，并成为欧盟三大共同政策之一，成为能够应对各种区域问题的有效途径。其管理的科学性和完善性已经达到了比较高的水平。相比之下，中国区域政策无疑是比较幼稚的。这一方面是由于中国长期以来以追求经济快速发展为主要目标而对区域问题重视不够，另一方面也是因为中国政府对于如何应对区域问题缺乏必要的经验。在区域政策的立法基础、管理机构、实施对象、政策工具和科学运作等多个方面都存在着明显的缺陷和不足。随着中国政府对区域问题和区域政策的关注以及对世界上先进国家的区域政策的有益经验的深入学习，真正意义上的中国区域政策将会迎来全面发展的春天。

第三，欧盟的多层治理格局与我国行政管理的分层治理也存在着明显的不同。这主要体现在欧盟多层治理格局中居于最高层次的欧盟这一超国家机构并不是一个拥有完全主权的法律主体，它的权力既来自于各成员国，同时也受制于各成员国。欧盟与各成员国政府之间的这种微妙关系决定了欧盟区域政策制定和实施的效率有时会受到影响。中国行政管理的分层治理则不存在这种问题。这主要是因为中国的区域政策是国家层面上的区域政策，制定和实施区域政策的主体是拥有完全主权的法律主体——中央政府。在区域政策的实施过程中，中央政府拥有绝对的权威，它需要协调的关系主要是宪法框架下的中央与地方之间的关系。

第四，欧盟区域政策与中国区域政策相比需要应对的挑战更为复杂。这主要是因为在欧盟的不同成员国内部在处理成员国与区域和地方之间的关系时所采取的政治体制是不同的，有些强调地方自治和分权，有些则强调中央集权，这样欧盟作为超国家机构在协调欧盟、成员国、区域和地方之间的关系并制定共同政策时就会面临很大的困难。同时，欧盟的东扩使得曾经实行不同政治制度、在经济发展水平和经济增长方式上存在诸多差异的国家成为了欧盟这个大家庭中的一员，如何应对由此而进一步激化的区域问题也会增加欧盟区域政策进一步发展的难度和复杂性。中国区域政策由于是单一制国家所制定的国家政策，尽管存在不同区域之间的经济发展差距问题，但是在政治制度和经济制度上全国是一致的，因此需要应对的困难和挑战相比会更加单一化。

8.1.6 欧盟区域政策对中国的有益经验

通过对欧盟区域政策的综合分析，我们可以从欧盟区域政策中发现一些对中国有益的经验。

第一，在制定区域规划和区域政策的过程中，为了对政府行为进行有效规范和约束，需要国家制定出专门的区域规划法，并颁布一系列的配套法律，形成完整的区域规划法律体系。在我国目前还没有专门的区域规划法，更没有形成区域规划和区域政策法律体系，这样就必然导致区域规划和区域政策在制定与实施过程中没有法律保障，规划即使编制出来，政策即使制定出来，也很难协调与国民经济发展规划、城镇体系规划、城市总体规划、土地利用规划之间的关系。因此，我国应该尽早制定颁布专门对区域规划活动进行约束的区域规划法，并形成以区域规划法为核心、涵盖工业布局、产业结构、环境保护等多个领域的区域规划法律体系。

第二，区域政策和区域规划需要根据本国的特殊国情确定相应的理念和目标，并进行及时调整和修订。在我国，尽管区域政策的总体目标很明确，即为缩小地区差距和实现区域协调发展，但是这一点是任何国家在绝大多数的情况下制定区域政策的总的指导方针，因而太过笼统，并没有体现出我国的具体国情和特定时期的阶段特色。因此，在制定区域政策和区域规划时应该明确规划和政策的具体理念和目标，实现目标的细化和体系化。同时，这种具体的规划和政策的理念和目标应该根据经济社会发展水平的变化在每次具体的规划中作出相应的调整。此外，区域规划的理念和目标应该体现在区域规划法中，这样才能更好地贯彻和实施，而区域规划法也应该随着经济社会情况以及规划理念和目标的改变及时进行修订。

第三，欧盟区域政策基金工具的实施是建立在明确的政策实施主体的基础之上的。区域政策基金工具是针对特定问题区域的，如果问题区域不明确，区域政策的实施对象也就不会明确。欧盟区域政策的实施是建立在明确的区划标准基础之上的，它建立了专门的标准地区统计单元目录（Nomenclature of Territorial Units for Statistics，简称 NUTS）。NUTS 是由欧洲统计局建立的，主要是为欧盟提供统一的地域单元划分。NUTS 为三级分类，欧盟 15 国共有 72 个 NUTS1 区域、213 个 NUTS2 区域和 1 091 个 NUTS3 区域。① 区域政策基金工具主要是在 NUTS2 区域的层次上实施的，这样做既避免了区域政策的实施对象范围过大、政策效果不明显的问题，也可以避免由于实施对象的范围过小而无法实现以点带面的现象。

第四，欧盟区域政策基金工具已经形成了一个相当完善的体系。欧盟的区域政策是依靠一系列的政策工具来实施的，其中最主要的是基金工具，它是一种特殊形式的财政转移支付。欧盟区域政策的基金工具是相当完善的，包括结构基金、团结基金、赈灾基金、入盟准备基金等，而结构基金又是由欧洲地区发展基金、欧洲社会基金、欧洲农业指导与保证基金以及欧洲渔业指导金融工具等

① 张可云：《区域经济政策》，商务印书馆，2004 年版，第 172 页。

子基金所组成，入盟准备基金又包括一般性工具、结构政策工具以及农业和农村发展特殊计划。这些基金从不同角度和不同方面对经济落后地区和结构重组地区实施经济援助，它们形成了一个完善的基金工具体系，从资金上保证了区域政策的实施。

第五，区域援助资金的运用和区域政策的实施要科学化。为了使投资于落后地区的财政资源最大限度地发挥作用，也为了使区域政策能取得最佳的政策效果，欧盟对区域政策的实施和资金的运用实现了科学化的管理。在资金投放上，欧盟遵循部分资助原则，即欧盟为援助地区的项目提供的资金援助仅仅是项目所需资金总额的一部分。对于满足目标 1 的项目欧盟提供的资金一般为 50% ~ 75%，对于满足目标 2 和目标 3 的项目则是 25% ~50%，其余的资金一般是由成员国政府、地方政府或私人来承担。对于不同类型的项目，欧盟资金投放的比例也会不同。外溢效应比较大的项目，欧盟的资金支持会比较多；而自身能够产生经济收益的项目，则主要依靠地方政府和私人投资。此外，欧盟为落后区域提供的经济援助是一揽子的援助计划，是一个区域政策工具包，既包括各种基金的资金援助，也包括欧盟投资银行的贷款援助，既有无偿援助，也有有偿贷款。这些做法都是为了使资金运用能充分发挥带动私人投资、扩大就业、推动地区经济发展的作用，实现最佳的政策效果。另外，欧盟会定期对区域政策的实施效果进行评估，并写出欧盟经济和社会融合报告，一方面对前期的工作进行总结，另一方面也找出问题以便在下一阶段加以解决。欧盟的经验是非常值得我们学习和借鉴的。我国每年财政有大量资金用于为落后地区提供经济援助，但是资金的浪费和使用效率不高一直以来都是一个值得关注的问题。只有建立起科学的管理机制才能使资金发挥最大的作用，起到最好的政策效果，在短时间内缩小地区经济发展差距。无论是部分资助原则、区域政策工具包，还是对区域政策的实施进行定期评价，都是为了通过科学的管理来达到最佳的政策效果。

第六，扩大就业、技术革新、中小企业的发展、交通基础设施建设和环境保护是区域政策关注的热点。扩大就业一直就是欧盟区域政策的重要目标，欧盟结构基金中的欧洲社会基金就是主要针对失业问题提供资金援助。在 2000—2006 年，欧洲社会基金的资金援助金额高达 700 亿欧元，这反映了欧盟对失业问题的高度重视。欧盟对所有的项目都是提供部分援助，但是对于技术革新方面的项目（尤其是基础研究和技术支撑），欧盟会提供全部的项目所需资金。不仅团结基金对满足条件的技术革新项目是这样，入盟准备基金中的农业和农村发展特殊计划也是如此。对中小企业发展的支持主要是通过欧洲投资银行的贷款工具实现的。2005 年 10 月欧盟委员会和欧洲投资银行启动了两项联合行动计划，欧盟中小企业联合资助计划就是其中之一，它主要是为中小企业融通资金提供服务，它有助于鼓励商业活动（特别是具有较高创新性的活动）的开展，从而推动落后区域乃至整个欧盟经济的发展。交通基础设施项目和环境项目是欧盟区域政策资金投入的主要方向，无论是结构基金中的欧洲地区发展基金，还是团结基金和入盟准备基金中的结构政策工具，这两类项目都是投资的重点。这既反映出它们对于振兴地区经济的重要作用，也反映出欧盟坚持走经济发展与环境保护并重的可持续发展之路的思想。

8.2 欧盟区域政策体系对中国的启示

通过对欧盟区域政策的深入分析，我们可以发现欧盟区域政策是欧盟共同政策的三大支柱之一，它是与欧盟这一独特的超国家组织以及欧盟政治上的多层治理格局联系在一起的。我国是一个拥有独立主权的国家，在国家性质、政治制度以及管理格局上与欧盟存在着明显的差异。同时由于亚洲各国在具体国情上与欧盟各成员国也存在着很大的差异，亚洲区域合作和一体化的进程在短期内也不可能达到欧盟这样的水平。因此，将欧盟区域政策完全照搬照抄到中国和亚洲是不合适的，也注定是难以获得成功的。但是，从本书对欧盟区域政策体系的具体论述中，我们对欧盟区域政策的整个政策体系有了一个比较全面和清晰的把握，同时也会对欧盟区域政策的具体架构、科学管理和显著成效印象深刻。由于我国幅员辽阔、人口众多，在世界上的发展中国家中是规模最大、发展水平最高的经济体之一。在经过30年的改革开放和长期的区域非均衡发展之后，区域经济发展不平衡问题已经日益显著，尤其是沿海地区与内陆地区、东部地区与中西部地区之间的区域差距已经引起了中央政府的高度关注。尽管我们不可能完全将欧盟区域政策的整套方法移植到我国，但是我们完全可以学习欧盟在处理其比较突出的区域发展不平衡问题时的一些具体做法和有益经验，这对于改变我国当前区域政策相对不成熟和不完善的现状、构筑起我们自己的区域政策体系还是非常有建设性的。下面将主要从我国区域政策体系的法律基础、管理机构、作用对象、政策工具等几个方面进行具体的论述。

8.2.1 中国区域政策体系的法律基础

区域政策的制定和实施需要相关的法律文件作为坚实的法律基础，这一点在欧盟得到了很好的体现。在欧盟成员国层次上，各国已经建立起了比较完备的以区域政策和区域规划为中心、涵盖工业布局、产业选择、环境保护等多方面内容的区域政策法律体系。在欧盟超国家层次上，欧盟通过一系列条约反复明确了欧盟区域政策的总体目标是缩小各地区发展水平之间的差距和降低最贫困地区（包括农村地区）的落后程度。同时，欧盟还通过制定欧洲空间发展展望（ESDP）来推动欧洲一体化的进程并实现跨区域的空间发展。这些具体安排使欧盟区域政策以及所采取的相关措施从制定、实施到评估都具备了法律依据。

我国1999年颁布并于2004年8月28日进行最新修订的《中华人民共和国土地管理法》是一部主要针对土地利用和土地管理的法律，这其中既包括城市的土地也包括农村的土地。它以合理利用土地和严格保护耕地为基本原则，明确规定了不同类型土地的所有权和使用权，并对国土部门开展的土地利用总体规划进行了详细的说明。1990年4月1日颁布施行的《中华人民共和国城市规划法》是一部主要针对城市建设和城市规划的法律文件，它涉及城市规划的制定和实施等多方面的内容，同时还将城市规划进一步延伸到城镇体系规划，从而使这部法律涵盖到了一些区域规划的元素。2008 年 1 月 1 日正式颁布施行的《中华人民共和国城乡规划法》取代了 1990 年颁布施行的《中华人民共和国城市规划法》，它严格遵循我国当前提出的统筹城乡发展的理念，将城乡规划代替了过去单纯的城市规划，从而使这部法律具有更加显著的区域的特点。这部法律最显著的变化是将过去的城市规划进一步延伸为城乡规划，即包括城镇体系规划、城市规划、镇规划、乡规划和村庄规划在内的总体范畴。这种变化是具有突破性的，也结束了我们过去只重视城市规划而忽视农村规划的状况，标志着我国在区域规划立法方面取得了重大的进展，它必将会成为我国未来区域规划和区域政策法律体系的核心和重要支撑。

当然，这部新颁布的城乡规划法还具有非常明显的城市规划法的痕迹，也就是具有明显的城市的痕迹，它是在城市规划法的基础上加入乡村规划的元素而形成的。它主要是从建筑学的角度来关注城镇体系构筑、城市建设和乡村建设方面的内容，但是对于如何实现经济发展与空间布局的结合方面关注的不够，而这正是区域规划和区域政策关注的重点，也是区域规划与城乡规划的区别之所在。

在我国的行政区域划分和行政区域管理体制中，除开两个特别行政区之外，可以简单划分为省（或自治区、直辖市）、市（或县、自治县、自治州）、区（或乡、镇）三个级别。在《中华人民共和国城乡规划法》中，对这三个层次的行政主体所进行的规划进行了明确，省或自治区的行政主体一般是进行城镇体系规划，城市的行政主体进行城市总体规划，而乡村的乡、镇则多半是进行乡镇规划和村庄规划。同时，按照土地管理法，相关的国土部门还要进行土地利用总体规划。但是，我国目前存在区域发展不平衡以及区域内缺乏合作和分工等区域问题，而上述规划类型往往既无法解决这些区域问题，甚至还需要在找到区域问题的解决办法的基础上才能完成规划的编制。这样在客观上就需要中央政府和地方政府提前制定出区域政策，同时还需要加强同一层次的行政主体以及不同层次的行政主体之间的合作，制定出真正意义上的区域规划来解决区域问题、实现区域目标。

目前，在《中华人民共和国城乡规划法》中提到的省级行政主体参与的城镇体系规划具有上述区域规划的某些特点。不过由于城镇体系规划更多的是从城市化的角度以及区域内城市和人口规模的合理分布的角度来考虑问题的，因此它只是区域规划的一个组成要件，而绝不是全部内容。区域规划还应该在实现辖区内合理的区域分工和合作的原则指导下加强省级行政主体内部不同下属行政主体之间的合作，制定出由上下级多个行政主体共同参与编制的区域规划，也就是制定省域内包括产业布局规划、发展战略重点、经济腹地规划、统一市场规划、环境保护规划、基础设施建设规划等多项内容在内的系统规划。这种规划与国家要求制定的五年规划应该是一脉相承的，但是它们最大的不同就在于：国家要求制订的五年规划往往是一个具有战略意义、包括所有部门在内的全面的规划纲要，它为未来的发展指明方向；而上述规划则是将五年规划的理念和要求与应该采取的具体行动结合在一起，它具体指导着未来区域范围内的经济发展，并且尤其关注具有区域性质的经济活动；如果说五年规划相当于总体规划的话，这种具体的区域规划就相当于详细规划。

同时，不同的省级行政主体之间还可以在区域合作的原则指导下考虑组成一定的经济合作区域，共同编制包括统一市场规划、产业布局规划、经济腹地规划、跨省环境保护规划、跨省基础设施建设规划在内的经济合作区域发展规划，进一步加强区域内不同省份之间的经济融合。例如在我国的东北地区、中部地区这些具有一定的历史渊源、合作条件和合作历史的区域都可以考虑成立特定的经济合作区域，共同编制一些涉及区域内不同省份之间的商品和物质流通、人员合理流动、共同市场的建立、跨省的基础设施建设等方面具有区域性的规划方案。

从欧盟区域政策和区域政策的立法历程中，我们可以清楚地发现，欧洲国家以及欧盟非常关注所采取的区域措施和所进行的区域规划的法律性。在通常情况下，区域政策和区域规划都是经由立法程序通过并具有法律效力的。我国城乡规划法虽然取得了重大突破，但是毕竟只是一个新生事物，还存在不完善之处。我们应该将编制国家和地方五年规划纲要纳入到法律程序，同时扩充城乡规划法中规定的规划类型，突破单纯考虑城市建设领域的城市规划的局限，为不同层次的行政主体（特别是省级）开展真正意义上的区域规划以及不同层次的行政主体之间（特别是省级之间）制定经济合作区域发展规划提供法律保障，并使得这种真正意义上的区域规划能够成为未来区域政策在选择援助项目时的主要依据。当然由于一般而言规划具有一定的超前性，还应该赋予规划主体定期对规划方案进行修订的权力。只有这样，才能使城乡规划法在体现统筹城乡发展理念的同时，也能体现出统筹区域发展的理念，并成为我国未来涵盖城乡规划、区域规划、土地管理、环境保护等多方面内容的区域政策和区域规划法律体系的核心。

8.2.2　中国区域政策体系的管理机构

区域政策管理机构是构筑中国区域政策体系的关键。关于中国区域政策管理机构的问题，许多区域经济学家和学者都进行过相关的论述，在这里，我仅结合欧盟区域政策体系的有益经验谈谈自己的看法。

欧盟是通过设立专门的区域管理机构来制定和实施欧盟区域政策的。正如本书第三章中论述的，欧盟区域政策的机构设置包括有欧盟委员会中主管区域政策的事务部、成员国以及地方政府实施欧盟区域政策的相关安排、欧盟发挥咨询动议作用的区域委员会和欧洲议会的区域发展委员会。这种机构设置为欧盟区域政策的制定和实施提供了重要的保障。

而在我国，区域政策应该由一个什么样的机构来制定和实施一直以来是一个广受争议的问题。在实际工作过程中，与区域政策相关的主要工作是在国务院的直接领导下由国家发展与改革委员会来主导。在通常情况下，在国务院成立相关的区域发展领导小组，由国务院总理担任组长，并采取众多相关部门联动的机制，同时在国家发展与改革委员会设立办事处，作为常设机构。例如，目前已经设立的类似机构就有国务院西部地区开发领导小组办公室、国务院振兴东北地区等老工业基地领导小组办公室、国家促进中部地区崛起工作办公室等。另外，国务院在 1986 年成立的国务院扶贫办

（当时称国务院贫困地区经济开发领导小组）是国务院的议事协调机构。它专门组织调查研究，拟定贫困地区经济开发的方针、政策和规划，协调解决开发建设中的重要问题、开展监督检查工作并及时总结交流经验。同时，相关省、自治区、直辖市和地（市）、县级政府也成立了相应的组织机构，专门负责本地的扶贫开发工作。中国的扶贫开发实行分级负责、以省为主的行政领导扶贫工作负责制。各省、自治区、直辖市，特别是贫困面积较大的省、自治区，都把扶贫开发列入重要议程，根据国家扶贫开发计划制订本地区的具体实施计划。中央的各项扶贫资金在每年的年初一次性下达各省、自治区、直辖市，实行扶贫资金、权力、任务、责任四个到省（自治区、直辖市）。所有到省的扶贫资金一律由省级人民政府统一安排使用，并由有关部门规划和实施项目。我国的各级政府扶贫机构网络在国务院扶贫办网站上也有清楚的说明。①

在我国的区域政策体系中区域管理机构是非常重要的，应该主要由它来主导区域政策的制定和实施。由于我国机构设置的具体国情及现状，究竟应该如何设立区域管理机构才能既符合我国的具体国情，又能够有效地制定和实施区域政策？同时应该如何协调未来的区域管理机构与实施具有区域含义的相关政策的政府机构（例如制定城镇体系规划的建设部、制定土地管理政策的国土资源部、负责重大固定资产投资项目的国家发展与改革委员会，等等）之间的关系呢？同时，在国务院新一轮的机构改革的背景下，如何设置区域政策管理机构呢？

在国务院扶贫办的基础上吸纳已经成立的国务院西部地区开发领导小组办公室、国务院振兴东北地区等老工业基地领导小组办公室、国家促进中部地区崛起工作办公室等机构设立国家统筹区域发展事务局可以作为一种选择。这主要是因为，国务院扶贫办从成立之日起就致力于解决贫困地区的各种问题，包括研究拟定扶贫开发工作的政策、规划并组织实施；协调社会各界的扶贫工作，协调组织中央国家机关定点扶贫工作和东部发达地区支持西部贫困地区的

① http：//www.cpad.gov.cn/data/2006/0303/article_ 180.htm.

扶贫协作工作；拟定农村贫困人口和国家扶贫开发工作重点县的扶持标准，研究提出确定和撤销重点县的意见；组织对扶贫开发情况进行统计和动态监测，指导扶贫系统的统计监测工作；协调拟定中央扶贫资金分配方案，指导、检查和监督扶贫资金的使用，指导跨省区重点扶贫项目；组织开展扶贫开发宣传工作；负责有关扶贫的国际交流与合作；承担全国贫困地区干部扶贫开发培训工作等。由于我国是一个发展中大国，贫困问题一度是最大的区域问题，扶贫办从事的这些工作其实就是在履行区域政策的部分职责。二十多年的运转使它们积累了丰富的管理经验，同时相对健全和完善的基层组织机构网络使它们能够了解到不同区域和地方的区域问题现状（目前主要是贫困问题），并且已经与基层政府建立起了相对紧密的各种联系。再者，它们也长期参与对中央扶贫资金的管理、分配、检查和监督，指导跨省重点扶贫项目，开展国际交流和合作，因此具备一定的区域政策管理能力。而随着我国绝大部分地区的脱贫致富和健康发展以及中央政府在全国范围内覆盖最低生活保障制度和医疗保险制度，国务院扶贫办将会面临新的挑战和发展机遇。其工作重点将会发生重大的转变，从过去单纯的定期划拨扶贫资金转变到帮助贫困地区解决经济发展问题和区域建设问题，这种转变正是在向着全面的区域政策的方向进行突破。

统筹区域发展事务局主要负责区域政策和区域规划的制定和实施，工作的中心和重点是促进贫困地区发展和加强不同区域（尤其是地理上比邻的区域）之间的合作和协调。在过去的中央扶贫资金的基础上，可以经过扩充后建立我国的区域发展基金，将它作为我国区域政策的主要政策资源。当然，扶贫办在吸纳国务院西部地区开发领导小组办公室、国务院振兴东北地区等老工业基地领导小组办公室、国家促进中部地区崛起工作办公室等机构设立国家统筹区域发展事务局之后，需要加强内部的机构和人才的整合。它可以按照不同的区域分别设立相关的办事机构，以便对不同的区域进行专门管理。但是，它需要设立独立的审计和评估部门对不同区域所运用的资金进行监督并对区域援助项目进行评估，这样才能起到比较好的政策效果。同时，可以在这个事务局下设一个进行咨询动议的专家委员会以便为与区域政策相关的重大问题提供专家意见和建议，这个委员会可以尝试采取比较松散的管理结构和管理机制。另外，这个事务局还可以考虑下设一个专门的地区委员会，它可以采取会员制的形式，吸纳各种区域和地方合作组织参与，成为基层的地方政府表达自己意愿和立场的窗口。统筹区域发展事务局在不同省份的直属机构可以考虑由地方扶贫办改建而成，主要负责申报区域政策项目、实施区域政策和参与区域政策的评估。对于区域政策实施的具体项目的审计、监控和评估既可以考虑在统筹区域发展事务局的内部设立专门的监督审计机构，也可以考虑在发展与改革委员会下设一个针对发展与改革委员会实施的所有项目进行审计、监控和评估的专门机构，甚至也可以考虑由审计署专设的商业审计管理部门授权的专门审计事务所来完成。

由于我国现在正在进行新一轮的国务院机构改革，改革后国务院将会下设 27 个部委。新一轮机构改革的原则是建立责权明晰的大部委，而国家发展与改革委员会将会与财政部和中国人民银行一起成为国家宏观调控的三大重要部门。它的主要职责之一就是促进区域经济协调发展。这样将统筹区域发展事务局作为国家发展与改革委员会的下设机构将是比较合适的选择。不过统筹区域发展事务局在未来的发展过程中又要保持一定的独立性，成为一个拥有一定的专业基础、相对独立并履行专门职能的国家机构。随着我国当前区域问题的扩散和深化，区域政策应该成为政府实施的一项重要政策。

当然，未来的统筹区域发展事务局应该努力协调它与国家发展与改革委员会的其他下属机构、国土资源部以及新成立的住房与城乡建设部之间的关系。统筹区域发展事务局应该是主要通过一些具体的项目促进贫困地区的发展、努力打造统一的区域市场并通过区域分工和合作来实现统筹区域发展的目标。它支持的项目应该着重于重点产业的扶持、统一市场的建设、就业培训、科技创新、环境保护以及有助于带动整个区域发展的其他项目。国家发展与改革委员会负责的其他国家重大固定资产投资项目则主要侧重于对不同区域以及全国发展具有重大意义的基础设施投资项目，这些项目具有显著的跨区域影响，也就是对全国和整个国民经济全局会产生非常重要的影响。同时，由于这些项目往往投资金额巨大，单凭地方政府的力量无力完成，因此需要中央政府提供资金支持才能顺利完成。国土资源部主要是对土地进行管理，它主要负责制定土地政策并制定土地利用总体规划。新成立的住房与城乡建设部主要侧重于各类住房的建设、各类城市的建设并编制城镇体系规划。这些部门开展的这些具体的工作与统筹区域发展事务局开展的区域工作之间是一种相互补充的关系。土地利用规划和城镇体系规划都是具有区域性质的专业规划，它们往往是制定区域规划和区域政策的基础、前提和重要的补充，因此它们之间应该通力合作、相互沟通各种资源和信息并实现资源共享，这样才能形成一种紧密合作的部门关系。另外，还可以积极鼓励地方政府以及社会各界组成具有区域性质、代表各区域共同的切身利益的各种区域组织，并为它们发出自己的声音、为自己的利益进行游说提供有效的渠道和窗口（例如统筹区域发展事务局下设的地区委员会），也为政府部门了解基层的实际要求和基本情况提供一种重要的途径。

8.2.3　中国区域政策体系的作用对象

欧盟区域政策的实施是建立在 NUTS 的基础之上的，这实际上就是欧盟框架下统一的行政区划体系和领土划分标准。无论是 NUTS 的三个层次，还是 LAU 的两个层次，一般都对应着一定的区域行政当局和政府机构，它们履行着相应的政府职能。当然，依照欧盟在每一个具体层次上确定的面积和人口标准（当然也不会拘泥于这些标准），同时由于不同国家的具体情况的不同，因此有些国家并不是在这一体系中的五个层次上都有对应的行政当局，可能在某些层次上有缺位的现象。但是，这并不影响欧盟区域政策的实施。

中国未来的区域政策体系会面临的另外一个难题是区域政策的作用对象如何确定的问题。对于这个问题，区域经济学界非常重视，区域经济学家们也提出过许多的方案。现在，国家正在发起进行优化开发、重点开发、限制开发和重点开发四大主体功能区的划分工作。对四大主体功能区的划分目前已经取得了很大的进展，官方机构希望将这种跨越行政区划的国土划分作为我国区域政策的作用对象。主体功能区的划分（尤其是限制开发和禁止开发地区的明确）对于我国的经济和社会发展是非常有帮助的。但是，主体功能区由于跨越了行政区划的界线，自身也存在行政主体缺位和政策难以实施等客观问题。如何弥补这种缺陷、以什么行政主体作为我国未来区域政策的作用对象确实是一个非常值得探讨的问题。在这里，以欧盟的成功经验为基础，简单论述一下自己的观点。

首先需要明确的是什么样的政策才是真正意义上的区域政策？这一问题的明确对于解决区域政策的实施对象问题至关重要。通过对欧盟的具体分析，我们可以发现，欧盟区域政策是欧盟为了帮助欧盟内部最贫困地区的发展和缩小不同区域之间的经济和社会发展差距而制定的专门政策，它的出发点是实现区域的均衡发展。从这一点上，我们可以看出：区域政策不是针对所有区域、为了实现所有区域同时发展而制定的政策，而是主要针对问题区域（特别是最贫困地区和结构重组地区）而制定的专门政策。促进和推动经济发达区域的进一步发展和解决经济发达地区存在的各种问题不应该是区域政策的作用范围。因为推动基础良好、条件优越的地区实现进一步的发展固然是有效率的，但是却会进一步拉大经济发达地区和经济落后地区的经济发展和人民生活水平上的差距，从而不利于统筹区域发展目标的实现。在这种背景条件下，客观上需要制定区域政策来帮助实现这一目标，也就是在不影响经济发达地区发展的同时，努力帮助问题区域（特别是落后地区和结构重组地区）解决其特定的区域问题，并逐步缩小经济发达地区和落后地区之间的发展差距。因此，区域政策是一个经济体在发展到一定阶段的产物，它是经济发展政策的重要和有益的补充。它是有针对性的政策，作用的对象应该是最贫困的地区和结构重组地区。

而国家发展与改革委员会正在进行的主体功能区的划分工作，将整个国土划分为优化开发、重点开发、限制开发和禁止开发这四大主体功能区，这是不能作为我国未来区域政策的作用对象的。这其中最主要的原因在于，它并没有甄别出区域政策的作用对象

（即最贫困地区和结构重组地区）。同时，由于行政主体的缺位使得即便是划分出来也难以实施。但是，在我国当前努力实现科学发展的背景条件下进行主体功能区的划分又是非常必要的，它的重要性并不是体现在它甄别出了区域政策的作用对象，而是体现在它甄别出了我国未来经济社会发展政策的优化、重点作用对象和限制、禁止作用对象，这对于实现科学发展是至关重要的。但是，这种划分并不能解决我国区域发展严重不平衡的问题，也不能实现我国统筹区域发展的目标。

那么，我国未来的区域政策应该如何确定政策的实施对象呢？由于区域政策的实施需要基层行政主体的参与和支持，因此我国区域政策的实施还是应该以现存的行政区域划分为基础，只有这样才能保证区域政策在实施的过程中不会因为基层行政主体的缺位而流产。在我国的行政区划体系中，除开两个特别行政区之外，存在有省（或自治区、直辖市）、市（或县、自治县、自治州）、区（或乡、镇）三个级别。由于区域政策针对的是特定的问题区域，为了提高政策作用的针对性和政策效果，这类问题区域的面积和人口规模既不能过大、也不能过小。面积和人口规模过小难以产生扩散效应以及难以进行统计分析，而面积和人口规模过大不利于问题的识别和解决。这样位于行政区划体系中的市（或县、自治县、自治州）成为比较合适的选择。可以暂时考虑选取人均 GDP、人均收入和失业率这些能够比较全面地反映地区经济发展状况和人民生活水平的基本指标作为甄别问题区域的基本标准，同时参考不同地区的购买力平价标准，并综合考虑国家区域政策的财政预算情况，最终确定区域政策的实施对象。

在确定未来区域政策的实施对象的时候，还需要综合考虑国家四大主体功能区的划分情况并与主体功能区的划分相结合，最终反映在区域政策在不同主体功能区实施的项目类型上。区域政策的具体实施对象是按照客观的具体标准选取的，由于即便是被化作国家优化开发和重点开发的区域内也同样可能存在经济非常落后而需要区域政策提供支持的个别地区，因此区域政策的具体实施对象可能会存在于四种主体功能区中的任何一种。这样，由于国土被划分为优化开发、重点开发、限制开发和禁止开发四大主体功能区，而区域政策的实施对象如果对应的是四大主体功能区中的不同类型，区域政策的具体项目类型就应该根据主体功能区具体类型的不同而发生变化，从而使得区域政策能够符合国家经济社会全面、科学发展的要求。例如，如果区域政策的某个实施对象位于优化开发区和重点开发区，区域政策所选取的具体政策项目就应该围绕如何促进产业发展和实现就业上；但是如果区域政策的实施对象位于限制开发区和禁止开发区，区域政策的具体项目就应该在保护自然环境的基础上、通过各种渠道提高当地人民的生活水平。同时，未来的统筹区域发展事务局还需要在项目申报和审批的过程中，对各种问题区域进行正确的引导和指导，这样才能使区域政策的具体项目既具有针对性从而能够解决问题区域的具体问题，同时又符合国家实现科学发展的总体要求。

8.2.4 中国区域政策体系的政策工具

在中国区域政策体系中，政策工具也应该成为一个重要的组成部分。我国未来的区域政策工具可以考虑吸取欧盟区域政策的一些有益做法。如前文所述，可以在中央扶贫资金的基础上建立我国的区域发展基金，并将这一基金作为我国区域政策的主要政策工具。为了保证区域发展基金的资金来源，国家可以考虑将区域发展基金纳入财政预算之中进行管理。不过考虑到对较大规模的资金进行管理需要一定的适应期，所以区域发展基金的规模可以从小到大逐步增加。每年在编制财政预算的时候可以将区域发展基金作为一项常规开支，将这一基金所需要的资金分配给统筹区域发展事务局进行管理。这个区域发展基金可以根据每年或每五年具体的区域政策目标确定其主要的用途，并按照用途进行进一步的划分，同时确定其所需资金占整个区域发展基金的比重。例如，区域发展基金可以进一步细分为区域重点产业扶持资金、区域合作资金、区域创新资金、区域环境保护资金、区域再就业资金、扶贫资金等多个子基金，同时根据每年具体的区域目标确定这些子基金的资金规模和具体的使用方向。区域发展基金可以采用项目制进行管理，即资金的使用应该遵循申报、立项、划拨资金、管理和评估这样的科学程序。另外，统筹区域发展事务局还可以根据具体的情况组织一些针对特定目的的区域计划（类似于欧盟委员会的倡议计划）并分配一定的资金予以支持。

统筹区域发展事务局还可以考虑将国家政策性银行和国有商业银行的贷款引入区域政策的政策工具之中，使它成为区域发展基金必要的和有益的补充。不过这些银行所提供的不是那种比较分散的贷款项目，而是按照特定的目标和用途将不同的项目整合在一起的各种联合资助计划。这样做有助于避免项目过于分散所造成的效果不显著的问题，也有助于联合不同的金融机构一起为区域问题的解决提供资金上的支持。贷款工具与区域发展基金工具之间要形成一种相互配合和相互补充的关系需要明确各自的侧重点、用途和使用范围以及相互之间进行搭配的比例分配等问题。

另外，在中国未来的区域政策体系中，政策管理和政策评估也是非常重要的组成部分。在这一方面，过去我们存在着许多的问题（尤其是主观决策和官僚主义），而欧盟有许多具体的做法很值得我们学习和借鉴。关于这一部分的内容在本书的相关章节中已经进行了详尽的论述。

第9章 欧盟区域政策对完善中国中部地区区域政策的启示

9.1 中国中部地区的现状和区域政策中存在的主要问题

由湖北、安徽、江西、河南、山西和湖南六省组成的中部地区地处我国的经济腹地，是我国东部与西部的连接桥梁、南方与北方的过渡地带和重要的粮食生产基地，工业体系比较完备，市场容量巨大，人力、旅游、水电等经济资源丰富。中部六省在区域经济发展过程中形成了举足轻重的中部区域经济体系，是中国的粮仓和现代工业的摇篮。

9.1.1 中国中部地区的现状和地位

中部地区的经济发展现状被大多数学者描述为“中部塌陷”。国内众多学者采用各种经济指标对中部地区经济发展现状进行了大量的研究。2003年我国首部新经济指数报告以5类15个指标测量得出中部六省综合竞争力均未能进入前十位（王承舜，2004）。同年，北京现代化进程研究课题组采用经济发展、社会发展、人居环境、信息化四大类指标共27个评估指数进行测量也得出同样结论（李焯章等，2005）。李练军和曹小霞采用国内生产总值、固定资产投资、财政收支、经济国际化水平（包括外贸和外资）以及产业结构水平来反映1995年、2000年、2005年中部地区经济发展现状，并与我国东部、西部地区进行比较分析，结果发现“中部塌陷”之说有点言过其实。①

第一，1995—2005 年中部地区经济发展水平停滞不前或呈下降趋势，与其实际地位不相称。这主要表现为除固定资产总值略有上升（1995 年、2000 年、2005 年占全国的比重分别为 16.1%、17.8%、18.5%）之外，中部地区其他经济指标均呈下降趋势。同时，各项指标在全国所占的比重均小于中部地区人口所占的比重。2005 年中部地区人口占全国总人口的 27.4%，而国内生产总值占全国总量的 18.8%，社会固定资产投资总额占全国总量的 18.5%，财政收入占全国总量的 15.2%，财政支出占全国总量的 18.7%，进出口总额占全国总量的 2.9%，利用外资占全国总量的 7.1%，第二产业产值占全国总值的 18.0%。

第二，中部地区经济发展水平远远低于东部地区，投资增长速度低于西部地区，但其他方面与西部不相上下。东部地区的国土面积只占全国的 9.5%，人口只占全国的 36%，但东部地区各个指标基本上均占全国的 50% 以上。西部地区的人口所占比重和中部差不多为 28%，除了固定资产投资和利用外资的发展速度快于中部地区之外，大部分经济指标和中部处在同一水平，甚至在国内生产总值和利用外资水平上还不如中部地区。2005 年西部地区的国内生产总值占全国的比重为 16.9%，比中部低 1.9 个百分点；利用外资比重为 5.9%，比中部低 1.8 个百分点。

第三，中部地区产业结构不太合理。中部地区的产业结构与东部地区相比有较大的差距，但从 1995 年以来略有改善，而且略优于西部地区的产业结构。1995 年、2000 年、2005 年中部地区三次产业结构分别为 26∶44∶30、17∶46∶37、17∶47∶36，相对于东部地区农业比重三年分别高出 10%、6%、9%；工业比重分别低 6%、3%、5%；第三产业分别低 4%、3%、4%。相对于西部地区三年农业比重分别低 2%、4%、1%；工业比重分别高 3%、5%、7%；第三产业比重分别低 1%、1%、2%，可以看出中部地

① 李练军、曹小霞：《中部地区经济发展现状、优势与战略研究》，载《生产力研究》，2008 年第 11 期。

区三产结构总体上优于西部地区。

第四，中部地区经济发展中的国际化水平比较滞后。中部地区衡量国际化水平的两个主要指标进出口总额和利用外资水平占全国的比重是所有指标中最低的，三年均小于10%，这远远低于中部地区的人口比重27.4%。1995年、2000年、2005年中部地区的进出口总额所占比重分别为4.0%、9.9%、2.9%；利用外资所占比重分别为7.6%、7.2%、7.1%。相对来说进出口总额所占比重有所下降并且波动较大，而利用外资尽管有所下降但相对比较平稳。可以看出，中部地区经济发展水平尤其是国际化水平确实比较落后，而且近十年来呈现下降趋势。但是除了投资增长速度略低于西部地区外，其他指标并不逊于西部地区，因此认为中部塌陷有点言过其实。

9.1.2 中国中部地区区域政策存在的问题

按照构建完善的区域政策管理体系的要求，一个区域的区域政策应该包括法律基础、目标体系、原则和实施对象、机构设置和管理程序等方面的具体内容。目前，中国中部地区区域政策中存在的主要问题主要表现在如下几个方面：

第一，中部地区区域政策在制定和实施的过程中需要有坚实的法律作为基础，以保障政策实施的连贯性和有效性。但是目前的情况是，在国家层面保障区域政策的专门法律比较缺乏；在区域层面上，不同区域内部缺乏保障整个区域共同行动的区域性法规支持；在地方层面上，对地方在实施区域政策的过程中遇到的具体问题进行规定的地方性法规也不太完善。因此，中国目前尚未形成像欧盟那样比较完备的区域政策和区域规划法律体系。

第二，中部地区在制定区域战略和区域政策的过程中，几乎没有像欧盟那样建立起明确的目标体系。中国的地方政府虽然也会制定出一些目标，但是往往是比较零散、不成体系的，而且具有很大的随意性。当政府官员更换后，区域政策的各项目标也会相应改变。政策目标的不稳定性会直接影响到政策的实施效果。

第三，区域政策需要有自己的原则，这些原则将主导区域政策从制定、实施到发挥作用的整个过程，有利于不同类型政策之间的协调，有利于区域政策取得良好的政策效果。但是，由于多方面的原因，特别是政府对区域政策重要性的忽视，中部地区区域政策的原则并没有明确下来，这不利于区域政策的具体实施。

第四，中部地区在制定和实施区域政策的时候，需要按照特定的方法确定区域政策的实施对象，而这一直是中国区域政策的软肋。区域政策的实施对象不明确，就会使区域政策无的放矢，无法与特定的问题区域相联系，也使得区域政策难以落实到具体的地理空间。这一问题是未来中国区域政策研究需要解决的关键问题。

第五，区域政策的机构设置和管理程序是区域政策制定和实施过程中的具体问题。这些具体问题是区域政策取得良好政策效果的重要保障。由于在中央层面上本身就没有明确区域政策的专门机构，也没有确定区域政策的具体管理程序，因此中部地区作为一个具体的区域在制定和实施区域政策的过程中会遇到一些具体的困难和问题。但是在中部崛起战略的具体实施过程中，中部地区完全可以尝试建立起符合自身特点的区域管理机构和管理程序，以保障中部地区区域战略和区域政策的实施效果。

9.2 中国中部地区区域政策的法律基础

区域政策的制定和实施需要相关的法律文件作为坚实的法律基础，这一点在欧盟得到了很好的体现。在欧盟成员国层次上，各国已经建立起了比较完备的以区域政策和区域规划为中心，涵盖工业布局、产业选择、环境保护等多方面内容的区域政策法律体系。在欧盟超国家层次上，欧盟通过一系列条约反复明确了欧盟区域政策的总体目标是缩小各地区发展水平之间的差距和降低最贫困地区（包括农村地区）的落后程度。同时，欧盟还通过制定欧洲空间发展展望（ESDP）来推动欧洲一体化的进程并实现跨区域的空间发展。这些具体安排使欧盟区域政策以及所采取的相关措施从制定、实施到评估都具备了法律依据。

9.2.1 中国中部地区区域政策的法律基础的三个层面

我国目前在国家层面上具有区域性质的法律文件主要是2008年1月颁布的《中华人民共和国城乡规划法》。它严格遵循我国当前提出的统筹城乡发展的理念，将城乡规划代替了过去单纯的城市规划，从而使这部法律具有更加显著的区域的特点。这部法律最显著的变化是将过去的城市规划进一步延伸为城乡规划，即包括城镇体系规划、城市规划、镇规划、乡规划和村庄规划在内的总体范畴。这种变化是具有突破性的，也结束了我们过去只重视城市规划而忽视农村规划的状况，标志着我国在区域规划立法方面取得了重大的进展，它必将会成为我国未来区域规划和区域政策法律体系的核心和重要支撑。但是正如本书第三章中所论述的那样，我国目前的这部城乡规划法没有对真正意义上的区域规划（也就是跨越行政界线的跨省域规划，例如中部地区区域规划、东北地区区域规划、西部地区区域规划、环渤海地区区域规划等）进行规定。这种跨省域的区域规划应该成为城乡规划法的重要内容，这将会是城乡规划法今后进行修订的主要方向。

与此相对应，在我国的区域和地方层面上，也应该制定相应的区域性法规和地方性法规对区域规划的具体内容进行规定。区域性法规是由同一个区域内（例如中部地区、东北地区、西部地区、环渤海地区等）的各个相关省份政府的行政主体参与编制的法规，它具有跨省份性质，它在整个区域范围内都具有法律效力，对整个区域范围内的各个省份都具有法律约束力。这种区域性法规是一种新生事物，目前只是在一些商业领域存在着针对某些特定商品的标准所确定的区域性法规，这并不是真正意义上由政府制定的具有一定法律效力的法规，而只是属于商品的区域性标准，它并不具有法律的效力，只是一种商业行为。而由政府的行政主体参与制定的区域性法规是介于国家制定的法律和地方政府制定的地方性法规的中间层次，它是由地方政府参与制定的，主要对具有区域性质的活动进行规定，重点内容就是由同一个区域内的多个省份的行政主体共同参与编制的区域规划。

地方性法规，即地方立法机关制定或认可的，其效力不能及于全国，而只能在地方区域内发生法律效力的规范性法律文件。在当代中国，地方性法规是一种数量最大的法律渊源，包括一般地方性法规与特殊地方性法规。地方性法规是省、自治区、直辖市以及省级人民政府所在地的市和国务院批准的较大的市的人民代表大会及其常务委员会，根据宪法、法律和行政法规，结合本地区的实际情况制定的、并不得与宪法、法律行政法规相抵触的规范性文件，并报全国人大常委会备案。地方性法规大部分称作条例，有的为法律在地方的实施细则，部分为具有法规属性的文件，如决议、决定等。地方性法规是除宪法、法律、国务院行政规章外在地方具有最高法律属性和国家约束。由不同区域的各个省份所编制的地方性法规也应该包括对区域规划落实到本省份的具体运作方式所进行的规定。

在中国的中部崛起战略中，中部六省湖北省、湖南省、江西省、安徽省、山西省和河南省被划归到中国的中部地区，这是一个资源相对丰富、经济基础相对较好的区域。但是，长期以来形成了区域内部的六个省市条块分割、各自为战的局面，彼此之间缺乏必要的协调和联系机制，区域内部市场的分割和封锁问题严重。从中部地区的实际情况来看，中部地区经济发展的速度落后于东部地区，甚至落后于东北和西部地区的主要原因在于中部地区在区域政策管理体制的构筑方面存在着比较严重缺失问题。如何在宏观政策管理体制方面实现质的突破和飞跃是中部地区实现区域协调发展的关键。从区域规划和区域政策立法的角度来看，中部地区没有制定对整个区域的区域规划和区域活动进行规定的区域性法规，也没有由六个省份共同参与编制的区域规划，这就使得中部地区目前存在的一盘散沙的格局难以从根本上得到扭转。未来中部地区六省份需要跨越行政界线共同制定区域性法规，共同编制中部地区区域规划和中部地区各城市群总体规划，以便对整个区域范围内的区域活动进行规范，打破区域内部的条块分割和各自为战的格局，为区域经济活动的开展指明方向。同时，可以学习欧盟编制欧洲空间发展展望的方法，由中部地区的六个省份的行政主体共同编制一份中部地区的空间发展的纲领性文件，它可以不具有严格意义上的法律效力，但是可以成为整个中部地区统一的行动指南。

从上面的论述中可以发现，从区域规划和区域政策立法的角度来看，针对中国的中部崛起战略，从中央到区域到地方主要应该包括三个层面的法律依据，这其中包括《中华人民共和国城乡规划法》中关于中部地区区域规划的规定、中部地区六省份共同制定的区域性法规中对中部地区区域规划的规定以及中部地区各个省份制定的地方性法规中对中部地区区域规划所作出的补充性规定。关于中部地区区域规划的这三个层面的法律依据之间既有区别、又有联系。《中华人民共和国城乡规划法》中关于中部地区区域规划的规定是国家层面的法律规定，它主要对区域行政主体编制的区域规划的性质、编制方式、有效时间和实施规则等内容进行规定，从大的方向上把握中部地区区域规划的主要方面。中部地区区域性法规中对中部地区区域规划的规定主要是对中部地区的各种经济活动特别是区域规划的具体内容、形式和实施办法进行规定，这是区域规划各项活动开展的主要依据和依托。中部地区六个省份所制定的地方性法规中对中部地区区域规划作出的补充性规定则是主要对区域规划落实到本省份的具体运作方式进行规定，这一层次主要关注的是中部地区的六个省份对区域规划在本省省域范围内的各项活动的开展所进行的规定。三个层面的法律法规之间相互补充、各有侧重，使得区域规划能够在从编制到实施的各个阶段上都能够具有法律上的依据。

9.2.2 中国中部地区区域规划中的主导产业选择问题

1. 主导产业的概念和特点

最早提出主导产业概念的是美国经济学家赫希曼，不过罗斯托则是最早对主导产业进行明确、系统研究的经济学家。根据他对西方国家经济发展史的研究，他在其专著《经济增长的阶段》中指出，在任何特定阶段，国民经济的不同部门在经济增长率上存在着明显的差异，而整个国民经济的增长在一定意义上是国民经济中的某些关键部门的迅速增长所产生的直接或间接的结果，这些部门就是主导部门。现在一般认为，主导产业是具有一定规模、能够充分发挥经济技术优势、以技术优势改变生产函数并对经济发展和产业结构演进有强大的促进和带动作用的产业，是产业结构的核心内容和产业结构演化的中心。

主导产业一般具有如下几个显著的特征：第一，具有较强的创新能力，能够获得与新技术相关联的新的生产函数，能够实现“产业突破”；第二，具有持续的部门增长率，并增长速度明显快于区域整体经济增长的速度；第三，具有很强的关联效应，能够广泛地采取多种手段带动或启动其他产业的增长，并对其他产业的增长产生广泛的直接和间接的影响；第四，具有显著的产业规模和良好的发展潜力，是区域经济发展的支柱和主导；第五，在时间上具有阶段性，可以随着经济发展阶段的演变而发生转换。①

对于一个区域而言，能够代表区域经济发展方向，并且在一定程度上能够支撑、主导区域经济发展方向的产业就是一个区域的主导产业。区域主导产业除了具有主导产业的一般特点之外，还具有资源条件导向性和区域差异性的特点。也就是说，一个区域的主导产业主要会受到区域资源禀赋条件、经济发展基础和区位条件等因素的制约。同时，为了实现区域的专门化生产，不同的区域会以自身的各种资源条件和发展优势为基础形成各具特色、彼此差异的区域主导产业，也只有这样才能充分发挥各自的优势、才能避免不同区域之间展开恶性竞争和地区封锁、才能真正实现不同区域的全面发展。

2. 中部地区主导产业的选择

判断一个产业与其他产业经济技术联系的密切程度主要是通过产业的影响力系数和感应度系数来表示。影响力系数和感应度系数是投入产出表中反映产业间经济技术联系的重要指标。

影响力系数是指一个部门增加一个单位最终使用时对国民经济

① 崔功豪、魏清泉、刘科伟编著：《区域分析与区域规划》(第二版)，高等教育出版社，2006 年版，第 220 页。吴殿廷主编：《区域经济学》，科学出版社，2003 年版，第 136 页。

各部门所产生的生产需求波动程度（国家统计局国民经济核算司1997年)。当影响力系数大于1的时候，表示该部门的生产对其他部门所产生的波及影响程度超过了各部门影响力的平均水平；当影响力系数小于1的时候，表示该部门的生产对其他部门所产生的波及影响程度小于各部门影响力的平均水平；当影响力系数等于1的时候，表示该部门的生产对其他部门所产生的波及影响程度正好等于各部门影响力的平均水平。影响力系数越大，该部门对其他部门的影响拉动作用越大。

感应度系数是指国民经济各部门每增加一个单位最终使用时，某部门由此而受到的需求感应程度，也就是需要该部门为其他部门的生产而提供的产出量。当感应度系数大于1的时候，表示该部门所受到的感应程度高于各部门感应度的平均水平；当感应度系数小于1的时候，表示该部门所受到的感应程度小于各部门感应度的平均水平；当感应度系数等于1的时候，表示该部门所受到的感应程度等于各部门的平均水平。感应度系数越大，表明国民经济的增长对该部门的需求带动作用越强。

附表9-1反映出我国2002年42个国民经济主要部门的影响力系数和感应度系数。从表中我们可以看出，通信设备、计算机及其他电子设备制造业、仪器仪表及文化办公用机械制造业、电气、机械及器材制造业、交通运输设备制造业、金属制品业、服装皮革羽绒及其制品业、通用专用设备制造业、建筑业、纺织业、化学工业、金属冶炼及压延加工业、木材加工及家具制造业、其他制造业、燃气生产和供应业、租赁和商务服务业等产业的影响力系数均超过了1，分别位列表格的前15位。从感应度系数的情况来看，化学工业、金属冶炼及压延加工业、通信设备、计算机及其他电子设备制造业、交通运输及仓储业、批发和零售贸易业、农业、电力、热力的生产和供应业、通用专用设备制造业、造纸印刷及文教用品制造业、石油加工、炼焦及核燃料加工业、石油和天然气开采业、交通运输设备制造业、金融保险业、纺织业、电气、机械及器材制造业的感应度系数均超过了1，分别位列表格的前15位。同时，综合影响力系数和感应度系数两方面的情况，不考虑农业和能源型产业而仅从制造业和服务业的角度来考虑，化学工业、金属冶炼及压延加工业、通信设备、计算机及其他电子设备制造业、交通运输及仓储业、通用专用设备制造业、批发和零售贸易业、交通运输设备制造业、造纸印刷及文教用品制造业、电气、机械及器材制造业、纺织业、炼焦及核燃料加工业、金属制品业、租赁和商务服务业、金融保险业等产业具有比较大的发展空间和发展前景，从而具有成为区域主导产业的潜质。

从中部地区的情况来看，湖北、湖南、安徽、江西、河南和山西六省的资源禀赋条件和经济发展基础各有差异，只有综合分析各个省份的情况，全面考虑区域协调发展的要求才能正确选择出适合中部地区发展的主导产业。上述具有成为区域主导产业潜质的部门和产业，需要在六个省份的地理空间上进行合理的布局和定位，在充分的区域协调的基础上，每个省份应该在自身条件的基础上选准自己的主导产业，实现地区专业化生产和合理的区域分工，避免重复建设和产业雷同。

9.2.3　中国中部地区区域规划的具体规划形式和内容

区域规划是描绘区域发展的蓝图，是区域经济建设的总体安排，涉及的领域比较广泛，内容也比较丰富，但是规划工作也不可能将与区域发展和经济建设的所有问题全部包揽起来，只可能将其中区域协调发展密切相关、需要区域内的各个省份共同沟通协调的内容包括其中。在这种背景条件下，中部地区的区域规划可以包括以下几个主要方面：

第一，中部地区区域发展定位和发展目标。这其中主要可以包括中部地区发展性质、功能定位、经济增长与社会发展定位、目标定位等，其中功能定位和确定发展目标是最主要的内容。

第二，中部地区区域经济结构、产业布局和主导产业的选择。区域经济结构包括生产结构、消费结构、就业结构等方面的内容。同时，中部地区的区域规划还应该以中部地区的资源条件和经济基础为依据，分析区域产业结构和地区分布现状，确定区域三大产业的大体结构，根据区域分工和专门化生产的要求明确区域内不同省份的主导产业，设计相应的产业链，同时要确定重点的发展区域，建设产业集群，协调好各产业的空间布局。其中，第二产业中的制造业和第三产业中的生产性服务业是规划的重点。

第三，中部地区城镇体系和乡村居民点体系规划。这一部分的内容在最新颁布的《中华人民共和国城乡规划法》中有相应的规定。中部地区的城镇体系规划主要包括中部地区城镇化的目标和政策、中部地区的城镇发展战略和总体布局、中部地区各主要城镇的性质和方向、不同城镇之间的合理分工、不同阶段各主要城镇的人口发展规模和用地规模、城镇体系的空间结构、各级中心城镇的分布和新城镇的分布、重点发展的城镇的布局及规划等内容。乡村居民点体系规划主要包括中心城镇和中心村的分布、人口发展规模、主要功能、基础设施和生活服务设施的规划等内容。

第四，中部地区基础设施规划。基础设施大体上可以分为生产性基础设施和社会性基础设施两大类。生产性基础设施是直接为生产活动提供条件和服务的设施，包括交通运输、邮电通信、供水、排水、供电、供热、供气和仓储设施等。社会性基础设施是为社会运转和人民生活提供各种服务的设施，包括教育、文化、体育、医疗、商业、金融、贸易、旅游、园林和绿化等设施。中部地区的区域规划需要在对各种基础设施发展过程及现状分析的基础上，根据人口和社会经济发展的要求，预测未来对各种基础设施的需求量，确定各种设施的数量、等级、规模、未来的建设工程项目的空间分布。

第五，中部地区环境治理和保护规划。这包括分析环境诸要素的现状特征和存在的问题，根据区域经济和社会发展的远景目标，预测环境状况并制定区域近期和远期环境保护目标，包括环境污染控制目标和自然生态保护目标。其中最主要的内容是加强中部六省的联动，共同拟定环境治理和保护的具体举措。

第六，中部地区区域发展政策的协调机制。区域政策包括劳动力政策、资金政策、企业布局政策、产业政策，在这些政策领域，中部地区需要六省份加强彼此之间的协调，共同确定各项区域发展政策的口径。

当然，上述内容所包括的领域是非常广泛的，是将它们整个纳入区域规划的范畴中，还是像欧盟那样编制一个空间发展的纲领性文件将相关的内容纳入其中，可以由政府来最终决定。

9.3 中国中部地区区域政策的目标体系、原则和实施对象

从欧盟区域政策的成功经验中我们可以发现：区域政策如果希望能够取得比较明显的政策效果需要明确区域政策的目标体系、原则和实施对象，这些都是区域政策体系中的重要组成部分。中国的中部地区要想真正实现崛起需要建立和完善中部地区的区域政策体系，而健全区域政策的目标体系、原则和实施对象就是其中非常重要的部分。

9.3.1 中国中部地区区域政策的目标体系

中部地区在建立和完善区域政策体系的时候需要对目标体系进行创建。区域政策的目标体系主要可以从时间维度和内容维度这两个方面来进行深入的探讨。从时间维度的角度来看，可以按照国家编制的五年规划的时间划分来确定区域政策目标体系的时间跨度和修订期限。目前国家正处于第十一个五年规划（2006年1月1日至2010年12月31日）的中后期，而中国中部地区的真正崛起至少需要15~20年的时间。也就是说需要跨越国家“十一五”时期至“十四五”时期的四个五年规划时期。在这一二十年的时间里，一方面需要在一开始就确定各个五年规划阶段需要实现中部崛起的总体步骤和要求，另一方面也需要根据五年规划实施的进度调整中国中部地区区域政策的目标体系的具体内容。从内容的维度来看，可以按照中部崛起战略的总体要求在不同的阶段确定中国中部地区区域政策的具体目标内容。按照上述思路，中国中部地区区域政策的目标体系可以初步确定为三个规划期和三大目标。

1. 第一规划期（2009年1月1日至2015年12月31日）

第一规划期对应国家第十一个五年规划中后期和国家第十二个

五年规划时期的7年。在这一规划期，中国中部地区区域政策的目标体系内容具体可以划分为三大目标：

目标1，集中目标。以中部地区综合配套改革试验区武汉城市圈、长株潭城市群以及中原城市群这三大城市群为中心，初步实现中部地区城市群关联大中城市的跨越式发展，初步构筑起中部地区合理的城市布局和分工体系，实现经济活动的区域集聚，使得中部地区的三大城市群成为中部地区经济发展的核心聚集区。用于实现目标1的财政资源占到中部地区区域政策可支配财政资源的40%左右。

目标2，平衡目标。通过实施具体的区域援助项目帮助中部地区的经济落后地区实现经济发展，逐步缩小中部地区的经济发达地区与经济落后地区之间的经济发展差距。以人均地区生产总值为主要指标，主要援助人均地区生产总值低于全国平均水平75%的全国贫困地区，重点援助人均地区生产总值低于全国平均水平60%的区域重点贫困地区，实现中部地区内部的区域协调发展。用于实现目标2的财政资源占到中部地区区域政策可支配财政资源的40%左右。

目标3，科技创新和环境保护目标。科技创新是实现中部地区产业结构升级和区域跨越式发展的重要支撑，环境保护是贯彻落实科学发展观的重要举措。在这两方面实现突破是实现中部地区崛起的重要保障，也是政府需要重点支持的政策领域。中部地区政府可以将中部地区区域政策可支配财政资源的20%左右用于这两个专门领域，按照项目制的原则重点支持一批优势项目。

2. 第二规划期（2016年1月1日至2020年12月31日）

第二规划期对应的是国家的第十三个五年规划时期。在这一规划期，中部地区区域政策的集中、平衡以及科技创新和环境保护目标也会根据国家五年规划的战略重点和中部地区崛起的时间表进行调整。

目标1，集中目标。围绕中原城市群、武汉城市圈和长株潭城市群这三大城市群为中心，进一步完善中部地区的城市布局和分工体系，在承接东部沿海地区的产业转移和自身产业升级的基础上形成中部地区各具特色、分工合理的支柱产业和产业结构，不断缩小中部地区与东部沿海发达地区之间的经济发展差距。政府重点扶持区域支柱产业和相关产业链的发展和完善。在第一规划期，实现区域经济初步跨越式发展和建立自发展机制基础上，第二规划期内用于实现目标 1 的财政资源占到中部地区区域政策可支配财政资源的 35% 左右。

目标 2，平衡目标。继续以项目制为原则、以人均地区生产总值为主要指标，对人均地区生产总值低于全国平均水平 75% 的全国贫困地区进行区域援助，实现中部地区内部的区域协调发展。在第二规划期，不断减少中部地区贫困地区的数量，基本消灭人均地区生产总值低于全国平均水平 60% 的区域重点贫困地区，将人均地区生产总值低于全国平均水平 75% 的全国贫困地区控制在适当的比例范围内。在第二规划期，用于实现目标 2 的财政资源占到中部地区区域政策可支配财政资源的 40% 左右。

目标 3，科技创新和环境保护目标。继续按照项目制的原则实施，扩大重点项目支持的范围、加强支持的力度，使得中部地区在产业升级和环境保护领域能够走在全国的前列，基本成为资源节约型和环境友好型的区域。在这一规划期，可以将中部地区区域政策可支配财政资源的 25% 左右用于这两个专门领域。

3. 第三规划期（2021 年 1 月 1 日至 2025 年 12 月 31 日）

第三规划期对应的是国家的第十四个五年规划时期。这一规划期是全面实现中部地区崛起总体目标的关键时期。

目标 1，集中目标。区域经济高度集聚，中原城市群、武汉城市圈和长株潭城市群这三大城市群在经济总量上成为继长三角、珠三角、环渤海城市圈和城市带之后的全国重要的城市圈群，成为中部地区发展的极核。第三规划期内用于实现目标 1 的财政资源占到中部地区区域政策可支配财政资源的 30% 左右。

目标 2，平衡目标。人均地区生产总值低于全国平均水平 60% 的区域重点贫困地区基本消灭，同时人均地区生产总值低于全国平均水平 75% 的全国贫困地区数量也大幅减少并控制在适当的比例之内，中部地区全面实现区域协调发展目标。第三规划期内用于实现目标2的财政资源占到中部地区区域政策可支配财政资源的40%左右。

目标3，科技创新和环境保护目标。在这一规划期，全面实现科技创新和环境保护的目标，在科技创新和环境保护领域成为全国的示范区域。第三规划期内用于实现目标3的财政资源占到中部地区区域政策可支配财政资源的30%左右。

9.3.2 中国中部地区区域政策的原则

中国中部崛起战略作为中国中部地区区域政策的集中体现在战略和政策的制定和实施过程中需要遵循一定的原则，这些原则发挥指导性的作用，引领区域政策向着正确的方向发展和完善。

1. 集中原则

集中原则是指集中使用区域政策援助资金，在制定和实施区域政策时按照战略发展重点、经济落后程度、依据统一的地理和功能标准确定优先顺序，将各项区域援助资金集中于支持那些最需要资助的重点地区和落后地区，避免有限资金资源的分散使用以及由此带来的资源浪费，确保资金使用的效率。按照集中原则，中国中部崛起战略的政策资源主要被用于三大目标，着重支持重点发展地区（以中部地区的三大城市圈为代表）和经济落后地区的发展，兼顾环境保护和科技创新等方面的优先项目。第一规划期中部地区区域政策资源的40%被用于支持包括中部地区的三大城市圈在内的重点发展地区，40%被用来支持经济落后地区，20%作为环境保护和科技创新资金；在第二规划期，中部地区区域政策资源的35%被用于支持重点发展地区，40%被用于支持经济落后地区，25%被用于支持环境保护和科技创新；在第三规划期，重点发展地区的支持资金被进一步减少到30%，经济落后地区的支持资金比重维持不变，环境保护和科技创新援助资金比重进一步上升到30%。

2. 规划原则

规划原则要求中部六省在中部崛起战略的总体要求下通盘考虑，制定出各省的地区发展综合战略和中长期行动计划。同时，在确定中部地区区域政策援助项目的时候需要事先进行认真评估，并充分考虑项目对环境可能造成的影响；其次，国家发展与改革委员会要密切关注各项区域援助项目的实施进展，确保项目质量和如期完成；最后，对项目的开支情况要进行严格审计，加强对资金用途的控制和监督。这一原则使得中国中部崛起战略的针对性和稳定性增强，对资金的管理更加科学合理，区域政策长期的持续性效果更加明显。另外，中部六省可以在中部崛起战略的框架下结合本省实际情况和地区发展战略、发起一些能够实现自身特色和优势的项目，争取获得中央政府区域援助资金的支持，而这类由地方发起的项目应该占到中央政策区域援助资金的60% ~80%。

3. 附加原则

附加原则是指中国中部崛起战略所提供的区域援助资金是对中部六省地方开发资金的补充而不是代替，中央政府只会对满足条件的项目提供部分资金援助（而不是全部），中部六省省级政府、地方政府以及社会资本必须为中国中部崛起战略资助的项目提供相应的配套资金。在一般情况下，中部六省的省级政府对满足中国中部崛起战略援助条件的地区项目提供的配套资金应与中央政府在区域政策下提供的资金援助的数额相当。同时，如果地方政府没有按照要求配套相关的资金的话，中央政府有权从地方收回资金。同时，中国中部崛起战略并不会取代中部六省的地区政策，而只是在最需要其发挥作用的层面上开展援助行动。按照这一原则，中国中部崛起战略主要支持重点发展地区（主要包括中部地区三大城市圈）和经济落后地区（主要是人均地区生产总值低于全国平均水平75%的一般区域和人均地区生产总值低于全国平均水平60%的重点区域），而其他能够在中部六省内部加以解决的地区项目则仍然在中部六省的框架内加以解决。

4. 合作原则

合作原则是指在中国中部崛起战略的各级决策机构（包括中央政府、中部六省的省级政府以及地方政府）之间建立起长期的合作伙伴关系，促进其在区域援助行动中的协调和合作，并进一步凸显省级政府和地方政府在中国中部崛起战略重点援助项目申报、实施、评估过程中的主体地位和作用。同时，进一步促进区域性产业合作组织和区域利益团体的发展，为它们发表意见、参与决策提供平台和渠道。

9.3.3 中国中部地区区域政策的实施对象

从欧盟区域政策的分析中我们可以发现，区域政策的作用对象应该是经济落后地区以及结构重组地区。同时，欧盟在确定区域政策实施对象上的具体作法是通过在欧盟范围内进行分层次的领土划分、明确不同层次的主要功能并选择特定层次实施区域政策相关项目。通过采用人均 GDP 和地区失业率这两个指标来识别问题区域，将区域援助项目具体落实到问题区域。这些做法还是比较值得中国以及中部地区学习和借鉴的。

中部崛起战略需要明确政策的实施对象。由于中部地区包括湖北、湖南、安徽、江西、河南和山西在内的六个省份存在着大量的流动人口，大量农民工外出务工，统计地区失业率比较困难。而人均地区生产总值则比较容易获取相关的统计资料。同时，由于中部地区目前面临的主要问题是落后地区数量较多且与中部地区的发达城市相比差距比较大，而经济结构重组方面的问题不像东北地区那么突出，因此中部崛起战略需要首先解决的区域病是“落后病”，需要甄别的问题区域主要是经济落后地区，并采取措施解决落后地区的崛起问题。这样，选取人均地区生产总值作为主要指标来甄别落后区域既符合国际惯例，也符合我国的实际情况。

由于欧盟建立起了 NUTS 体系作为领土划分的基本标准，将区域政策的实施对象定位在特定的地理空间之上。从上文中我们可以发现，欧盟的这种领土划分体系与欧盟及各成员国内部的政府管辖区域的划分有着紧密的联系，也就是与行政区划是基本吻合的。而在我国如果不依据行政区划为标准重新进行领土划分，一方面工作量非常大，另一方面即便是划分出来可能也会由于缺乏行政主体难以进行管理，因此现实意义不大。最佳的做法是以我国的行政区划体系为基础，选取特定的层次作为区域战略和区域政策实施的主要依据。

按照我国 1982 年宪法的规定，我国的行政区域划分是：第一，全国分为省、自治区和直辖市；第二，省、自治区分为自治州、县、自治县和市；第三，县和自治县分为乡、民族乡和镇。① 也就是说，省直管县改革之后，我国实行的是由中央、省（自治区和直辖市)、县（自治州、自治县和市)、乡（民族乡和镇）所组成的四级行政区划体系。如果除开中央，地方行政区划的主要层级是省、县（市）和乡（镇）。全国省级单位34个、县级单位2 861个、乡级单位38 290个。② 由于省级单位往往面积较大，不利于识别出问题区域的具体方位；而乡这一级单位面积又过小，实施区域政策时不利于扩散效应的发挥；因此确定中部崛起战略的实施对象时县（市）这一级是比较明智的选择。

2003年中部六省湖北、湖南、安徽、江西、河南和山西的县（市）级行政单位的数量为606个，人口和面积方面的具体情况参见表9-1。通过国研网和中经网搜集2007年中部六省县（市）级行政单位的人均地区生产总值并与2007年全国人均国内生产总值的平均水平进行比较，从而最终确定中部地区区域政策的实施对象和重点实施对象。2007年中部六省市所辖县（市）级行政单位人均地区生产总值的情况参见文后附表9-2至附表9-7。

表9 1　中部六省县级行政单位情况 览表（2003年）

省名	数量	人口密度（人/平方公里）	总人口（万人）	平均人口（万人）	总面积（百平方公里）	平均面积（平方公里）
湖北	100	332	5 978	58.6	1 800	1 765
湖南	109	313	6 564	53.8	2 100	1 721
河南	149	605	9 683	61.3	1 600	1 013
江西	85	266	4 263	43.1	1 600	1 616
山西	65	216	3 245	27.3	1 500	1 261
安徽	98	490	6 369	60.7	1 300	1 226

资料来源：《中华人民共和国行政区划简册（2004)》。

① 侯景新、蒲善新、肖金成：《行政区划与区域管理》，中国人民大学出版社，2006年版，第93页。

② 侯景新、蒲善新、肖金成：《行政区划与区域管理》，中国人民大学出版社，2006年版，第276页。

根据国研网的数据，2007 年全国人均国内生产总值为19 524.1 元，仿照欧盟的做法，分别选取全国人均国内生产总值的以全国指标的 150% （29 286.15 元）、120% （23 428.92 元）、100%（19 524.1 元）、75% （14 643.075 元） 和 60% （11 714.46 元）作为筛选问题区域的标准。分别在国研网和中经网上搜集中部六省的县（市）级行政单位的人均地区生产总值数据，在此基础上与上述标准进行比较，县（市）级行政单位的人均地区生产总值若高于全国指标 150% （29 286.15 元） 的地区划为中部地区的特别发达地区，高于全国指标 120% （23 428.92 元） 的地区划为中部地区中等发达地区，高于全国指标 100% （19 524.1 元） 的地区划为中部地区一般发达地区，低于全国指标 75% （14 643.075 元）的地区划为中部地区的落后地区，低于全国指标 60%（11 714.46）的地区划为中部地区的严重落后地区。中部地区区域政策的实施对象是那些人均地区生产总值低于全国人均国内生产总值 75%（14 643.075 元）的县（市）级行政单位，中部地区区域政策的重点实施对象是人均地区生产总值低于中部地区人均地区生产总值 60% （11 714.46 元） 的县（市）级行政单位。通过 GIS 绘制的中部六省的区域政策实施对象图和插值图参见附图 9-1 至 9-6。通过这些图，我们就可以比较清晰的甄别出中部六省区域政策的实施对象和重点实施对象的作用范围。

9.4 中国中部地区区域政策的机构设置和管理程序

中国中部崛起战略要想取得比较良好的政策效果，需要学习欧盟的经验，在现有行政机构设置的基础上完成区域管理机构和管理程序上的改革和突破，从而为中国中部崛起战略的实施奠定基础、提供保障。

9.4.1 中国中部地区区域政策的机构设置

机构设置问题是区域政策的关键性问题，中国中部地区要实现崛起需要在区域管理机构的设置问题上实现突破。第八章从国家层面上论述了区域管理机构设置的问题，在这里需要结合中部地区的实际情况、从中央、区域和地方三个层面上论述这一问题。

在中央政府的层面上，可以在国务院扶贫办的基础上吸纳已经成立的国务院西部地区开发领导小组办公室、国务院振兴东北地区等老工业基地领导小组办公室、国家促进中部地区崛起工作办公室等机构设立国家统筹区域发展事务局，并将它作为国家发展与改革委员会的下设机构。在国家统筹区域发展事务局内部，可以按照经济区域的划分分别设立东北地区区域管理办公室、中部地区区域管理办公室、西部地区区域管理办公室、环渤海地区区域管理办公室、长三角地区区域管理办公室、珠三角地区区域管理办公室等内设机构。其中中部地区区域管理办公室就是国家管理中部地区事务的中央机构，也是中部崛起战略制定和实施的主要管理机关。中国中部崛起战略主要区域援助项目的挑选、监督、评估都由这一机构来完成。

在中部地区六省的区域层面上，可以在国家统筹区域发展事务局中部地区区域管理办公室的直接领导下，以中部六省的省级发展与改革委员会为主要依托，设立中部地区联席会议机制作为中部崛起战略的主要协调机制，围绕特定议题定期召开中部六省各相关部门参加的中部地区联席会议，共同针对中部地区区域发展的重大问题进行决策。中部地区联席会议主要围绕中部地区三大城市圈的“两型社会”改革和中部地区落后地区发展这两大主题进行运作，每次联席会议还可以邀请专家学者参加并就特定具体的问题提出观点、展开讨论。中部地区联席会议是中部崛起战略的主要协调机构，它主要就中部六省区域发展的重点问题（例如中国中部地区统一市场的建立、中国中部六省主导产业的选择、中国中部地区三大城市圈相关问题、中国落后地区援助项目的实施等）开展探讨和沟通，避免中部地区出现市场封锁、重复建设和地方保护主义盛行等问题。

在中部六省的地方层面上，主要是以省市扶贫办为依托设立中部六省的统筹区域发展事务分局，并将它们作为国家统筹区域发展事务局在地方上的分支机构，并划为省级发展与改革委员会的下设机构。中部六省设立的统筹区域发展事务分局主要负责中部崛起战略区域援助项目的申报、实施、自我评估和日常事务的管理，在省级发展与改革委员会的主导下参加中部地区联席会议并积极参与中部地区三大城市圈的建设和管理。

从总体上看，中国中部崛起战略的机构设置主要可以从中央、区域和地方三个层面上构筑，国家发展与改革委员会内设的统筹区域发展事务局是中国区域管理机构的核心，主要负责区域援助项目的审批、监督和评估，同时针对不同区域面临的特殊问题开展各项工作。统筹区域发展事务局的中部地区区域管理办事处是主管中部事务的专门机构，对中部崛起战略进行具体指导和管理。中部地区联席会议作为中部崛起战略的主要协调机制主要是就与中部崛起有关的重大问题在中部六省内部进行沟通和协调，清除中部地区区域一体化的内部障碍，为区域协调发展创造条件。省级发展与改革委员会内设的统筹区域发展事务分局作为国家统筹区域发展事务局在地方上的分支机构主要负责中部地区区域援助项目的申报、实施和自我评估。在这种三层体系中，不同的机构有不同的职权分工，三个层面各有侧重共同为中国中部崛起战略服务。

另外，国家统筹区域发展事务局还可以考虑下设一个专门的地区委员会，它可以采取会员制的形式，吸纳区域经济学专家学者、各种区域和地方合作组织参与，成为基层的地方政府表达自己意愿和立场、专家学者表达意见和观点的窗口。在中部六省设立的统筹区域发展事务分局中也可以考虑设立类似的地区委员会，也可以采取会员制的形式，作为吸纳基层意见和专家观点的窗口。

9.4.2 中国中部地区区域政策的管理程序

中国中部地区在实现崛起的过程中需要进一步完善在区域政策实施过程中的管理程序和协调机制，并注意充分调动社会各个方面的积极性来共同关注中部地区的崛起。

区域战略和区域政策在实施的过程中需要建立起完备的管理程序，特别是区域政策的具体实施项目在申报、批准、实施、监控和评估的整个过程中需要遵循特定的程序和原则，从而保证项目的顺利实施并取得良好的政策效果。

在具体的管理程序上，可以由国家统筹区域管理事务分局根据每一年具体的战略任务和发展目标选择几项有利于区域发展的主题目标，例如区域创新、区域扶贫、区域专业人才的技术培训、区域特色产业的孵化和培育、区域特色园区的建设等。围绕这些主题，中部六省的统筹区域发展事务分局根据本地区发展的需要和存在的具体问题，结合本地区实际情况，选取一些具有代表性和良好示范效应的项目向国家统筹区域发展事务局进行申报，从而从国家获取相应的项目支持资金，同时地方统筹区域发展事务分局还需要为成功获批的项目配套一定的项目资金，从而使得这些项目能够充分发挥资金的杠杆效应，取得良好的政策效果。

这些项目在成功获得批准之后，就进入到实施阶段。在实施阶段，主要由地方的统筹区域发展事务分局负责组织项目的具体实施。在项目实施过程中要严格按照项目申报时的具体要求如期保质完成，并完成相应的项目实施进度报告。国家统筹区域发展事务局定期对全国所有的项目进行检查和监督，从而保证项目实施的质量和进度符合国家的具体要求。

项目完成之后，地方的统筹区域发展分局要首先组织项目实施方进行项目的自我评估，同时地方的统筹事务发展分局还需要在自我评估的基础上进行项目质量的第三方评估并完成地方层次的评估报告，上交国家统筹区域发展事务局。国家统筹区域发展事务局组织对全国的项目进行抽查，一旦发现不合格的项目，可以取消该地区今后五年的申报资格。

只有通过从申报、批准、实施、监控和评估的管理程序，才能够保证项目取得预期的政策效果。

参考文献

[1] Alan Matthews. Managing the Structural Funds [M]. Cork University Press, 1993.

[2] Ali M El- Agraa. the Economics of the European Community [M]. 2nd ed. Philip Allan/ St Martin's Press, 1985.

[3] Benjamin Higgins, Donald J. Savoie. Regional Development Theories & Their Application [M]. New Brunswick (U. S. A.) and London (U. K.): Transaction Publishers, 1997.

[4] Chris Rumford. European Cohesion? Contradictions in EU Integration [M]. Macmillan Press Ltd, 2000.

[5] Harrop Jeffrey. Structural Funding and Employment in the European Union- Financing the Path to Integration [M]. UK: Cheltenham/USA: Brookfield, 1996.

[6] Helen Wallace, Mark A Pollack. Policy-Making in the European Union [M]. 5th ed. Oxford University Press, 2005.

[7] Henrik Halkier, Mike Danson and Charlotte Damborg. Regional Development Agencies in Europe [M]. London: Jessica Kingsley, 1998.

[8] J. R. Cuadrado- Roura, M. Parellada. Regional Convergence in the European Union: Facts, Prospects and Policies (Advances in Spatial Science) [M]. Berlin: Heidelberg and New York: Springer, 2002.

[9] Jeremy Aldon, Philip Boland. Regional Development Strategies: a European Perspective [M]. Jessica Kingsley Publishers Ltd. , 1996.

[10] John Bachtler, Ivan Turok. the Coherence of EU Regional Policy, Contrasting Perspective on the Structural Funds [M]. London: Jessica Kingsley, 1997.

[11] John Hopkins. Devolution in Context: Regional, Federal and Devolved Government in the European Union [M]. London: Cavendish Publishing, 2002.

[12] Juliet Lodge. Institutions and Policies of the European Community [M]. London: Frances Pinter Publishers, 1983.

[13] Kenneth Button, Eric Pentecost. Regional Economic Performance within the European Union [M]. Cheltenham (UK) and Northampton (Massachusetts): Eddward Elgar, 1999.

[14] Marina Van Geenhuizen, Rerigio Ratti. Gaining Advantage from Open Borders: AN active Space Approach to Regional Development [M]. Aldershot: Ashgate Publishing Ltd., 2001.

[15] Marion Temple. Regional Economics [M]. St. Martin's Press, 1994.

[16] Maura Adshead. Developing European Regions? Comparative Governance, Policy Networks and European Integration [M]. Ashgate Publishing Ltd., 2002.

[17] Michael Keating, Barry Jones. Regions in the European Community [M], Oxford: Clarendon Press, 1985.

[18] Norbert Vanhove. Regional Policy: a European Approach [M]. 3rd ed. Ashgate Publishing Ltd., Aldershot, 1999.

[19] Peter Coffey. Main Economic Policy Areas of the EEC- Towards 1992 [M]. 2nd ed. Kluwer Academic Publishers, 1988.

[20] R. H. Williams. European Union Spatial Policy and Planning [M]. London: Paul Chapman Publishing Ltd., 1996.

[21] Reiner Martin. The Regional Dimension in European Public Policy: Convergence or Divergence? [M]. Basingstock: Maclimman, 1999.

[22] Z. Hajdu, G. Horvath. European Challenges and Hungarian

Responses in Regional Policy [M], Pecs, 1994.

[23] Old Regionalism, New Regionalism and Envision Utah: Making Regionalism Work [J]. Harvard Law Review, 2005, 118 (7).

[24] H. W. Armstrong, P. Wells. Evaluating the Governance of Structural Funds Programme: the Case of Community Economic Development in South Yorkshire [J]. European Planning Studies, 2006, 14 (6): 855-876.

[25] Atsushi Iimi. Decentralization and Economic Growth Revisited: an Empirical Note [J]. Journal of Urban Economics, 2005, 57 (3).

[26] Bachtler John, Downes Ruth. Regioanl Policy in the Transition Countries: A Comparative Assessment [J]. European Planning Studies, 1999, (7) 6: 793-819.

[27] Bailey David, Propris Lisa De. EU Structural Funds, Regional Capabilities and Enlargement: Towards Multi-level Governance? [J]. Journal of European Integration, 2002, 24 (4): 303-324.

[28] Baudner Joerg, Bull Martin. European Policies and Domestic Reform: A Case Study of Structural Fund Management in Italy [J]. Journal of Southern Europe & the Balkans, 2005, 7 (3): 299-314.

[29] Baun Michael. EU Regional Policy and Candidate States: Poland and the Czech Republic [J]. Journal of European Integration, 2002, 24 (3): 261-280.

[30] Boland Philip. Wales and Objective 1 Status: Learning the Lessons or Emulating the Errors? [J]. European Planning Studies, 2004, 12 (2): 249-270.

[31] J. Brooksbank David, C. Clifton Nicholas, Jones-Evans Dylan, G. Pickernell David. The End of the Beginning? Walsh Regional Policy and Objective One [J]. European Planning Studies, 2001, 9 (2): 255-274.

[32] M. Christooloulakis Nicos, C. Kalyvitis Sarantis. Achieving Convergence within the European Union: the Role of Structural Funds in the Case of Greece [J]. European Planning Studies. 1998, 6 (6): 695-708.

[33] Churski Pawe. Problem Areas in Poland in Terms of the Objectives of the European Union's Regional Policy [J]. European Planning Studies, 2005, 13 (1): 45-72.

[34] Dasí Joaquín Farinós, González Juan Romero, Madariage Inés Sanchez. Structural Problems for the Renewal of Planning Styles: the Spanish Case [J]. European Planning Studies. 2005, 13 (2): 217-235.

[35] De Rynck Stefaan, McAleavey Paul. The Cohesion Deficit in Structural Fund Policy [J]. Journal of European Public Policy, 2001, 8 (4): 541-557.

[36] Dean Stansal. Local Decentralization and Local Economic Growth: A Cross-sectional Examination of US Metropolitan [J]. Journal of Urban Economics, 2005, 57 (1).

[37] Diez Maria-Angeles. New Approaches to Evaluating Regional Policy, Greener Management International [J]. 2002, (36): 37-50.

[38] Dühr Stefanie. Illustrating Spatial Policies in Europe [J]. European Planning Studies, 2003, 11 (8): 929-948.

[39] Ederveen Sjef, L. F. Groot Henri, Nahuis Richard Kyklos. Fertile Soil for Structural Funds? Apanel Data: Analysis for the Conditional Effectiveness of European Cohesion Policy [J]. Journal of European Integration, 2006, 59 (1): 17-42.

[40] M. Elisabeth Hamin. Legislating Growth Management: Power, Politics and Planning [J]. Journal of the American Planning Association, 2003, 69 (4).

[41] Faludi Andreas. Positioning European Spatial Planning [J]. European Planning Studies, 2002, 10 (7): 897-909.

[42] Faludi Andreas. Spatial Planning in Europe: Their Role in the ESDP Process [J]. International Planning Studies, 2004, 9 (2/3): 155-172.

[43] Faludi Andreas. The European Spatial Development Perspective and North-West Europe: Application and the Future [J]. European Planning Studies, 2004, 12 (3): 381-408.

[44] George A. Georgiou. The Implementation of EC Regional Programmes in Greece: A Critical Review [J]. European Planning Studies, 1994 (Feb.).

[45] Georgia Giannakourou. Towards A European Spatial Planning Policy: Theoretical Dilemma and Industrial Implications [J]. European Planning Studies, 1996 (Oct).

[46] Gerald Berger, Michael Narodoslawsky. Editorial: Regional Sustainable Development-the Role of Structural Funds [J]. Innovation, 2004, 17 (1).

[47] Gerald Berger, Michael Narodoslawsky. Regional Sustainable Development—the Role of Structural Funds [J]. Innovation, 2004, 17 (1).

[48] Gil Carlos, Pascual Pedro, Rapun Mannuel. Regional Allocation of Structural Funds in the European Union [J]. Environment & Planning C: Government & Policy, 2002, 20 (5): 655-678.

[49] Guth Michael. Innovation, Social Inclusion and Coherent Regional Development: A New Diamond for a Socially Inclusive Innovation Policy [J]. European Planning Studies, 2005, 13 (2): 333-349.

[50] Halkier Henrik. Regional Policy in Transition — A Multi-level Governance Perspective on the Case of Denmark [J]. European Planning Studies, 2001, 9 (3): 323-338.

[51] Heather Grabbe, Kirsty Hughes. Reform of the Structural Funds: Central and East European Perspectives [J]. European Planning Studies, 1998 (Jan.).

[52] Iain Begg. Reform of the Structural Funds after 1999 [J]. European Planning Studies, 1997 (Oct.).

[53] Jacky Brine. Equal Opportunities and the European Social Fund: Discourse and Practice [J]. Gender & Education, 1995 (March).

[54] Jacky Brine. The European Social Fund and the Vocational Training of Unemployed Woman: Questions of Gendering and Regendering [J]. Gender & Education, 1992, 4 (1/2): 149-163.

[55] Jacques Toulemonde. The Emergence of an Evaluation Profession in European Countries: the Case of Structural Policies [J]. Knowledge & Policy, 1995 (Fall).

[56] Jill Wakefield. The Plight of the Regions in a Multi-layered Europe [J]. European Law Review, 2005, 30 (3).

[57] John Bachtler. Reforming the Structural Funds: Challenges for EU Regional Policy [J]. European Planning Studies, 1998 (July).

[58] Kaufmann Alexander, Wagner Petra. EU Regional Policy and the Stimulation of Innovation: the Role of the European Regional Development Fund in the Objective 1 Region Burgenland [J]. European Planning Studies, 2005, 13 (4): 581-599.

[59] R. Kunzmann Klaus. Planning for Spatial Equity in Europe [J]. International Planning Studies, 1998 (Feb.).

[60] Kyrgiafini Lina, Seferzi Elena. Changing Regional Systems of Innovation in Greece: the Impact of Regional Innovation Strategy Initiative in Peripheral Areas of Europe [J]. European Planning Studies, 2003, 11 (Dec.): 885-910.

[61] Lajh Damjan. Responses to the Process of Europeanisation and Regionalisation: Demestic Changes in Slovenia [J]. Perspective: Central European Review of International Affairs, 2004/2005, 23 (Winter): 36-60.

[62] Masuel D. Brody, R. David Godschalk and Raymond J. Burby. Mandating Citizen Participation in Planning Making: Six Strategic Planning Choices [J]. Journal of the American Planning Association, 2003, 69 (3).

[63] Moss Timothy, Fichter Heidi. Promoting Sustainable Development in EU Structural Fund Programmes (Lesson from Regional Case Studies) [J]. Innovation: the European Journal of Social Sciences, 2004, 17 (1): 11-23.

[64] Olsson Jan. Democracy Paradoxes in Multi-level Governance: Theorizing on the Structural Fund System Research [J]. Journal of European Public Policy, 2003, 10 (2): 283-301.

[65] Pallagst Karina. European Spatial Planning Reroaded: Considering EU Enlargement in Theory and Practice [J]. European Planning Studies, 2006, 14 (2): 253-272.

[66] J. Paraskevopoulos Christos. Social Capital, Learning and EU Regional Policy Networks: Evidence from Greece [J]. Government & Opposition, 2001, 36 (2): 253-278.

[67] Perkmann Markus. Cross-Border Regions in Europe [J]. European Urban & Regional Studies, 2003, 10 (2): 157-172.

[68] Salvador Maluquer I. Amoros. Application of European Regional Development Fund for Objective 2 in Catalonia: Planning Monitoring and Evaluation [J]. European Planning Studies, 1996, 4 (4).

[69] Shutt John, Colwell Adrian, Koutsoukos Stratis. Structural Funds and Their Impact: Signed and Sealed, But Can We Deliver? [J]. European Planning Studies, 2002, 10 (1): 113-130.

[70] Sosvilla-Rivero Simón, Bajo-Ribio Oscar, Díaz-Roldán Carmmen. Assessing the Effectiveness of the EU's Regional Policies on Real Convergence: An analysis Based on the HERMIN Model [J]. European Planning Studies, 2006, 14 (3): 383-396.

[71] Sturm Roland. Multi-level Politics of Regional Development in

Germany [J]. European Planning Studies, 1998 (Jan.).
[72] 崔功豪，魏清泉，刘科伟. 区域分析与区域规划 [M].（第2版）. 北京：高等教育出版社，2006.
[73] 陈宣庆，张可云. 统筹区域发展的战略问题与政策研究 [M]. 北京：中国市场出版社，2007.
[74] 戴炳然. 欧洲共同体条约集 [M]. 上海：复旦大学出版社，1993.
[75] 杜莉. 欧盟区域经济政策 [M]. 长春：吉林大学出版社，2007.
[76] 冯兴元. 欧盟与德国——解决区域不平衡问题的方法和思路 [M]. 北京：中国劳动社会保障出版社，2002.
[77] 苏明忠（欧共体官方出版局编）. 欧洲联盟条约 [M]. 北京：国际文化出版社，1999.
[78] 孙久文. 区域经济规划 [M]. 北京：商务印书馆，2004.
[79] 王倩，许梦博. 欧盟区域政策及其对中国东北老工业基地振兴的启示 [M]. 长春：吉林大学出版社，2007.
[80] 王倩. 欧盟区域政策——从资金支持视角的分析 [M]. 长春：吉林大学出版社，2007.
[81] 吴殿廷. 区域经济学 [M]. 北京：科学出版社，2003.
[82] 张健雄. 欧盟经济政策概论 [M]. 北京：中国社会科学出版社，2006.
[83] 张可云. 区域经济政策——理论基础与欧盟国家政策 [M]. 北京：中国轻工业出版社，2001.
[84] 张可云. 区域经济政策 [M]. 北京：商务印书馆，2005.
[85] 张蕴岭，顾俊礼. 西欧的区域发展 [M]. 北京：中国展望出版社，1988.
[86] 祝宝良，张峰. 欧盟地区政策 [M]. 北京：中国经济出版社，2005.
[87] 中华人民共和国国民经济和社会发展第十一个五年规划纲要 [P]. 北京：人民出版社，2006.
[88] 陈建华，王国恩. 区域协调发展的政策途径 [J]. 城市规

划，2006（12）.
[89] 储节旺，周绍森. 中部地区经济崛起研究现状综析［J］. 江淮论坛，2005（3）.
[90] 范军. 论欧盟地区政策的改革［J］. 学术月刊，2002（3）.
[91] 范军. 欧盟东扩与结构基金的再分配［J］. 华东师范大学学报（哲学社会科学版），2001（5）：31-37.
[92] 范军. 一体化与地区问题：欧盟地区政策分析［J］. 欧洲，2001（2）：58-66。
[93] 顾林生. 国外国土规划的特点和新动向［J］. 世界地理研究，2003（3）.
[94] 郝娟. 英国城市规划法规体系［J］. 城市规划汇刊，1994（4）.
[95] 姜丽丽，王士君，冯章献. 区域协调发展战略指引下的区域政策框架构建［J］. 世界地理研究，2009（6）.
[96] 李朝辉，邓翔. 欧盟共同区域政策的历史演进与经验［J］. 学习与探索，2010（2）.
[97] 李练军，曹小霞. 中部地区经济发展现状、优势与战略研究［J］. 生产力研究，2008（11）.
[98] 李艳，陈雯. 欧洲空间发展展望的简介与借鉴［J］. 国外城市规划，2004（3）.
[99] 李颖，陈林生. 欧盟的区域政策特点及对我国的启示［J］. 经济体制改革，2003（5）：148-150.
[100] 刘建国. 基于区域差异特征的区域发展政策选择［J］. 经济经纬，2007（7）.
[101] 刘源，宋富田. 国外国土规划概况及对我国的启示［J］. 国土经济，1996（4）.
[102] 马颖. 从欧盟结构基金第三次改革看欧盟的经济前景［J］. 世界经济与政治，2000（10）：53-57.
[103] 马颖. 欧盟地区政策改革与欧盟东扩［J］. 武汉大学学报（社会科学版），2001，54（1）：53-58。
[104] 毛其智. 联邦德国的‘空间规划’制度——旅德札记［J］.

国外城市规划，1990（4）.
[105] 沈玉芳．论国外区域发展与规划的实践［J］．世界地理研究，1999（6）.
[106] 王继平．欧盟结构政策的作用和面临的问题［J］．德国研究，2001（2）：9-13.
[107] 王青云．关于制定“十二五”时期我国区域战略和区域政策的一些思考［J］．宏观经济研究，2010（1）.
[108] 王雅梅，谭晓钟．论欧盟区域政策对欧洲一体化的特殊作用［J］．德国研究，2005（2）：25-29.
[109] 王雅梅，谭晓钟．欧盟区域政策改革趋势探析［J］．经济体制改革，2005（6）：142-145.
[110] 王雅梅．东扩对欧盟区域政策的挑战［J］．天府新论，2003（3）.
[111] 王雅梅．减少失业、促进就业：欧盟区域政策的主要目标［J］．经济体制改革，2003（2）：146-149.
[112] 王一鸣．中国区域经济政策与区域协调发展［J］．中国金融，2006（15）.
[113] 魏后凯．“十一五”时期中国区域政策的调整方向［J］．学习与探索，2006（1）.
[114] 徐晓虹．中国区域经济差距分析和政策建议［J］．浙江大学学报（人文社会科学版），2006（3）.
[115] 杨逢珉．欧盟区域政策实施效果研究［J］．世界经济研究，2009（8）.
[116] 张崇康，李德龙．构建区域协调发展的政策机制［J］．求是，2006（23）.

参考网站：
欧盟官方网站：http：//europa. eu/

附表 2-1　　**欧洲主要国家区域规划和区域政策立法概况**

国家	背景	主要法律	理念
英国	北部工业区的衰退 失业与伦敦的地区膨胀	工业布局法 城乡规划法	解决失业和地区差距,保护环境,实现可持续发展
联邦德国	鲁尔地区工业密集 “二战”期间国土功能分散	联邦区域规划法 联邦建设法典 自然保护及景观保护法 农田建设法	通过规划促进全国和各地区的开发、建设和保护,保持地区均衡和可持续发展,全国提供同等生活环境
法国	缩小首都巴黎和农村地区的差距	国土整治与开发指导法 地区协作法 协作和城市再生法	协调社会、经济和环境,增加就业,增强国力,国民机会均等,缩小地区差距
欧盟	欧盟各成员国之间以及成员国内部发展水平差别较大,迫切需要协调空间发展	罗马条约 单一欧洲法令 马斯特里赫特条约 阿姆斯特丹条约	促进全面协调的发展,缩小各地区发展水平的差距,降低最贫困地区的落后程度,增进经济和社会融合

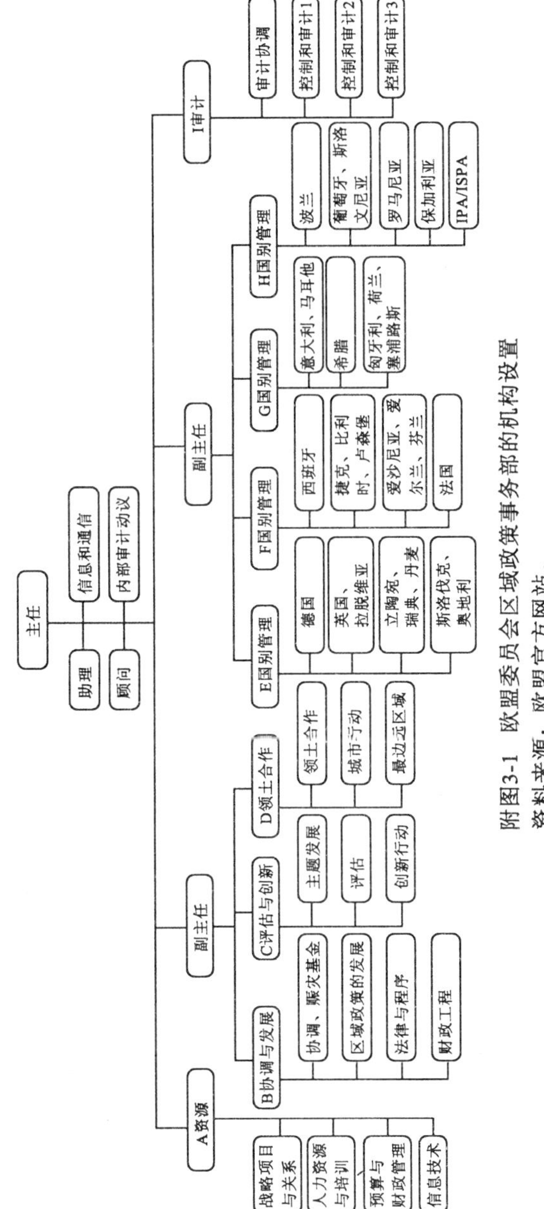

附图3-1 欧盟委员会区域政策事务部的机构设置

资料来源：欧盟官方网站。

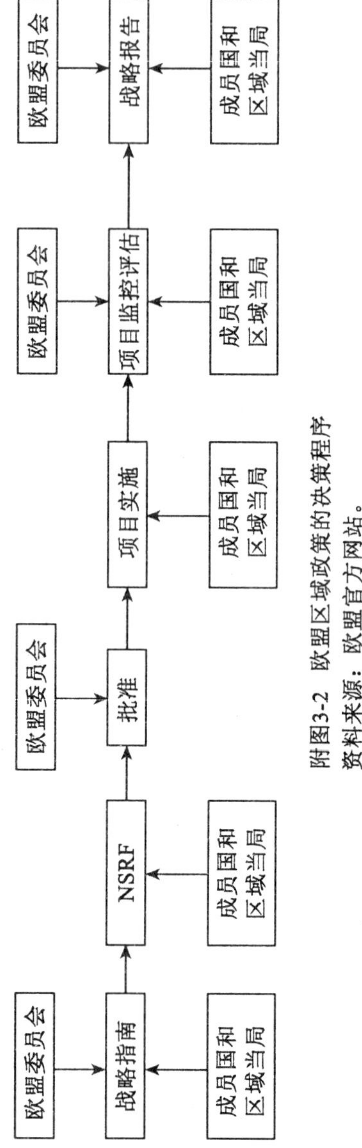

附图3-2　欧盟区域政策的决策程序

资料来源：欧盟官方网站。

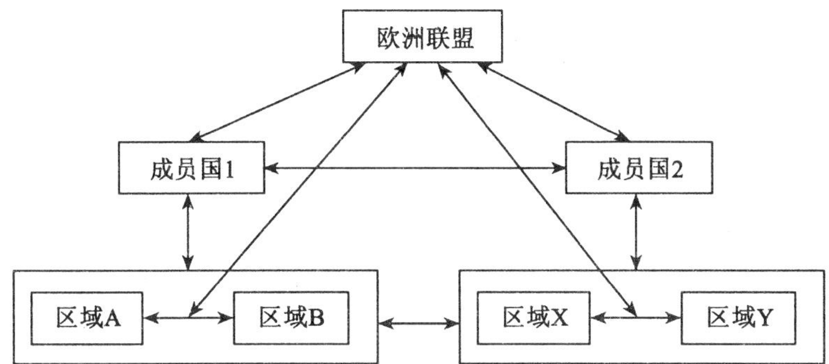

附图 3-3　欧盟区域政策的协调机制

资料来源：欧盟官方网站。

附表 4-1　　欧盟 25 国的 NUTS 和 LAU 的对应表

	NUTS 1		NUTS 2		NUTS 3		LAU 1		LAU 2	
比利时	Gewesten/ Régions	3	Provincies/ Provinces	11	Arrondissementen / Arrondissements	43			Gemeenten/ Communes	589
捷克	Ùzemí	1	Oblasti	8	Kraje	14	Okresy	77	Obce	6 249
丹麦		1		1	Amter	15			Kommuner	271
德国	Länder	16	Regierungsbe- zirke	41	Kreise	439	Verwaltungs ge- meinschaften	539	Gemeinden	13 176
爱沙尼亚		1		1	Groups of Maa- kond	5	Maakond	15	Vald, Inn	241
西班牙	Agrupación de comunidades autónomas	7	Comunidades y ciudades autónomas	19	Provincias + Ceuta y Melilla	52			Municipios	8 108
法国	Z. E. A. T + DOM	9	Régions+ DOM	26	Départements + DOM	100			Communes	36 678

续表

	NUTS 1		NUTS 2		NUTS 3		LAU 1		LAU 2	
爱尔兰		1	Regions	2	Regional Authority Regions	8	Counties/County Boroughs	34	DEDs/Wards	3 440
意大利	Gruppi di regioni	5	Regioni	21	Provincie	103			Comuni	8 100
塞浦路斯		1		1		1	Eparchies	6	Dimoi, koinotites	614
拉脱维亚		1		1	Regìoni	6	Rajoni, republikas pilsētas	33	Pilsētas, novadi, pagasti	536
立陶宛		1		1	Apskritys	10	Savivaldybės	60	Seniūnijos	515
卢森堡		1		1		1	Cantons	13	Communes	118
匈牙利	Statisztikai nagyrégiók	3	Tervezési-statisztikai régiók	7	Megyék + Budapest	20	Statisztikai kistérségek	168	Települések	3 145
马耳他		1	–	1	Gzejjer	2	Distretti	6	Kunsilli	68
荷兰	Landsdelen	4	Provincies	12	COROP regio's	40			Gemeenten	489

续表

	NUTS 1		NUTS 2		NUTS 3		LAU 1		LAU 2	
奥地利	Gruppen von Bundesländern	3	Bundesländer	9	Gruppen von Politischen Bezirken	35			Gemeinden	2 381
波兰	Regiony	6	Województwa	16	Podregiony	45	Powiaty i miasta na prawach powiatu	379	Gminy	2 478
葡萄牙	Continente	3	Comissões de coordenação regional + Regiões autónomas	7	Grupos de Concelhos	30	Concelhos Municípios	308	Freguesias	4 257
斯洛文尼亚		1		1	Statistične regije	12	Upravne enote	58	Občine	193
斯洛伐克		1	Oblasti	4	Kraje	8	Okresy	79	Obce	2 928
芬兰	Manner-Suomi, Ahvenanmaa/Fasta Finland, Åland	2	Suuralueet / Storområden	5	Maakunnat / Landskap	20	Seutukunnat / Ekonomiska regioner	82	Kunnat /Kommuner	446

续表

	NUTS 1		NUTS 2		NUTS 3		LAU 1		LAU 2	
瑞典		1	Riksområden	8	Län	21			Kommuner	290
英国	Government Office Regions; Country	12	Counties (some grouped); Inner and Outer London; Groups of unitary authorities	37	Upper tier authorities or groups of lower tier authorities (unitary authorities or districts)	133	Lower tier authorities (districts) or individual unitary authorities; Individual unitary authorities or LECs (or parts thereof); Districts	443	Wards (or parts thereof)	10 679
EU-15		72		213		1091		2453		95 152
EU-25		89		254		1214		3334		112 119

资料来源:欧盟官方网站。

附表 4-2 **欧盟 NUTS 区域的面积一览表** 单位:平方公里

	NUTS 1 平均值	NUTS 2 平均值	NUTS 3 平均值	NUTS 1 最小值	NUTS 2 最小值	NUTS 3 最小值	NUTS 1 最大值	NUTS 2 最大值	NUTS 3 最大值
EU-25	44 741	15 677	3 279	161	12	12	410 934	154 312	98 911
比利时	10 173	2 774	710	161	161	101	16 844	4 440	2 016
捷克	78 860	9 857	5 633	78 860	496	496	78 860	17 616	11 014
丹麦	43 094	43 094	2 873	43 094	43 094	97	43 094	43 094	6 173
德国	22 314	8 708	813	404	404	36	70 548	23 171	3 058
爱沙尼亚	45 228	45 228	8 740	45 228	45 228	3 364	45 228	45 228	15 799
希腊	32 906	10 125	2 581	3 808	2 307	356	56 457	18 811	5 461
西班牙	72 113	26 568	9 708	7 242	12	12	215 025	94 193	21 657
法国	70 361	24 356	6 333	12 012	1 128	105	145 645	83 934	83 934
爱尔兰	70 273	35 137	8 784	70 273	33 276	922	70 273	36 997	14 283
意大利	60 267	14 349	2 926	49 793	3 263	212	73 275	25 703	7 520
塞浦路斯	9 251	9 251	9 251	9 251	9 251	9 251	9 251	9 251	9 251
拉脱维亚	64 589	64 589	10 765	64 589	64 589	307	64 589	64 589	15 346

续表

	NUTS 1 平均值	NUTS 2 平均值	NUTS 3 平均值	NUTS 1 最小值	NUTS 2 最小值	NUTS 3 最小值	NUTS 1 最大值	NUTS 2 最大值	NUTS 3 最大值
立陶宛	65 300	65 300	6 530	65 300	65 300	4 350	65 300	65 300	9 760
卢森堡	2 586	2 586	2 586	2 586	2 586	2 586	2 586	2 586	2 586
匈牙利	31 010	13 290	4 651	6 918	6 918	525	49 497	18 314	8 420
马耳他	315	315	158	315	315	69	315	315	246
荷兰	8 468	2 823	847	7 093	1 363	113	9 740	4 983	1 830
奥地利	27 953	9 318	2 396	23 554	415	415	34 384	19 173	4 615
波兰	52 114	19 543	6 949	27 438	9 412	261	74 892	35 598	14 871
葡萄牙	30 635	13 129	3 064	779	779	779	88 797	31 199	8 503
斯洛文尼亚	20 273	20 273	1 689	20 273	20 273	264	20 273	20 273	2 675
斯洛伐克	49 035	12 259	6 129	49 035	2 053	2 053	49 035	16 243	9 455
芬兰	152 265	60 906	15 226	1 527	1 527	1 527	303 003	133 580	93 003
瑞典	410 934	51 367	19 568	410 934	6 490	2 941	410 934	154 312	98 911
英国	20 318	6 590	1 833	1 584	321	35	78 132	39 777	14 295

资料来源:欧盟官方网站。

附表 4-3　　**欧盟 NUTS 区域的人口情况一览表**　　单位：千人

	NUTS 1 平均值	NUTS 2 平均值	NUTS 3 平均值	NUTS 1 最小值	NUTS 2 最小值	NUTS 3 最小值	NUTS 1 最大值	NUTS 2 最大值	NUTS 3 最大值
EU-25	5 105	1 789	374	26	26	19	18 027	11 056	5 218
比利时	3 429	935	239	971	250	41	5 963	1 649	971
捷克	10224	1 278	730	10 224	1 124	304	10 224	1 646	1 269
丹麦	5 355	5 355	357	5 355	5 355	44	5 355	5 355	641
德国	5 146	2 008	188	660	512	36	18 027	5 254	3 386
爱沙尼亚	1 364	1 364	273	1 364	1 364	143	1 364	1 364	524
希腊	2 734	841	214	1 094	202	20	3 904	3 904	3 904
西班牙	5 752	2 119	774	1 737	67	67	11 123	7 291	5 218
法国	6 769	2 343	609	1 724	170	74	11 056	11 056	2 566
爱尔兰	3 839	1 919	480	3 839	1 012	212	3 839	2 827	1 123
意大利	11 585	2 758	562	6 717	121	91	15 180	9 150	3 866
塞浦路斯	702	702	702	702	702	702	702	702	702
拉脱维亚	2 355	2 355	389	2 355	2 355	252	2 355	2 355	739

续表

	NUTS 1 平均值	NUTS 2 平均值	NUTS 3 平均值	NUTS 1 最小值	NUTS 2 最小值	NUTS 3 最小值	NUTS 1 最大值	NUTS 2 最大值	NUTS 3 最大值
立陶宛	3 481	3 481	348	3 481	3 481	134	3 481	3 481	850
卢森堡	442	442	442	442	442	442	442	442	442
匈牙利	3 396	1 455	509	2 830	996	221	4 238	2 830	1 749
马耳他	393	393	197	393	393	29	393	393	364
荷兰	4 012	1 337	401	1 678	335	52	7 474	3 432	1 351
奥地利	2 677	892	229	1 742	277	22	3 372	1 551	1 551
波兰	6 440	2 415	859	4 054	1 024	293	8 078	5 075	2 901
葡萄牙	3 433	1 471	343	238	238	45	9 817	3 648	1 892
斯洛文尼亚	1 992	1 992	166	1 992	1 992	46	1 992	1 992	491
斯洛伐克	5 380	1 345	672	5 380	599	551	5 380	1 870	790
芬兰	2 594	1 038	259	26	26	26	5 162	2 537	1 311
瑞典	8 896	1 112	424	8 896	375	57	8 896	1 831	1 831
英国	4 903	1 590	442	1 689	369	19	8 007	4 416	1 799

资料来源:欧盟官方网站。

附表 5-1　　**2000—2006 年和 2007—2013 年规划期欧盟区域政策目标和工具对照表**

2000—2006 年		2007—2013 年	
目标	财政工具	目标	财政工具
聚合	团结基金	集中	ERDF，ESF，团结基金
目标 1	ERDF，ESF，EAGGF，FIFG	区域竞争力和就业	ERDF
目标 2	ERDF，ESF	区域层次	ESF
目标 3	ESF	成员国层次	欧洲就业战略
INTERREG	ERDF	欧洲领土合作	ERDF
URBAN	ERDF		
EQUAL	ESF		
Leader+	EAGGF 指导部分		
目标 1 之外的乡村发展和渔业重组	EAGGF 保证部分 FIFG		
9 个目标	6 个工具	3 个目标	3 个工具

资料来源：欧盟官方网站。

附表 6-1　　绩效储备资金在结构基金各项目标的资金分配情况一览表　　单位：百万欧元

成员国	目标 1	目标 2	目标 3	目标 1 外的 FIFG
比利时	28	19	33. 2	0. 75
丹麦		8	16. 4	8. 8
德国	899	159	206. 4	2. 35
希腊	945			
西班牙	1 717	119	96. 4	9. 1
法国	171	273	204. 5	10. 1
爱尔兰	134			
意大利	996	113	168. 7	4. 4
卢森堡		3	1. 7	
荷兰	6	36	80	1. 4
奥地利	12	31	23. 8	0. 3
葡萄牙	855			
芬兰	41	23	18. 2	1. 4
瑞典	32	17	32. 4	2. 7
英国	263	212	205. 8	5. 6
总计	6 099	1 013	1 087. 5	46. 9

资料来源：欧盟官方网站。

附表 6-2　**欧盟委员会提供的 14 个结构指标一览表**

结构指标	定义和解释	全面的政策目标	涵盖的国家
人均国民生产总值(GDP)	以购买力为标准(PPS)的人均 GDP(EU15=100)	生活标准以及社会和环境福利	欧盟 15 个成员国(MS)和 12 个申请国(ACC)以及美国、日本、爱尔兰和挪威
劳动生产力	以人均购买力为标准、用 GDP 表示的人均劳动生产力(EU15=100)	经济的全面效率	欧盟 15 个成员国(MS)和 12 个申请国(ACC)以及美国、日本、爱尔兰和挪威
就业率	15~64 岁的就业人口占该年龄段总人口的比例	充分就业以及与社会排外作斗争	15 MS+12 ACC+爱尔兰、挪威
中老年就业率	55~64 岁的就业人口占该年龄段总人口的比例	充分就业以及与社会排外作斗争	15 MS+12 ACC+爱尔兰、挪威
年轻人(20~24 岁)的教育水平	20~24 岁年轻人中至少接受了中高等教育和培训的数量占该年龄段总人口的比例	国家教育体系的性能	15 MS+12 ACC
研究和技术开发(R&TD)	国内用于研究和开发的总开支(GERD)占 GDP 的比重	研发方面的成就	15 MS+12 ACC(除马耳他)+美国、日本、爱尔兰和挪威

续表

结构指标	定义和解释	全面的政策目标	涵盖的国家
比较价格水平	每个国家的购买力平价和市场汇率的比率	价格集中	15 MS+12 ACC(除马耳他)+美国、日本、爱尔兰和挪威
商业投资	私人部门的固定资产总值(GFCF)占GDP的比重	经济形势下的商业信心	15 MS+挪威
社会转型之后的贫穷风险率	社会转型后其可支配收入在贫困极限以下的人口比例,该极限相当于国家中等水平的可支配收入的60%	与贫穷和社会排外作斗争	15 MS+12 ACC
区域就业率离差	国家内部NUTS2区域的就业率变化系数	经济和社会融合	15 MS(除丹麦、爱尔兰、卢森堡)+保加利亚、匈牙利、波兰、捷克、罗马尼亚和斯洛伐克
长期失业率	长期失业(12个月以上)的人口数占15~64岁年龄段的活跃人口数的比重	充分就业以及与社会排外作斗争	15 MS+12 ACC+美国、日本、爱尔兰和挪威

续表

结构指标	定义和解释	全面的政策目标	涵盖的国家
温室气体排放	六种温室气体(CO_2,CH_4,N_2O,HFCs,PFCs 和 SF_6)的排放总量(用 CO_2 等价物表示)的变化百分比,与京都议定书目标和欧盟理事会决定相关的基年是2008—2012 年,基年=100	气候变化和京都议定书的实施	15 MS+12 ACC+美国、日本、爱尔兰和挪威
经济的能源强度	以 GDP 划分的本国的能源消费总量(1995=100)	更有效率的能源使用	15 MS+12 ACC+美国、日本、爱尔兰和挪威
货运量	以 1995 年为基年、用吨公里/GDP 计算的、相对于 GDP 的货运量指标	减轻经济增长对交通发展产生的影响	15 MS+12 ACC(除马耳他)+美国、日本、爱尔兰和挪威

资料来源:欧盟官方网站。

附表 6-3 **欧盟待开发的新指标一览表**

领域	指标	特性
一般经济背景	潜在产量	
	总要素生产力	
就业	空缺	说明瓶颈和劳动力短缺
	工作质量	开发一些除了终身学习和工作事故之外的指标
	边际效率税率	充分考虑失业的指标
就业	儿童福利	巴塞罗那欧洲理事会设定了所有成员国要不断提高其能力的目标
创新和研究	关于知识经济的合成指标	它关心的是知识经济领域的投资
	人力资本方面的公共和私人投资	完善特定的时间序列
	网上公共服务(电子政务)	更新目前可获得的数据,计算在 2001 年 10 月到 2002 年 4 月的网上获得的公共服务的平均百分比
	IT 开支	建立起一个一致的框架来计算开支、说明变量并为数据的收集确定合适的方式和手段
创新和研究	宽带接入	正处于开发之中,这也是电子欧洲 2005 年行动计划的目标之一

续表

领域	指标	特　性
经济改革	商业的人口统计学	协调处理已经存在的关于商业的出生率、存活率和死亡率的数据
	资本和商业融合的成本	评价市场效率、兼并和财政金融稳定性等方面的指标
社会融合	人均的区域 GDP	完善区域价格指标的开发利用
环境	有毒化学品的消耗	目前正在准备之中，对社会使用这些化学品的风险进行评估
	健康的期望	对于成员国数据的收集开始于 2004 年，申请国开始于 2005 年
	生物多样性指标	Currently being prepared 目前正在准备，这些与共同体生物多样性行动计划紧密相联（BIO-IMPS 项目）
	资源生产力	对于一些特定资源（例如发电）的数据已经可以获得，而针对一体化之后的产品政策进行的研究目前正在进行
	选定的原料的重复利用率	通过最近采纳的重复利用的特殊规定来调和这一比率
	危险废弃物的产生	司上

资料来源：欧盟官方网站。

附表 6-4　　各种类型区域的援助强度一览表

按照 87（3）(a) 条款规定符合条件的地区（NUTS2 层次上）	援助强度
一般规定	50% NGE
人均 GDP 高于共同体人均水平 60% 且符合要求的地区	40% NGE
边远地区 Azores、Madeira、Canary 岛和法国的四个海外部分 Guadeloupe、Guiana、Martinique、Réunion	65% NGE
人均 GDP 高于共同体平均水平 60% 的边远地区	50% NGE
按照 87（3）(c) 条款规定符合条件的地区（在 NUTS 3 层次上）	援助强度
一般规定	20% NGE
具有较高的人均 GDP 和较低的失业率的地区	10% NGE 至 20% NGE
边远和人口稀疏地区（每平方公里人口少于 12.5 人）	30% NGE
人均 GDP 水平较高和失业率较低的边远和人口稀疏地区	20% NGE

资料来源：欧盟官方网站。

附表 6-5　　大型投资项目符合条件的开支上限一览表

符合条件的开支	调整后的援助上限
5 000 万欧元以下的部分	区域上限的 100%
5 000 万欧元到 1 亿欧元之间的部分	区域上限的 50%
1 亿欧元以上的部分	区域上限的 34%
最高援助金额=最初的区域上限	

资料来源：欧盟官方网站。

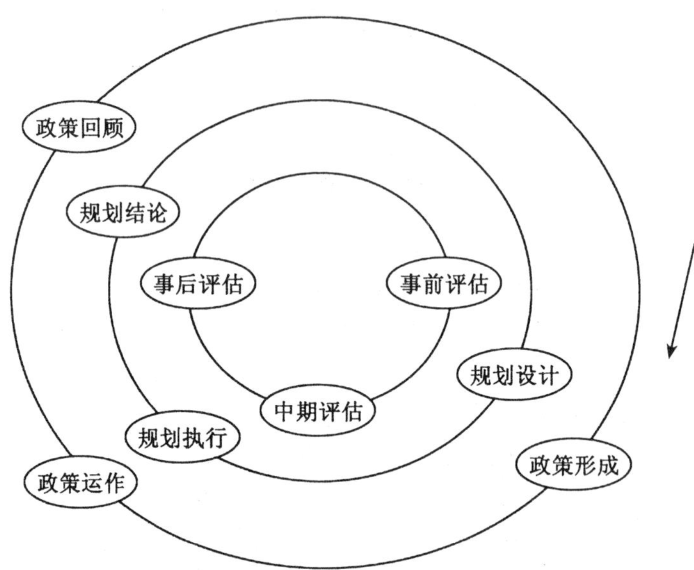

附图 7-1　政策循环、规划循环和评估循环图

资料来源：欧盟官方网站。

附表 7-1　**欧盟区域政策事前评估方法一览表**

	评估设计	获取数据	分析数据	作出判断	获取数据	分析数据	作出判断
规划和设计评估阶段							
概念地图	√						
咨询相关利益者	√	√			√		
评估能力估计	√						
逻辑模式	√		√				
格式化和试验性的评估	√		√	√		√	√
获取数据阶段							
社会调查		√			√		
受益者调查							
个体访谈		√			√		
优先评估				√			√
焦点小组		√	√		√	√	
案例研究		√	√				
本地评估							

续表

	评估设计	获取数据	分析数据	作出判断	获取数据	分析数据	作出判断
公众参与	√			√			√
二手数据资料的使用		√					
官方数据的使用		√					
观察技巧							
分析信息阶段							
输入/输出分析			√				
计量经济模型			√				
回归分析							
试验性和准试验性的技巧							
Delphi 调查						√	√
SWOT 分析	√						
评估判断的工具							
成本—收益分析							√
基准分析							

续表

	评估设计	获取数据	分析数据	作出判断	获取数据	分析数据	作出判断
成本—效率分析						√	√
经济影响分析							√
性别影响分析							√
环境影响分析							√
战略环境影响分析			√	√		√	√
多重标准分析				√			√
专家小组			√	√		√	√

资料来源:欧盟官方网站。

附表 7-2　**欧盟区域政策中期评估和事后评估方法一览表**

	获取数据	分析数据	作出判断	获取数据	分析数据	作出判断
规划和结构评估阶段						
概念地图						
咨询相关利益者	√			√		
评估能力估计						
逻辑模式		√			√	
格式化和试验性的评估						
获取数据阶段						
社会调查	√			√		
受益者调查	√			√		
个体访谈	√			√		
优先评估						
焦点小组	√	√		√	√	
案例研究	√	√		√	√	
本地评估	√	√		√	√	

续表

	获取数据	分析数据	作出判断	获取数据	分析数据	作出判断
公众参与						√
二手数据资料的使用	√					
官方数据的使用	√					
观察技巧				√	√	
分析信息阶段						
输入/输出分析		√				
计量经济模型		√				
回归分析					√	
试验性和准试验性的技巧				√	√	
Delphi 调查						
SWOT 分析			√			
作出评估判断的工具						
成本—收益分析				√		
基准分析			√	√		√

续表

	获取数据	分析数据	作出判断	获取数据	分析数据	作出判断
成本—效率分析						√
经济影响分析			√			√
性别影响分析			√			√
环境影响分析			√			√
战略环境影响分析						
多重标准分析			√			
专家小组		√	√		√	√

资料来源:欧盟官方网站。

附表 9-1

2002 年我国 42 个产业的影响力系数和感应度系数

编号	部　门	影响力系数	位次	感应度系数	位次	系数加总	位次
1	农业	0.784 925	38	1.692 212	6	2.477 137	8
2	煤炭开采和洗选业	0.835 837	34	1.046 577	16	1.882 414	22
3	石油和天然气开采业	0.691 827	40	1.249 368	11	1.941 195	18
4	金属矿采选业	0.975 729	23	0.717 654	24	1.693 383	29
5	非金属矿采选业	0.944 697	26	0.553 486	30	1.498 183	32
6	食品制造及烟草加工业	1.014 943	20	0.944 603	18	1.959 546	17
7	纺织业	1.198 112	9	1.164 068	14	2.362 180	12
8	服装皮革羽绒及其制品业	1.230 441	6	0.606 610	29	1.837 051	24
9	木材加工及家具制造业	1.152 880	12	0.748 105	23	1.900 985	21
10	造纸印刷及文教用品制造业	1.085 937	16	1.326 058	9	2.411 995	10
11	石油加工、炼焦及核燃料加工业	1.044 642	18	1.299 110	10	2.343 752	13
12	化学工业	1.174 847	10	3.273 812	1	4.448 659	1
13	非金属矿物制品业	1.073 471	17	0.797 418	22	1.870 889	23
14	金属冶炼及压延加工业	1.174 833	11	2.496 087	2	3.670 920	2

续表

编号	部　　门	影响力系数	位次	感应度系数	位次	系数加总	位次
15	金属制品业	1. 244 545	5	1. 014 721	17	2. 259 266	14
16	通用、专用设备制造业	1. 208 269	7	1. 526 696	8	2. 734 965	5
17	交通运输设备制造业	1. 258 270	4	1. 230 259	12	2. 488 529	7
18	电气、机械及器材制造业	1. 260 780	3	1. 124 060	15	2. 391 860	11
19	通信设备、计算机及其他电子设备制造业	1. 395 393	1	1. 913 146	3	3. 308 539	3
20	仪器仪表及文化办公用机械制造业	1. 284 621	2	0. 618 232	27	1. 902 853	20
21	其他制造业	1. 152 825	13	0. 542 785	31	1. 695 610	28
22	废品废料	0. 396 178	42	0. 529 982	32	0. 926 160	19
23	电力、热力的生产和供应业	0. 873 150	31	1. 573 775	7	2. 446 925	9
24	燃气生产和供应业	1. 141 467	14	0. 442 754	38	1. 584 221	31
25	水的生产和供应业	0. 886 014	30	0. 481 257	35	1. 367 271	37
26	建筑业	1. 201 123	8	0. 623 958	26	1. 825 081	25
27	交通运输及仓储业	0. 917 429	28	1. 880 114	4	2. 797 543	4
28	邮政业	1. 026 167	19	0. 435 626	40	1. 461 793	33

续表

编号	部　　门	影响力系数	位次	感应度系数	位次	系数加总	位次
29	信息传输、计算机服务和软件业	0.903 681	29	0.894 373	19	1.798 054	27
30	批发和零售贸易业	0.854 551	33	1.810 760	5	2.665 311	6
31	住宿和餐饮业	0.953 644	25	0.857 399	21	1.811 043	26
32	金融保险业	0.732 590	39	1.227 719	13	1.960 309	16
33	房地产业	0.656 874	41	0.617 638	28	1.274 512	39
34	租赁和商务服务业	1.088 372	15	0.884 125	20	1.972 497	15
35	旅游业	0.818 691	36	0.437 826	39	1.243 678	42
36	科学研究事业	1.006 903	21	0.424 987	41	1.431 890	35
37	综合技术服务业	0.818 829	35	0.516 001	33	1.334 830	38
38	其他科学服务业	0.977 160	22	0.663 972	25	1.641 132	30
39	教育事业	0.796 345	37	0.459 287	36	1.255 632	41
40	卫生、社会保障和社会福利事业	0.956 884	24	0.444 942	37	1.401 826	36
41	文化、体育和娱乐业	0.938 351	27	0.512 260	34	1.450 611	34
42	公共管理和社会组织	0.367 672	32	0.396 178	42	1.263 850	40

资料来源:部分数据转引自林有在:《关于投入产出系数的结构性分析及其应用》,载《统计与决策》,2007 年第 9 期。

附表 9-2　**湖北省县(市)级行政单位人均地区生产总值一览表(2007)**

(单位:元)

武汉市	35 582	黄石市	19 409	十堰市	12 745
宜昌市	20 355	襄樊市	14 478	鄂州市	20 263
荆门市	14 157	孝感市	8 828	荆州市	8 001
黄冈市	5 891	咸宁市	10 099	随州市	11 183
大冶市	16 683	远安县	15 956	兴山县	12 848
汉川市	12 286	仙桃市	13 959	潜江市	16 681
宜都市	21 860	当阳市	17 125	枝江市	17 119
嘉鱼县	15 087	京山县	12 776	赤壁市	18 217
阳新县	9 416	郧县	4 246	郧西县	3 819
竹山县	4 635	房县	4 486	丹江口市	11 326
秭归县	7 871	长阳土家族自治县	9 506	五峰土家族自治县	8 626
南漳县	6 757	谷城县	9 520	保康县	6 823
老河口市	9 498	枣阳市	9 594	宜城市	9 017
沙阳县	10 494	钟祥市	11 093	孝昌县	5 778
大悟县	5 610	云梦县	12 055	应城市	12 495

续表

安陆市	9 452	公安县	6 631	监利县	5 482
江陵县	5 851	石首市	9 020	洪湖市	8 177
松滋市	6 822	团风县	5 758	红安县	6 250
罗田县	4 547	英山县	6 891	浠水县	5 803
蕲春县	5 932	黄梅县	6 106	麻城市	5 549
武穴市	8 701	通城县	7 928	崇阳县	8 341
通山县	4 838	广水市	11 008	恩施市	7 312
利川市	4 826	建始县	5 346	巴东县	6 266
宣恩县	5 610	咸丰县	5 785	来凤县	5 619
鹤峰县	7 355	天门市	10 945	神龙架林区	无

资料来源:根据《中国城市统计年鉴(2008)》、国研网和中经网数据整理。

备注:城市的统计数据为全市的数据。

附表 9-3

湖南省县(市)级行政单位人均地区生产总值一览表(2007)

(单位:元)

长沙市	33 711	株州市	20 387	湘潭市	19 171
衡阳市	12 232	邵阳市	7 074	岳阳市	17 799
常德市	15 901	张家界市	10 201	益阳市	10 020
郴州市	14 861	永州市	9 887	怀化市	9 045
娄底市	11 493	长沙县	36 272	望城县	21 044
宁乡县	16 675	浏阳市	19 151	株洲县	11 301
攸县	15 358	醴陵县	15 769	韶山市	20 622
来阳市	12 086	华容县	13 648	湘阴县	13 413
汨罗市	13 949	安乡县	12 670	澧县	11 048
石门县	11 760	津市市	14 258	桂阳县	12 879
永兴县	14 022	嘉禾县	13 019	临武县	14 108
资兴县	22 947	双牌县	10 869	冷水江市	27 434
吉首市	17 584	花垣县	14 473	茶陵县	9 756
炎陵县	10 996	湘潭县	11 140	湘乡市	11 950
衡阳县	9 495	衡山县	10 328	衡东县	11 563

续表

祁东县	11 343	常宁市	10 455	邵东县	9 197
新邵县	5 961	邵阳县	4 704	隆回县	4 477
洞口县	7 013	绥宁县	10 283	新宁县	5 389
城步苗族自治县	6 839	武冈市	6 334	岳阳县	12 043
平江县	8 065	临湘市	11 710	汉寿县	8 512
临澧县	11 373	桃源县	11 371	慈利县	7 841
桑植县	6 194	南县	8 463	桃江县	8 007
安化县	6 130	沅江市	12 085	宜章县	9 437
汝城县	8 786	桂东县	5 876	安仁县	7 243
祁阳县	9 996	东安县	10 408	道县	8 557
江永县	7 789	宁远县	5 991	蓝山县	10 033
新田县	7 231	江华瑶族自治县	6 931	中方县	10 660
沅陵县	10 669	辰溪县	6 556	溆浦县	6 603
会同县	6 992	麻阳苗族自治县	5 962	洪江市	7 906

续表

芷江侗族自治县	8 115	新晃侗族自治县	6 812	双峰县	8 357
靖州苗族自治县	9 246	通道侗族自治县	5 331	新化县	4 806
涟源市	8 648	泸溪县	6 244	保靖县	7 282
古丈县	5 085	永顺县	4 456	龙山县	4 702

资料来源：根据《中国城市统计年鉴(2008)》、国研网和中经网数据整理。

备注：城市的统计数据为全市的数据。

附表 9-4　　**河南省县(市)级行政单位人均地区生产总值一览表(2007)**　　(单位:元)

郑州市	34 069	开封市	11 855	洛阳市	25 120
平顶山市	16 976	安阳市	15 526	鹤壁市	19 195
新乡市	14 095	焦作市	25 230	濮阳市	14 976
许昌市	19 968	漯河市	17 601	三门峡市	23 201
南阳市	13 814	商丘市	10 014	信阳市	10 539
周口市	8 051	驻马店市	8 665	中牟县	22 585
巩义市	36 204	荥阳市	40 060	新密市	34 353
新郑市	40 592	登封市	29 508	尉氏县	15 672
孟津县	17 576	新安县	35 316	栾川县	32 762
伊川县	25 911	偃师市	32 944	宝丰县	19 350
舞钢市	27 533	汝州市	17 644	安阳县	16 450
汤阴县	17 187	林州市	20 823	淇县	29 086
新乡县	29 736	辉县市	15 050	修武县	26 232
博爱县	29 494	武陟县	20 376	温县	25 958
泌阳市	34 037	孟州市	31 463	许昌县	17 549

续表

鄢陵县	19 435	襄城县	18 507	禹州市	18 109
长葛市	28 003	临颍县	16 297	渑池县	29 193
陕县	16 662	义马市	45 028	灵宝市	25 785
南召县	11 907	西峡县	21 080	镇平县	16 720
新野县	17 365	桐柏县	17 363	永城市	14 902
杞县	9 420	通许县	11 578	开封县	10 571
兰考县	9 607	嵩县	12 565	汝阳县	12 774
宜阳县	12 576	洛宁县	12 703	叶县	9 818
鲁山县	6 422	郏县	11 472	滑县	8 308
内黄县	10 133	浚县	9 952	获嘉县	10 128
原阳县	7 983	延津县	10 674	封丘县	6 324
长垣县	10 979	卫辉市	11 022	清丰县	9 569
南乐县	11 182	范县	9 464	台前县	9 829
濮阳县	10 655	舞阳县	10 361	卢氏县	6 662

续表

方城县	7 955	内乡县	12 320	淅川县	13 308
社旗县	8 930	唐河县	11 977	邓州市	12 712
民权县	9 410	睢县	9 063	宁陵县	7 096
拓城县	7 207	虞城县	9 257	夏邑县	7 430
罗山县	9 669	光山县	8 705	新县	13 777
商城县	9 096	固始县	8 757	潢川县	12 073
淮滨县	8 781	息县	8 121	扶沟县	7 821
西华县	8 424	商水县	6 269	沈丘县	7 077
郸城县	6 663	淮阳县	5 965	太康县	6 096
鹿邑县	9 900	项城市	11 808	西平县	9 528
上蔡县	6 103	平舆县	7 060	正阳县	7 266
确山县	10 299	泌阳县	7 407	汝南县	7 611
遂平县	12 470	新蔡县	6 113	济源市	无

资料来源:根据《中国城市统计年鉴(2008)》、国研网和中经网数据整理。

备注:城市的统计数据为全市的数据。

附表 9-5　　**江西省县(市)级行政单位人均地区生产总值一览表(2007)**　　(单位:元)

南昌市	30 460	景德镇市	16 899	萍乡市	17 241
九江市	12 590	新余市	25 013	鹰潭市	20 156
赣州市	8 487	吉安市	8 559	宜春市	9 478
抚州市	9 570	上饶市	8 228	南昌县	20 102
新建县	17 126	安义县	13 027	进贤县	14 233
上栗县	13 100	卢溪县	16 100	德安县	12 903
分宜县	15 651	贵溪市	27 145	大余县	14 244
龙南县	12 636	奉新县	13 489	上高县	12 806
樟树市	14 769	广丰县	13 846	德兴市	18 593
乐平市	10 399	浮梁县	9 609	莲花县	6 979
九江县	7 296	武宁县	8 770	修水县	4 840
永修县	9 870	星子县	6 049	都昌县	3 520
湖口县	8 442	彭泽县	6 311	瑞昌市	8 090
余江县	5 760	赣县	7 459	信丰县	7 678
上犹县	6 751	崇义县	13 457	安远县	5 673
定南县	9 481	全南县	10 386	宁都县	6 872

续表

于都县	5 614	兴国县	6 006	会昌县	5 826
寻乌县	7 507	石城县	5 002	瑞金市	6 936
南康市	6 789	吉安县	8 601	峡江县	9 219
新干县	9 558	永丰县	8 716	泰和县	8 991
遂川县	5 661	万安县	5 580	安福县	9 409
永新县	5 987	井冈山市	11 161	万载县	7 560
宜丰县	10 780	靖安县	10 542	铜鼓县	9 527
丰城市	10 163	高安市	8 685	南城县	9 722
黎川县	6 837	南丰县	无	崇仁县	9 458
东安县	无	宜黄县	6 383	金溪县	7 339
资溪县	8 687	东乡县	9 848	广昌县	4 759
上饶县	6 416	玉山县	6 122	铅山县	7 994
横峰县	10 708	弋阳县	7 605	余干县	4 775
鄱阳县	4 027	万年县	8 134	婺源县	9 226

资料来源：根据《中国城市统计年鉴（2008）》、国研网和中经网数据整理。

备注：城市的统计数据为全市的数据。

附表 9-6 **安徽省县(市)级行政单位人均地区生产总值一览表(2007)** (单位:元)

合肥市	28 134	芜湖市	25 933	蚌埠市	12 818
淮南市	15 699	马鞍山市	41 917	淮北市	12 674
铜陵市	40 116	安庆市	10 485	黄山市	14 430
滁州市	10 611	宿州市	7 430	巢湖市	9 809
六安市	7 216	亳州市	6 718	池州市	10 949
宣城市	13 077	肥西县	13 475	繁昌县	18 020
凤台县	15 886	当涂县	13 893	歙县	11 732
祁门县	12 122	天长市	13 638	绩溪县	11 452
宁国市	21 414	霍山县	12 532	长丰县	8 839
肥东县	10 619	芜湖县	12 347	南陵县	9 931
怀远县	6 924	五河县	8 808	固镇县	9 374
濉溪县	5 867	铜陵县	12 222	怀宁县	9 068
枞阳县	7 127	潜山县	7 283	太湖县	6 168
宿松县	6 676	望江县	5 676	岳西县	6 237
桐城市	10 164	休宁县	10 048	黟县	11 327

续表

来安县	9 742	全椒县	8 972	定远县	5 629
凤阳县	7 174	明光市	7 442	临泉县	3 312
太和县	4 385	阜南县	3 254	颍上县	4 254
界首市	5 906	砀山县	5 318	萧县	5 693
灵璧县	5 564	泗县	6 737	庐江县	5 543
无为县	8 931	含山县	9 081	和县	8 040
寿县	4 923	霍邱县	5 028	舒城县	6 113
金寨县	6 043	涡阳县	5 783	蒙城县	5 932
利辛县	4 498	东至县	7 019	石台县	6 192
青阳县	7 859	郎溪县	11 043	广德县	12 243
泾县	8 640	旌德县	8 876	阜阳市	5 515

资料来源:根据《中国城市统计年鉴(2008)》、国研网和中经网数据整理。

备注:城市的统计数据为全市的数据。

附表 9-7　**山西省县(市)级行政单位人均地区生产总值一览表(2007)**　(单位:元)

太原市	36 377	大同市	15 581	阳泉市	20 839
长治市	16 887	晋城市	18 773	朔州市	21 828
晋中市	15 157	运城市	12 313	忻州市	8 209
临汾市	15 821	吕梁市	14 241	清徐县	24 162
高平市	19 113	山阴县	25 122	交城县	16 593
怀仁县	24 836	古交市	15 805	愉社县	15 647
柳林县	22 325	河曲县	21 182	寿阳县	14 148
保德县	16 264	中阳县	22 159	太谷县	12 518
交口县	26 371	平定县	11 724	祁县	12 850
孝义市	38 093	盂县	15 233	曲沃县	18 884
汾阳市	15 636	长治县	15 235	灵石县	26 027
冀城县	15 779	襄垣县	33 799	介休县	24 133
襄汾县	17 609	洪桐县	12 119	古县	38 414
黎城县	11 497	闻喜县	17 664	安泽县	19 012
浮山县	16 327	乡宁县	16 739	沁源县	18 171

续表

潞城市	25 428	沁水县	24 561	蒲县	16 817
阳城县	20 532	永济市	13 161	河津市	49 566
侯马市	21 364	泽州县	17 585	霍州市	14 935
娄烦县	8 964	阳高县	3 550	天镇县	4 351
广灵县	5 050	灵丘县	7 745	浑源县	4 754
左云县	14 247	大同县	7 396	屯留县	12 469
平顺县	4 903	壶关县	8 785	长子县	6 788
武乡县	10 294	沁县	4 402	陵川县	6 712
应县	5 330	右玉县	12 384	左权县	10 532
和顺县	10 218	昔阳县	7 534	平遥县	9 834
临猗县	9 460	万荣县	5 663	稷山县	8 412
新绛县	8 695	绛县	9 483	垣曲县	7 887
夏县	3 584	平陆县	5 209	芮城县	8 243
定襄县	9 187	五台县	4 770	代县	10 008

续表

繁峙县	6 121	宁武县	9 111	静乐县	5 008
神池县	4 572	五寨县	5 325	岢岚县	6 676
偏关县	9 753	原平市	9 004	吉县	6 267
大宁县	4 295	隰县	6 064	永和县	3 746
汾西县	10 568	文水县	6 184	兴县	3 256
临县	2 357	石楼县	2 580	岚县	5 814
方山县	5 966	阳曲县	9 210		

资料来源：根据《中国城市统计年鉴(2008)》、国研网和中经网数据整理。

备注：城市的统计数据为全市的数据。

后　记

他山之石，可以攻玉。通过对欧盟区域政策体系的深入分析和研究，我们对欧盟区域政策体系的各项组成部分有了一个相对明晰的了解。同时，通过对超国家层次、国家层次和区域层次上的区域政策的辨析，通过对欧盟区域政策与中国区域政策异同点的分析以及欧盟区域政策自身优缺点的深入分析，我们既可以学习到欧盟的成功经验和做法，也可以回避欧盟在运作其区域政策时可能会遇到的各种矛盾和问题。本书围绕欧盟区域政策体系展开，最后在对欧盟区域政策体系进行深入分析的基础上，结合中国的国情和中国中部地区的实际情况，具体探讨了中国及中国中部地区区域政策目前面临的几个重大问题，希望能够为我国区域政策体系的构筑和完善提供一些思路，也希望能够为中部地区区域政策的健全和改进提供一些思路。

在本书的写作过程中，我的导师中国人民大学区域与城市经济研究所的张可云教授给予我孜孜不倦的教诲和悉心的指导。在赴比利时访问学习期间，联合国大学的宋新宁教授，中国人民大学欧洲问题研究中心的张晓劲教授、区域与城市经济研究所的孙久文教授和国家发展与改革委员会宏观经济研究院的肖金诚研究员也给我提供了许多的帮助。武汉大学中国中部发展研究院的张建清院长在本书的写作过程中给我提供了无私的帮助，办公室的肖汉银主任、项平老师和陈岑也给我许多的支持，在此也对他们表达我的感激之情。武汉大学经济与管理学院的伍新木教授给了我很多的鼓励。华中师范大学城市与环境学院的邹尚辉教授、喻光明教授也给过我许多的帮助，硕士研究生蔡明祥同学为书中部分插图的绘制付出了辛勤的劳动，在此也一并向他们表示感谢。武汉大学出版社的舒刚编辑、周昀编辑和美编罗π为本书的出版付出了辛勤的劳动，对他们也表示由衷地感谢。我的丈夫、父母和婆婆罗桂芳女士在我写作的过程中给了我许多的鼓励和支持，同时在本书的写作过程中我的宝贝孕育并诞生，他们陪伴我度过了无数的日日夜夜，没有他们也就没有这本专著的最终完成。因此，这本书也是献给他们的礼物。在此，对所有帮助我的人们表示最衷心的感谢！

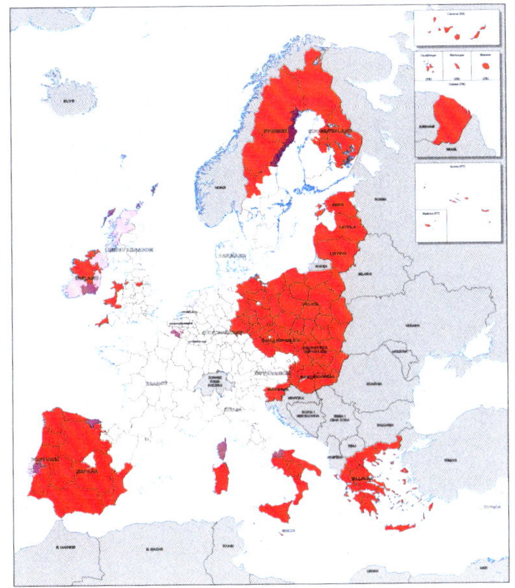

附图4-1　2004—2006年欧盟目标1区域分布示意图

资料来源：欧盟官方网站

图例：

目标1

- 目标1区域
- 2005年12月31日期满
- 2006年12月31日期满
- 特殊项目区域

边界

- 国界
- NUTS2边界

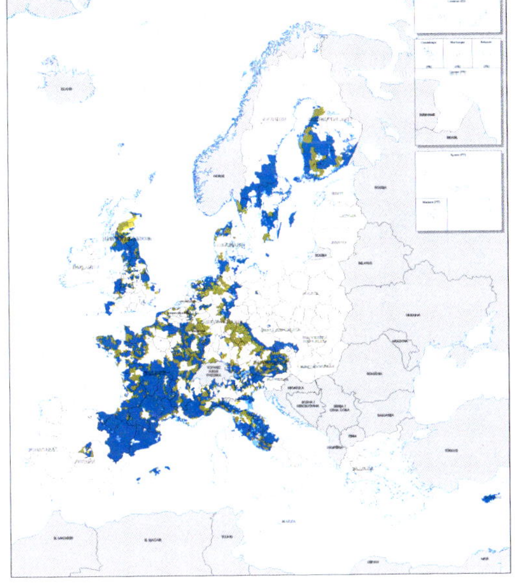

附图4-2　2004—2006年欧盟目标2区域分布示意图

资料来源：欧盟官方网站

图例：

目标2

- 目标2区域
- 目标2区域（部分）
- 2005年12月31日期满
- 2005年12月31日期满（部分）

边界

- 国界
- NUTS2边界

地图编绘：蔡明祥

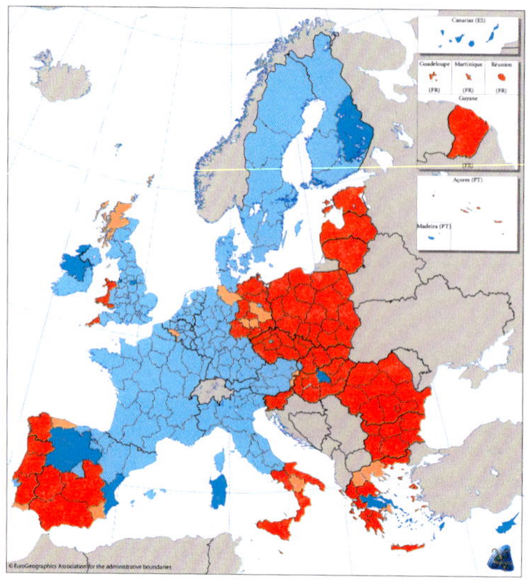

附图4-3　2007—2013年规划期欧盟集中和区域竞争力目标分布示意图

资料来源：欧盟官方网站

图例：

- 集中区域
- 期满区域
- 新纳入区域
- 竞争力和就业区域

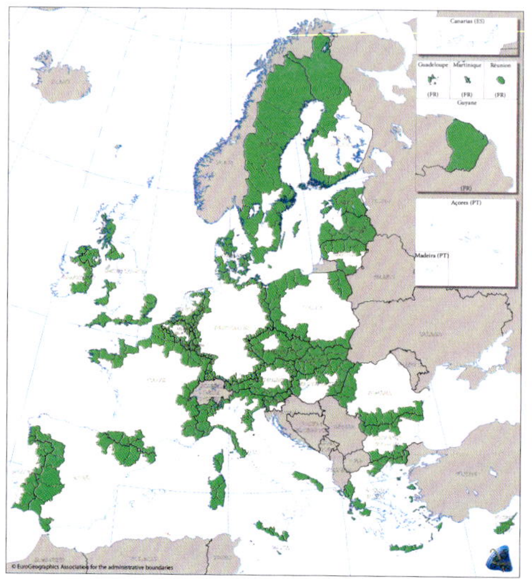

附图4-4　2007—2013年规划期欧盟跨边界合作区域分布示意图

资料来源：欧盟官方网站

图例：

- 跨边界合作区域

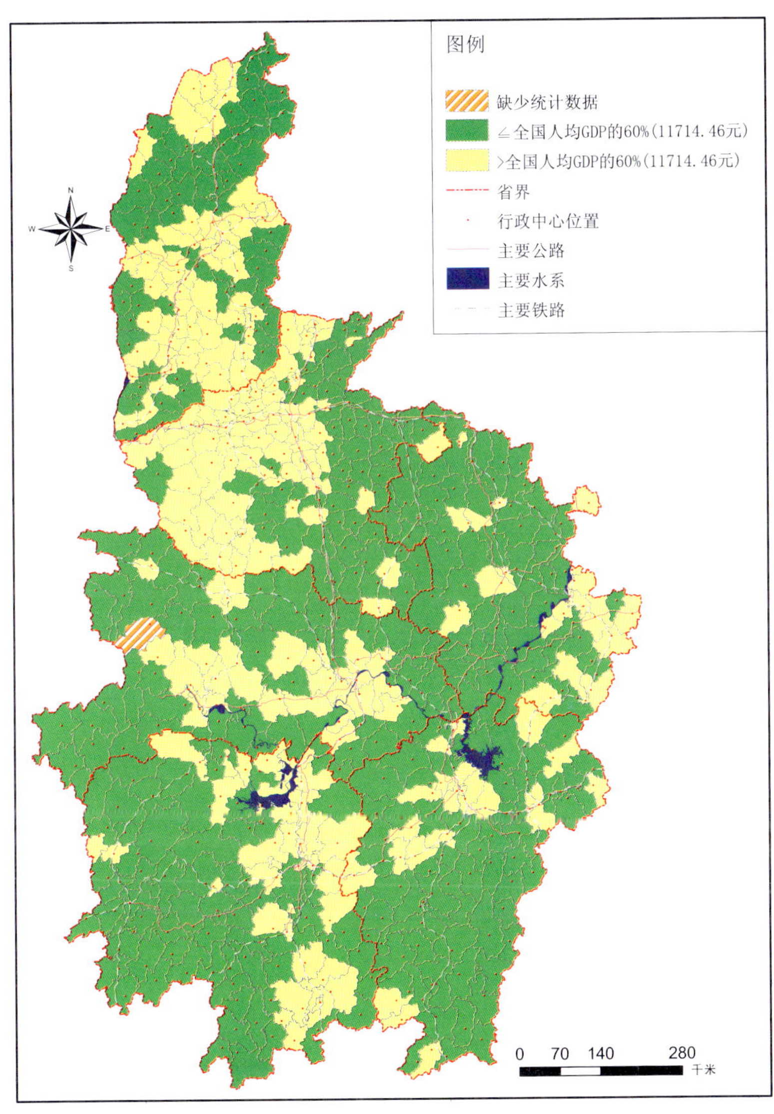

附图9-1 中国中部地区区域政策重点实施对象分布示意图（2007）

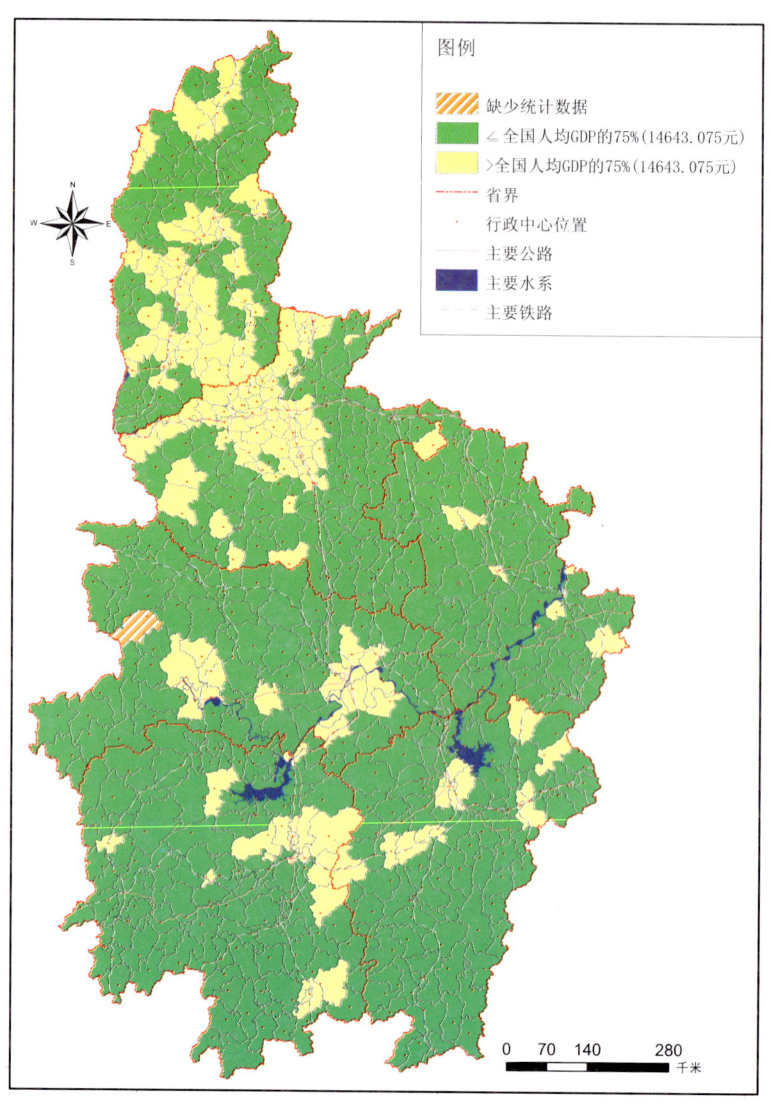

附图9-2 中国中部地区区域政策实施对象分布示意图（2007）

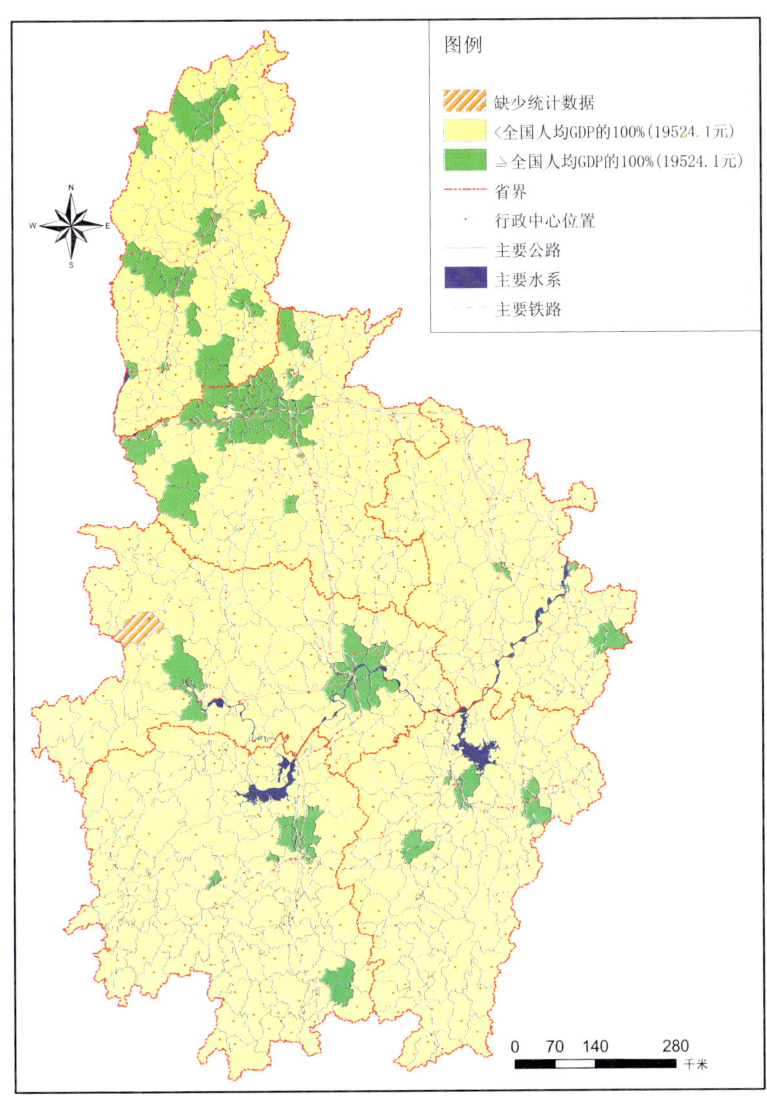

附图9-3 中国中部一般发达地区分布示意图（2007）

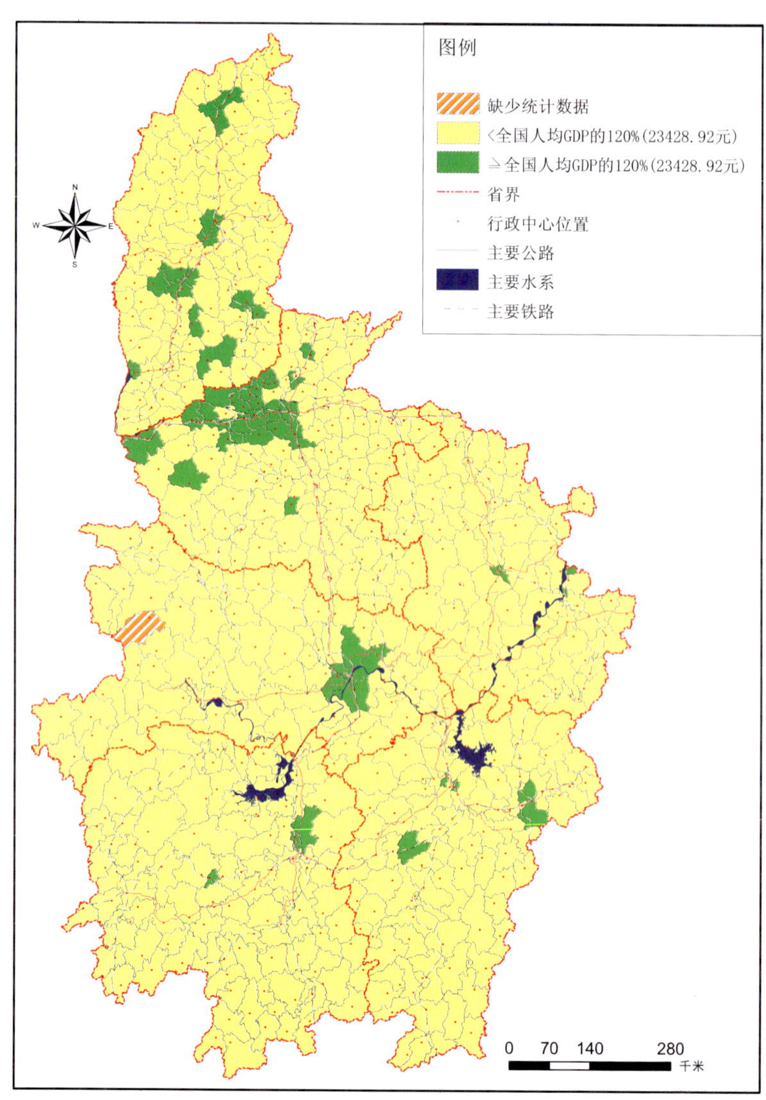

附图9-4 中国中部发达地区分布示意图(2007)

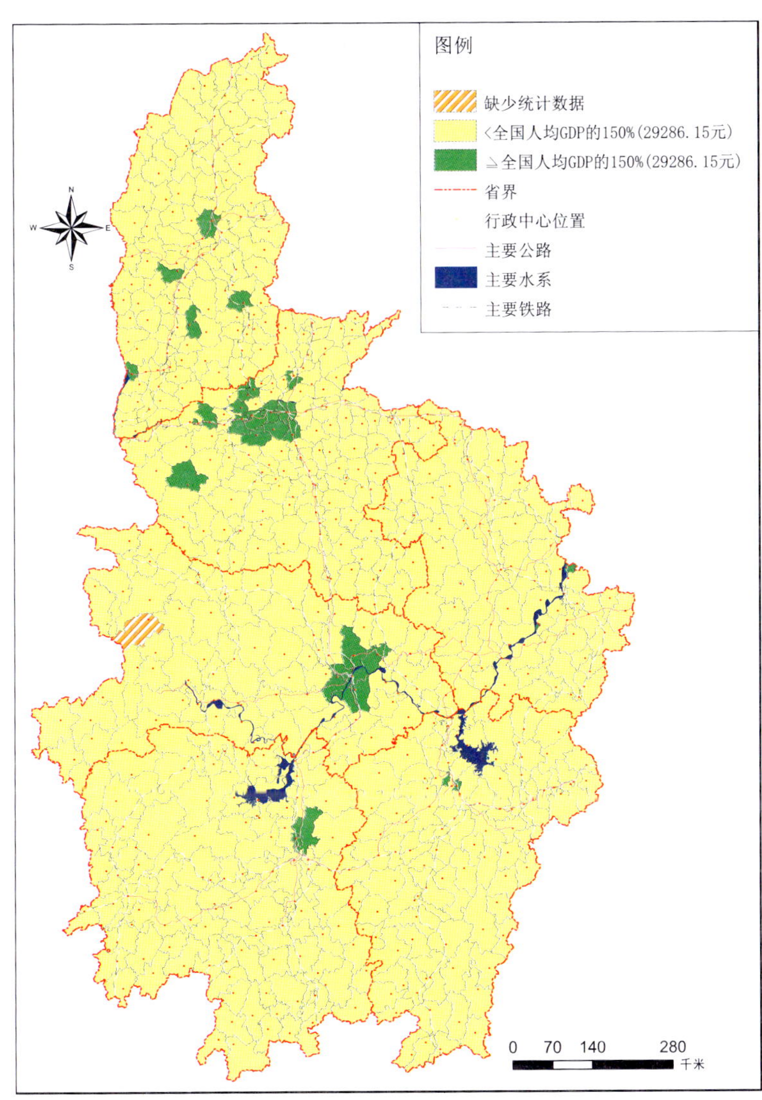

附图9-5　中国中部特别发达地区分布示意图（2007）

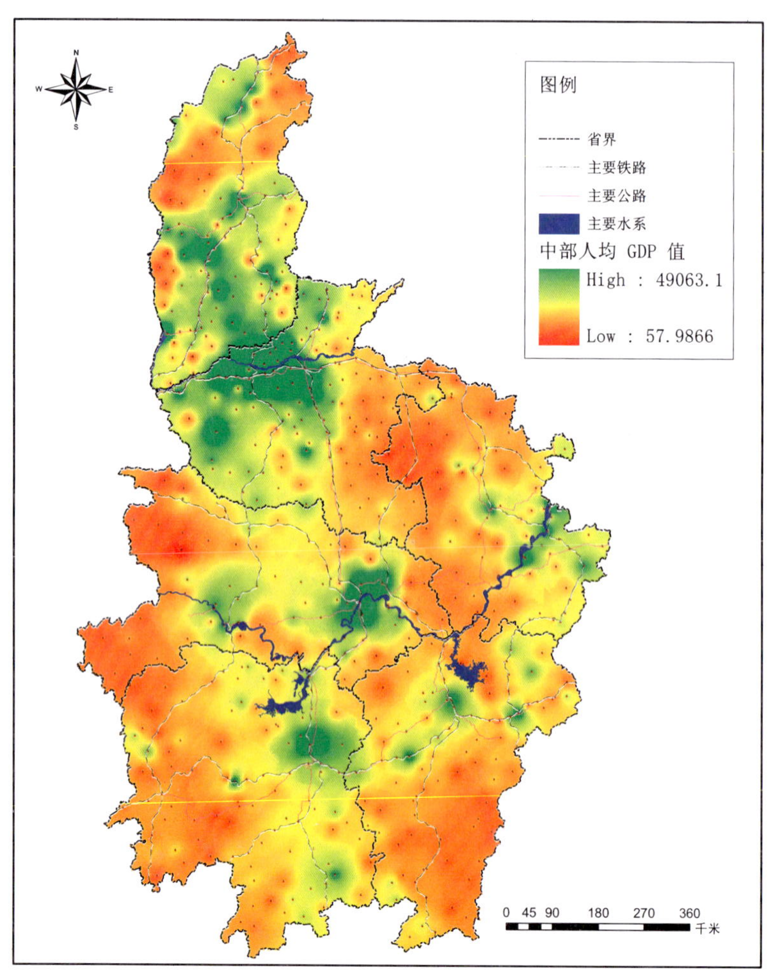

附图9-6 中国中部地区人均GDP分布图（2007）